四川省社会科学高水平研究团队"儿童组织认同
暨四川少年儿童组织与思想意识教育研究中心研究成果

弱势少年儿童群体社会适应能力
发展特点研究

廖全明　夏加强　刘杨　著

西南交通大学出版社
·成　都·

图书在版编目（CIP）数据

弱势少年儿童群体社会适应能力发展特点研究／廖全明，夏加强，刘杨著. —成都：西南交通大学出版社，2016.12

ISBN 978-7-5643-5225-7

Ⅰ. ①弱… Ⅱ. ①廖… ②夏… ③刘… Ⅲ. ①弱势群体 – 少年儿童 – 适应能力 – 研究 – 中国 Ⅳ. ①D669.5

中国版本图书馆 CIP 数据核字（2016）第 326458 号

弱势少年儿童群体社会适应能力发展特点研究

廖全明　夏加强　刘 杨 著

责 任 编 辑	赵玉婷
特 邀 编 辑	刘 蔓
封 面 设 计	严春艳
出 版 发 行	西南交通大学出版社 （四川省成都市二环路北一段 111 号 西南交通大学创新大厦 21 楼）
发 行 部 电 话	028-87600564　028-87600533
邮 政 编 码	610031
网　　　址	http://www.xnjdcbs.com
印　　　刷	成都蓉军广告印务有限责任公司
成 品 尺 寸	165 mm × 230 mm
印　　　张	16.5
字　　　数	245 千
版　　　次	2016 年 12 月第 1 版
印　　　次	2016 年 12 月第 1 次
书　　　号	ISBN 978-7-5643-5225-7
定　　　价	80.00 元

图书如有印装质量问题　本社负责退换

版权所有　盗版必究　举报电话：028-87600562

前　言

　　弱势少年儿童指社会生活中处于弱势地位的少年儿童，一般指在少年儿童群体中由于社会家庭和个人的原因难以维护基本权利或生存和发展遭遇障碍，需要借助外力支持和帮助的少年儿童。

　　据调查，现阶段我国农村留守少年儿童总数已达到 5800 万人，大部分属于隔代抚养，也就是由孩子的爷爷奶奶、外公外婆抚养，较多的留守儿童缺少照顾。我国进城务工人员规模也较为庞大，现在在城里打工但并没有取得城市户口的数量超过 1 亿，其中 18 岁以下的进城务工人员子女近 2000 万人，他们的权利保护、心理健康、行为矫正方面存在许多亟待解决的问题。我国弱势少年儿童的救助体系已基本建立，相关的法律法规和经济支持机制正日趋完善，然而相对于对基本的生存保障和对弱势少年儿童生理健康的关注，这一群体的心理健康状况所受到的重视与关注程度明显不足。由于弱势少年儿童长期处于不利的成长和教育环境中，而这一年龄阶段作为个体身心发展的重要阶段个体正经历心理各方面逐步走向稳定的过程，过多的挫折与逆境使他们的心理健康面临着巨大的威胁，严重影响着弱势少年儿童的社会化及社会适应。如农村留守儿童因与父母长期分离，在性格、行为、情绪等方面出现障碍甚至畸形发展，形成自卑、孤僻、忧郁、焦虑等心理特征，部分留守儿童甚至走上违法犯罪的道路，导致近年来农村留守儿童犯罪率出现上升趋势，给社会稳定带来危害。非原生完整家庭少年儿童常常是父母离异、家庭重组等现象的直接受害者，他们常常小小年纪就必须承受只有成年人才能承受的挫折和痛苦，缺乏社会支持，想改变生活现状却无能为力，心灵的创伤难以愈合。还有那些进城农民工子女，如果缺少了父母的管教，成为流浪儿童，成天颠沛流离，基本生活缺乏保障，就可能沾上各种恶习，有的甚至实施违法犯罪行为。

　　社会适应能力是指人为了在社会更好地生存而进行的心理上、生理上以及行为上的各种适应性的改变，与社会达到和谐状态的一种执行适应能力（姚树桥、龚耀先，1994）。自 2002 年朱镕基同志在九届全国人大五次会议所作的政府工作报告中正式使用了"弱势群体"这个概念，弱势群体开始引起社会各界广泛关注。弱势少年儿童群体主要是指由于某些社会性障碍或经济、政治、文化、地理位置等方面处于不利地位的 18 周岁以下的少年儿童,包括贫困儿童(含农村和城市)、流动儿童、留守儿童、单亲家庭少年儿童、孤残儿童等群体。弱势儿童长期处于不利的成长和教育环境，其认知、情绪、行为与人格发展受到影响，进而影响其社会性发展。社会性发展的重要方面就是社会适应。因此，研究弱势少年儿童群体的社会适应能力发展特点，对促进该群体健康成长，维护社会稳定乃至整个社会的和谐发展具有重要意义。

国外对弱势少年儿童群体研究以留守移民儿童、残疾儿童较多，内容涉及这部分少年儿童发展以及父母教育、社区环境对弱势儿童的影响，研究地域、研究方法趋向多元化。国外对弱势群体干预研究最先见于资产阶级启蒙思想家关于尊重和保护人权的思想，社会分层理论、结构功能主义理论、临床关爱理论等为建立西方社会干预体系提供了基本框架。其研究起步较早且较为成熟，已经建立了较为完整的体系（Watson I，2012；Tomka B，2003；Walker R，Ahmad，1994）。国内对弱势少年儿童群体研究领域主要分为生存环境、独立生活和自我管理、学校生活和学习以及人际适应等四个方面。第一，多数研究者认为弱势少年儿童群体的独立生活和自理能力不足，如个人卫生、生活习惯较差等。但也有学者认为由于弱势少年儿童特定的生活环境或活动能力困难，一定程度上提高了其独立生活能力，自理能力不足现象并不是其所独有的。第二，弱势少年儿童的学习适应问题较为复杂且与多方面因素紧密相关。流动儿童的学习适应可能较为稳定，并因为学校类型而存在差异（李晓巍，2009）。更多的研究认为弱势儿童的社会适应具有暂时易变化的特征，社会支持系统较为关键。第三，弱势少年儿童群体由于特定生活环境影响，乐群性较差，易与同伴发生冲突，攻击性和敌意较强、人际适应能力较差。同时也有研究显示，身体疾病和创伤性生活经历反而使其人际关系更加融洽。第四，弱势少年儿童群体的环境适应能力总体较弱，但也存在差异。弱势儿童如果生活于自我认同度较高的优越环境中，融入新环境的状态较好。但如果属于较差环境和类似早期生活环境，反而容易产生心理落差，生存状态就可能不足。弱势少年儿童的家庭环境、社会支持系统以及自身的意志努力等因素影响着社会适应能力的发展。综合国内外关于弱势少年儿童社会适应能力发展特点的研究现状可发现如下一些问题：（1）弱势少年儿童社会适应能力研究系统性不足。以往的弱势儿童群体社会适应能力研究或者是某个单变量的调查研究，或者是描述某个方面的发展状态，很少对弱势少年儿童群体的人格、社会智力等适应能力发展表现及其心理社会影响因素进行系统性研究，缺乏对弱势少年儿童社会适应能力发展较为系统全面的认识。（2）忽视社会智力、心理韧性等因素在社会适应能力结构中的重要地位。已有的研究较为重视情绪、心理健康、自我意识、社会支持等问题的研究，而社会智力是对社会事实的认知态度和行动能力，这直接体现了社会适应研究的本质。（3）对弱势少年儿童生活现状描述较多，对社会适应能力定量研究不足。已有研究对弱势少年儿童的生存困境、成长环境、社会保护政策定性研究较多，对其在各个领域的适应状态定量研究较少，这有可能影响人们对弱势少年儿童群体社会适应现状的全面准确认识。因此有必要探讨不同弱势少年儿童群体在社会智力、心理韧性、自我效能、人格等多方面社会适应能力领域的发展现状及其影响因素，并进行比较分析、探讨对策，以更好地认识和了解弱势少年儿童群体社会适应能力发展的特点和规律，为寻求促进对策提供依据。

我国弱势少年儿童本身规模庞大，其社会性发展过程中存在较多不利因素，因此系统研究不同弱势少年儿童群体在社会智力、心理韧性、自我效能感、人格等多个社会适应能力领域的现状、发展特点和心理社会影响因素，有利于使儿童特别是弱势儿童社会性发展问题的研究范围得到深化扩展，认识也更为全面；系统探讨弱势少年儿童社会适应能力发展的对策，对促进人际和谐和社会稳定，丰富社会主义和谐社会理论体系起到了重要作用。弱势少年儿童的成长环境可能遭到系统性破坏或缺损，身心健康、学习和社会发展等方面都面临诸多困境（刘霞、赵景欣、申继亮，2013），系统探讨弱势少年儿童社会适应能力发展现状及其对策对了解社会变迁中弱势儿童社会适应能力发展在多个领域中的发展现状及其心理社会影响因素，全面认识社会变迁中弱势少年儿童群体社会适应的发展现状具有重要意义，也可为学校及有关机构开展弱势少年儿童心理健康教育工作提供实证依据。当前我国正处于剧烈的社会转型期，自私自利和自我中心的文化思潮在部分群体中占有一定的市场，弱势少年儿童群体生存的社会环境发生根本变化，因此从新的社会背景下对弱势儿童生活适应能力教育进行对策探讨并为政府有关部门和学校教育机构制定改善弱势少年儿童心理与社会发展的相关政策法规和具体的教育对策提供依据和建议，进而促进其社会能力发展，对维护社会稳定、促进和谐社会建设具有重要现实意义。

本书是受到四川省社会科学重点研究基地暨四川少年儿童组织与思想意识教育研究中心资助的四川省社会科学规划项目"弱势少年儿童群体社会适应能力发展特点研究"（课题编号：SC15E001）的总结性成果，同时也是四川省社会科学高水平研究团队"儿童组织认同研究团队"的研究成果。课题组通过（1）文献分析与问卷研究，熟悉本课题的研究现状，拟定本课题的研究框架，并在广泛收集文献的基础上选择本课题所需要的标准化量表，或按照严格的测量学程序编制本研究的调研问卷。（2）采用自编问卷和标准化量表对来自不同类型（进城农民工子女、农村留守儿童、非原生完整家庭、贫困家庭、边远山区）的 6~12 岁弱势少年儿童进行大规模抽样调查，并借助 SPSS、Epidata3.0 等高级统计软件对调查结果进行科学的数据分析。（3）选取来自我国不同类型（进城农民工子女、农村留守儿童、非原生家庭、贫困家庭、边远山区）6~12 岁弱势少年儿童、教师、家长进行访谈调查并进行比较分析，为出对策建议提供更多实证依据。（4）专家探讨与理论研究对研究体系、调查问卷进行讨论改进，对收集上来的数据进行现象分析，对社会变迁背景下弱势少年儿童社会适应能力发展现状、发展规律、心理社会影响因素、促进对策等方面进行理论思考和探讨。课题研究范围主要包括：（1）进城农民工子女社会适应能力发展特点与影响因素。采用问卷调查法、访谈法、资料收集等方法对我国 6~12 岁之间的进城农民工子女进行广泛调研和分析，主要探讨：社会变迁背景中进城农民工子女在心理韧性、社会智力、人格等社会适应方面发展特点及其在性别、年级以及独生子女和非独生子女上存在的差异；进城农民工子女社会适应能力发展的心理社会影响因素，包括自我效能感、生活事件、社会支持等因素。（2）留守儿童社会适应能力发展特点及其心理社会影响因素。采用问卷调查法、访谈法、资料收集等方法对我国 6~12 岁之间的农村留守儿童进行广泛调研和分析，主要探讨：社会变迁背景中农村留守儿童在社会智力、心理韧性、人格等社会适应能力方面发展特点及其在性别、年级以及独生子女和非独生子女上存在的差异；农村留守儿童社会适应能力发展的心理社会影响因素，包括自我效能感、生活事件、社会支持等因素。（3）非原生家庭少年儿童社会适应能力发展特点及其心理社会影响因素。采用问卷调查法、访谈法、资料收集等方法对我国 6~12 岁之间的非原生家庭少年儿童进行广泛调研和分析，主要探讨：社会变迁背景中非原生家庭少年儿童在社会智力、心理韧性、人格等社会适应能力方面发展特点及其在性别、年级以及独生子女和非独生子女上存在的差异；非原生家庭少年儿童社会适应能力发展的心理社会影响因素，包括自我效能感、生活事件、社会支持等因素。（4）边远山区少年儿童社会适应能力发展特点及其心理社会影响因素。采用问卷调查法、访谈法、资料收集等方法对我国 6~12 岁之间的非原生家庭少年儿童进行广泛调研和分析，主要探讨：社会变迁背景中边远山区各族少年儿童在社会智力、心理韧性、人格等社会适应能力方面发展特点及其在性别、年级以及独生子女和非独生子女上存在的差异；边远山区各族少年儿童社会适应能力发展的心理社会影响因素，包括自我效能感、生活事件、社会支持等因素。（5）贫困家庭少年儿童社会适应能力发展特点及其心理社会影响因素。采用问卷调查法、访谈法、资料收集等方法对我国 6~12 岁之间的贫困家庭少年儿童进行广泛调研和分析，主要探讨：社会变迁背景中贫困家庭少年儿童在社会智力、心理韧性、人格等社会适应能力方面发展特点及其在性别、年级以及独生子女和非独生子女上存在的差异；贫困家庭少年儿童社会适应能力发展的心理社会影响因素，包括自我效能感、生活事件、社会支持等因素。（6）弱势少年儿童群体社会适应能力发展的促进对策。采用理论分析、专家研讨等方法对我国弱势少年儿童群体社会适应能力发展的促进对策进行探讨，主要包括：弱势少年儿童群体社会适应能力的教育对策研究；弱势少年儿童群体的社会对策研究。

本书希望做出以下几个改变或创新：（1）研究角度上希望从系统论的角度研讨弱势少年儿童社会适应现状、规律与影响因素，有助于在社会变迁的背景下全面认识我国弱势少年儿童群体社会适应能力发展状况，能对制定促进弱势少年儿童社会适应发展对策提供切实和系统依据。传统的弱势少年儿童研究多从单一变量角度，单纯地分析弱势少年儿童群体所处的社会困境与艰难的生活状态，缺少对弱势少年儿童问题的系统性认识。（2）研究方法上，希望采用心理韧性、社会智力、人格、自我效能感等多个变量对弱势少年儿童群体进行调研，并从教师、家长角度对调研的数据进行相互印证，可更好地实现对弱势少年儿童社会适应发展特征的整体把握。以往对弱势少年儿童社会适应研究或者单纯采用现象描述方法，或者采用单变量调查方法，难以认识到弱势少年儿童群体社会适应发展的整体情况和根本规律，难以为弱势少年儿童群体社会适应能力发展教育对策提供全面系统性的依据。（3）在研究对象的取样上不是仅研究某一弱势少年儿童群体，而是涉及城市流动儿童、农村留守儿童、非原生少年儿童、贫困家庭少年儿童等多个弱势少年儿童群体，并进行比较分析。（4）对策建议上紧扣社会发展变迁过程中的热点问题，以弱势少年儿童群体的全面实证调查数据为基础，着眼影响流动儿童社会性发展的深层次问题，切合弱势少年儿童的实际情况和社会发展的现实需求，根据实证研究结果提出的对策建议，具有较好的适时性和可操作性。

本书撰写分工为：第一章，绪论，由廖全明、夏加强撰写；第二章，进城务工人员子女社会适应能力发展特点研究，由廖全明、夏加强、韩秋念撰写；第三章，农村留守儿童社会适应能力发展特点研究，由夏加强、廖全明、高蕊撰写；第四章，非原生完整家庭儿童社会适应能力发展特点研究，由廖全明、夏加强撰写；第五章，边远山区少年儿童社会适应能力研究，由刘杨、夏加强撰写；第六章，贫困家庭子女社会适应发展特点研究，由夏加强、刘杨撰写；第七章，弱势少年儿童群体社会适应能力发展的促进对策，由刘杨、廖全明撰写。全书由廖全明、夏加强、刘杨共同完成统稿工作。

　　本书希望通过研究包括进城农民工子女、离异家庭和再婚重组家庭少年子女、留守儿童、贫困家庭少年儿童、边远山区少年儿童等多类少年儿童群体，了解 6~12 岁弱势少年儿童群体在社会智力、自我效能感、心理韧性、人格等社会适应方面发展特点和现状，分析社会变迁背景中弱势少年儿童群体社会适应的心理社会影响因素，探讨促进弱势少年儿童群体社会适应发展的对策，为学校和教育行政部门制定教育政策和对策提供依据，从而为促进各类少年儿童群体社会能力发展、促进人际和谐和社会主义和谐社会建设作出贡献。

廖全明

2016 年 10 月 29 日

目　录

第一章　绪　论

第一节　关于弱势少年儿童群体

弱势少年儿童一般是指那些有特殊需要的少年儿童群体，如农村留守儿童、残疾儿童、单亲家庭儿童、进城务工人员子女、贫困家庭儿童等群体。这些少年儿童群体缺少基本独立生活能力、无稳定的经济来源、相对于成人在社会上明显处于弱势。由于种种原因，这些孩子甚至无法完成基本的义务教育，在成长过程中很容易受到较多的社会负面刺激，反过来对其成长产生负面影响，成为发展过程中的恶性循环，也成为社会不稳定的重要因素。

一、弱势少年儿童群体的基本概念

弱势群体是一个相对的概念，一般从政治经济学的角度上进行定义，指在社会生产生活中群体力量相对较弱，获取社会财富相对较弱的一个社会群体。2002 年朱镕基总理在《政府工作报告》中使用过弱势群体的概念，该报告所指的弱势群体是指需要特殊就业援助的群体，主要指四类人，分别是下岗职工、体制外人员、进城农民工和较早退休的体制内人员。自此，弱势群体受到社会的广泛关注。实际上，弱势群体是根据其社会地位、生存状况、生理特征和体能特征来界定的，是社会上因生活困难、能力不足而被边缘化、受到社会排斥的社会人员的总称。中国的弱势群体一般具有 5 个特征：一是造成他们弱势的原因主要是社会原因；二是一些早年退休者和国有企业集体企业的失业、下岗职工多数生活困难；三是弱势群体是在社会分化加剧的情况下产生，具有强烈的社会剥夺感等不良情绪；四是全球化进程会加剧弱势群体的弱势倾向；五是对弱势群体的社会支持体系还未建立起来。

与对弱势群体的定义相对应，弱势少年儿童群体被定义为那些处于不良的家庭环境中，或者在家庭、同伴群体中长期受不良对待，如虐待、忽视、欺负，而出现或可能出现心理、行为问题的儿童，亦称处境不利儿童（高琨、邹泓，2001）。对弱势儿童的基本含义可从三个方面进行理解：（1）无法、无力享受良好的教育资源。教育资源主要包括三个层面：一是物质层面的教育资源，包括资金、设备和场所等，可通过国家教育投入赋予国民教育权利，也可以通过个体教育投入而获得教育权利。一方面，我国自进入 21 世纪以来，在教育的投入水平上长期处于较低的层次，直到近两三年国家公共教育经费占国内生产总值的比例才超过了 4.2%，这与西方发达国家相比还是有一定差距的。另一方面，在我国，公共教育投入和收入分配上广泛存在区域、城乡、地区等差异，且差异仍然较大，不同个体对教育的投入因观念、家庭收入水平上的巨大差异，其差距不是缩小了，而是有继续扩大之势。从意识观念层面来看，我国整体处于社会转型期，伴随教育变革，各类教育政策也在发生诸多变化，这些变化虽然保证了大方向的正确性，但也必然存在这样或那样的缺陷和不完善的地方，在具体落实的过程中也可能存在政策偏离甚至失真的情况，从而影响了教育资源分配上的公平性。从事具体教育工作的人员也可能因为缺乏全面发展教育观念或教育观念陈旧落后导致其在具体教育活动过程中的诸多不公平现象。从社会支持层面来看，社会转型期的经济发展必然存在二元结构特征，在传统收入分配体制被打破的情况下，人们之间的资源分配与获得差异不仅客观存在，而且差距水平还越来越显著。弱势群体、强势群体作为天生的对立面，必然会在社会的各个领域内繁衍。那些受居住条件恶劣、家庭经济贫困、家庭环境恶劣等因素影响的家庭，很可能使得下一代成为这个社会中的弱势儿童群体。社会舆论、学校教育等因素不是在减少这种弱势特征，反而在某种程度上加深或突出了这种弱势特征。（2）物质、精神生活质量低下。由于物质资源的缺乏，弱势少年儿童群体与强势少年儿童群体在生活、教育条件上存在较大的差距。与弱势少年儿童低劣的物质生活质量相对应，其精神生活质量低下也是考察其弱势特征的现实依据，更能反应其作为弱势少年儿童的本质特征。首先，少年儿童最主要的任务是学习，弱势少年儿童学习不良是其弱势特征的最主要形式。对任何儿童来说，在学习上他们都想取得过人的学习成绩，但由于多方面的原因，虽然他们也曾付出过各方面的努力，所取得的学习成绩与学习结果却总不能成正比，学习成绩不良很容易让他们体验到更多的焦虑等消极情绪。其次，人际关系不良是弱势少年儿童群体生活质量低下的重要形式。无论是在同伴关系、同学关系、朋友关系、邻里关系中，离异家庭的、农民工家庭的、缺乏社会技能的、残疾家庭的孩子更可能居于被忽视、被拒绝的状态下，不断体验着孤独和失落，这对他们的身心发展产生极为不利的影响，进而影响到他们的世界观、人生观、价值观，以及相应的行为取向。（3）人格特征缺陷。人格是个体在行为中表现出来的内部倾向性。由于弱势儿童群体的生活质量低下、接受高水平教育资源不足，可能导致他们在人格发展中的各种缺陷，如回避、退缩、焦虑、忧郁、压抑、自我中心，等等。弱势儿童的人格特征存在缺陷并不等于他们人格发展的停滞，学校教育中的积极因素甚至可以让这些儿童的弱势地位实现某种程度的反转，为他们今后人生的发展提供了无限可能性。

二、弱势少年儿童的主要类型

弱势少年儿童群体是我国社会转型过程中的一种客观存在的现象。城乡、性别等差异的影响，家庭生活质量的高低，社会转型和文化碰撞等等因素都在深深地影响着儿童人格的多方面变化，造成弱势少年儿童群体社会适应能力发展的多方面弱势地位，可能包括生理、人格、智力、文化、社会人际关系、教育保障等方面的弱势地位。

弱势儿童是弱势群体中的一个特殊群体，他们难以维护自身的基本权利，生存和发展遭遇障碍，需要借助外力的支持和帮助，包括孤儿、残疾儿童、流浪乞讨儿童、留守儿童、单亲家庭子女、受暴力侵害和虐待的儿童，以及受艾滋病影响的儿童（父母中至少有一方，或者儿童本身为 HIV 病毒感染者或艾滋病患者）。中国弱势儿童的数量相当庞大，其中在民政部门登记的孤儿人数 2010 年已经达到 71.2 万；0~17 岁的各类残疾儿童共计 504.3 万人；全国共有农村留守儿童约 5800 万人，其中 14 周岁以下的农村留守儿童约 4000 万人；中国儿童受到打骂的情况较为严重，称得上受到虐待的少年儿童可以千万计；据估计，截至 2010 年年底，中国受到艾滋病影响的少年儿童大约有49.6 万~89.4 万。

按照弱势少年儿童的形成原因（家庭、学校和社会），弱势少年儿童可被分为家庭身心弱势少年儿童、社会性弱势少年儿童和学校教育弱势少年儿童。家庭身心弱势少年儿童主要是指那些由于遗传、家庭的原因导致身体残疾、人格智能等心理残疾而造成弱势地位的少年儿童；社会性弱势少年儿童主要是因为社会关系因素、亚文化因素造成弱势地位的少年儿童；学校教育弱势少年儿童主要是因为教育资源因素、学校生活质量因素等造成教育弱势地位的少年儿童。

根据弱势少年儿童所处的不同区域，弱势少年儿童可分为城市弱势少年儿童和农村弱势少年儿童。城市弱势少年儿童多是因为家庭贫困、家庭残缺、家庭社会地位低下、家庭流动等原因造成弱势地位，并因此对少年儿童的生活质量和人格发展造成不良影响；农村弱势少年儿童主要是因为家庭经济困难，不得不更多地参与到家庭经济活动或减轻家庭经济负担上来。从弱势因素对这两类弱势少年儿童造成的影响来看，两类弱势少年儿童都存在弱势逆转的可能性和弱势传递的可能性。

（一）进城务工人员子女及其主要问题

社会的快速发展和转型，加剧了社会分工的细化。工业化、城市化建设的巨大需求和城市建设对农村普通劳动力的巨大需求，加速了农村人口向城市的流动，于是产生了一个巨大的流动群体，即进城务工人员子女。这些孩子正处于学知识、长身体的重要阶段，特别需要一个相对稳定的成长环境，但他们却被迫远离了自己熟悉的环境，来到了陌生的城市生活。家庭经济贫困以及生活的相对不稳定，家长在教育方式上重管教轻沟通，家长对孩子的学习较少关注以及家长自身生活的艰辛，给孩子成长带来较大压力；进城务工人员子女在学习能力、行为习惯等方面存在的较多问题，容易成为学校师生歧视他们的借口，学校把升学率或考试分数作为衡量教学工作业绩、学生学习效果的唯一评价标准，对孩子心理问题的忽视等可能增加进城务工人员子女产生各种心理问题的可能性；由于地域、经济、文化以及早期教育等方面的差距，进城务工人员子女身上会出现与本地孩子格格不入的地方，他们好不容易克服各种困难才能坐在教室里接受质量较好的教育，但却要承受本地孩子种种不理解和嘲笑；进城务工人员子女逆反心理特别强，渴望获得独立，渴望自己能像城市孩子那样生活。但孩子们经验少，自我控制力不足，缺少必要的社会支持，在遇到挫折时往往感到无能为力、无所适从，情绪容易产生波动，进而产生偏激认识和冲动行为。总的来说，进城务工人员子女容易产生以下一些问题：（1）学习上、生活上存在明显的紧张、畏难等弱势心理。多数进城务工人员子女认为自己的学习成绩不太好或者就是不好，很难超过同龄的城市同学；有的孩子认为自己不能养成良好的学习习惯，找不到好的学习方法；也有的学生认为自己无法克服学习上、生活上的困难。（2）自卑、胆小、敏感心理。进城务工人员子女中有相当部分的人存在严重的自卑、胆小怕事、疑心敏感等心理状态。在课堂上表现为不回答问题，行为拘谨、总认为不如人家，自惭形秽。在日常生活中小心翼翼，疑心敏感，不敢在别人面前有任何过多表现。（3）交往上不善言辞，有敌视心理。进城务工人员子女由于多方面原因，总认为自己是乡下人，不如别人，在心理上容易产生强烈的不平等心理和敌视心理。（4）心理承受能力差，意志力薄弱，情绪不稳定，容易冲动。进城务工人员子女的父母期望值高，学生心理压力大，心理负担重，心理障碍多，情绪上极不稳定，容易冲动。

（二）农村留守儿童及其主要问题

在中国有这样一个特殊的群体，他们用勤劳和智慧外出打工养家糊口，为国家经济社会发展做出突出的贡献，但他们的子女却留在了农村，缺少父母的亲身照料，缺少家庭温暖，这群孩子我们称之为农村留守儿童。根据权威调查，我国农村留守儿童达到了 5800 万人，其中大部分是父母一方外出或父母双方外出。在全部农村儿童中，基本上达到了平均每 4 个农村孩子就有一个多农村留守儿童。由于农村留守儿童缺乏来自父母和完整家庭特有的亲情呵护，造成这些孩子在思想道德教育、家庭教育、心理健康教育等方面存在严重的缺失，给这些少年儿童带来一系列的发展困难和问题，这些问题主要表现在：（1）心理与行为问题突出。由于长期得不到父母的关怀照顾，孩子最大的安全需要常常得不到合理满足。监护人的易位使得他们更多地采取重养轻教，重身体、轻心理的教育方式，忽视孩子的全面发展和心理健康。特别是这些孩子在长期情感畸形和心理失衡的情况下，易产生冷漠、逆反、任性、冲动、敏感等问题，这些情况长期存在就表现为性格缺陷和心理障碍。（2）人际交往障碍。留守儿童由于身心的快速成长，对人际交往和社会活动产生了巨大需求，对各种生理、心理现象、社会现象与正常孩子一样产生了好奇，但父母关怀引导的缺位，使他们在人际交往和社会活动中遇到的困惑与矛盾得不到有效的疏导和切实解决，无法形成有效的社会交往技能，在处处碰壁的情况下变得沉默寡言，把自己封闭起来，从而产生人际交往障碍。（3）学习动机不足，学习成绩差。外出务工的父母一般对自己孩子学习的成绩期望不高，认为自己孩子的前途就是外出打工，对孩子的学习成绩不定目标，总体期望值低，加上留守儿童本身自我约束和管理能力差，学习动力明显不足。父母外出打工，监护人由于年龄、学历等多方面原因，辅导和监督孩子学习的能力不足，最终导致孩子学业成绩差。

（三）非原生完整家庭儿童及其主要问题

非原生完整家庭儿童一般是指那些由父母的某一方、孩子组成或者加上第三成员重新组成的家庭。造成非原生完整家庭的原因很多，可能是父母离婚或者父母一方去世导致家庭不完整或者与其他成员重新组成新的家庭。总之，这个家庭已经不是最开始的那个家庭了。在正常的家庭中，父母用不同的方式对待孩子，虽然父母可能有不同的态度，但却在孩子身上形成一种平衡，这种三角相互作用有利于孩子性格的健康成长。但在非原生完整家庭中，父母一方角色的变化，使这种相互作用关系失去了原有的基础，仍然存在的一方成为孩子发展教育的绝对主导，如果该父母没有把握好自己对待孩子的态度和行为，就会导致孩子出现明显心理失衡，发生心理问题的可能性要高于正常家庭的孩子。各种研究表明，非原生完整家庭孩子在心理上容易产生自卑、自闭、自责、焦虑、妒忌、抑郁、逆反、怯懦、猜疑等问题，这些问题如果不及时发现纠正，就会影响孩子性格的健全发展，严重时可能会导致心理障碍和细腻疾病，甚至导致性别角色易位。

（四）边远山区少年儿童及其心理差异

我国是一个具有悠久历史的多民族国家，除汉族外，还有 55 个边远山区。我国边远山区居民以大杂居、小聚居的形式分散在全国各地，集中聚居区多位于边远山区。由于自然环境及历史等原因，加之边远山区地区经济发展缓慢、教育水平不高，文化传统与其他地区有较大差异，还有语言文字差异影响，形成了边远山区各族儿童之间的心理差异。这些差异可能表现在：（1）学习的智力因素差异。大量的研究表明，绝大部分边远山区少年儿童在智力因素上存在所谓的"滞后"现象，也即发展年龄可能要迟于城镇学生 1~4 年。在部分因素上也表现出一定的差异，如部分民族儿童长于动作思维和形象思维，而抽象思维发展得慢一些，但随着教育的增加和年龄的增长，这些差异将趋于消失。（2）非智力因素差异。一些研究发现，我国部分边远山区各族儿童存在学习动机较低的现象。传统文化的影响使他们安于现状，家长及社会对教育的重要性认识不足，导致孩子打工现象增加。当保持传统文化的民族孩子与当代文化发生冲突时，容易自卑和盲从，或者减少与外界的交往，变得自我封闭。（3）道德心理特点差异。边远山区不同民族少年儿童在道德判断上存在差异，如彝族孩子主张平等原则，土家族和苗族孩子主张服从与平等兼顾，蒙古族主张服从原则，维吾尔族更坚持公道原则。在从主观性到客观性判断的转折点上，汉、维、回等族少年儿童转折年龄稍早一些，彝、壮、藏族少年儿童稍晚一些。我们在本书中根据以上研究，把内地学校中的边远山区各族少年儿童暂时归为弱势少年儿童。

（五）贫困家庭子女及其主要问题

无论是城市还是农村，我国各地都还存在一大批仍处于贫困线以下艰难生活的贫困家庭。由于家庭经济困难，这些家庭的子女在教育、身心发展、家庭关系、社会生活以及就业等方面存在较大的困难和问题，成年人的精力大部分放在了如何解决目前的经济困难上，把孩子的各项基本需求、教育养育都放在较为次要的地位上，对孩子的健康成长产生了极为不利的影响。研究发现，贫困家庭的孩子容易把自己的真情实感和主要诉求都掩盖起来，从而表现为自卑、虚荣、逆反、自尊心过强、保守、自私、人际敏感等不良心理问题。如他们表现出戒备心理，会不轻易吐露心声，不轻易相信别人；表现出强烈的逆反心理，对别人的观点不加分析就加以反对；表现出逃避心理，无论好坏优劣都不愿意面对、分析和接纳，并总是怀有各种抱怨；会表现出人际交往障碍，不与人沟通交流或者根本就不会与人沟通交流。

这些弱势群体的情况各有其特殊性，其心理问题或心理差异亦有其特殊性，这些心理特点又都会通过社会适应领域表现出来，因而对他们的教育就必须考虑这些特殊性，才能做到有的放矢，充分调动他们自身的能动性。把每一个孩子都教育好，让他们成为社会主义建设的栋梁之才是我们应该努力的方向。

第二节　弱势少年儿童的社会适应研究

一、关于弱势少年儿童群体社会适应的基本内涵

已有文献对社会适应的定义种类繁多，从不同学科、不同角度所下的定义都不一样，具体称呼上也有差异，如社会适应性、社会适应能力、社会适应问题等。我国著名心理学家朱智贤教授在《心理学大词典》中认为社会适应能力是一个过程，包括接受现有社会生活方式、道德准则和行为规范等；张春兴在《张氏心理学词典》中认为社会适应个体对各类社会方式和社会习惯的学习和调整，达到社会要求的规范和标准，最终达到与社会环境的和谐关系；马旭（2007）认为适应是个体为了取得与环境的和谐关系而产生的心理和行为的各类变化，是个体与环境因素连续不断改变的相互作用过程；Heber（1961）代表美国缺陷者协会对适应所下的定位是适应主要是指个体适应生活环境中的自然要求和社会要求的各种效能。Greenspan（1997）提出了社会性适应能力模型理论，认为适应除了社会性能力和实践性能力，还包含了个人情感能力中的气质、性格以及社会智力。从文化层面看，适应文化变通的一种形式，也就是通过变通一种文化以与另一种文化保持一致或联通。高翔（2008）认为适应也可指个体在进入新的环境后，不断调整自己的生活、工作、人际关系和心理，从而不断适应自己所

在生存环境的过程。因此，我们可以将社会适应定义为个体在与社会环境相互作用过程中，为了与环境保持和谐平衡的状态，个体做出的与其年龄特征相符合的特征和行为。

从开始研究社会适应开始，人们就发现包含了丰富的内容。Doll编制的文兰社会成熟度量表就就认为适应是一个多维度的结构，包含了四个方面的内容，分别是沟通、日常生活技能、社会化和运动技能四个领域，而且他还把不良适应行为作为参考领域。我国学者聂衍刚（2005）根据少年儿童社会适应的不同任务将适应分为内在适应行为和外在适应行为。其中内在适应包括个体对自己的认知、情感、人格等的自我心理适应，对自己性生理成熟而表现出来的性心理和性行为反应，对自己的身体机能、生理状况、体貌特征变化表现出来的身体变化适应。外在适应包括独立生活适应、学习适应与学校适应、社会交往适应、社会规范适应、就业与职业适应、科技文化适应等。聂衍刚从少年儿童社会适应的性质角度认为还可把适应分为良好适应行为和适应不良行为。陈建文（2001）认为个体社会适应实际上是一个在具体社会情境中的具体心理操作和行为表现的过程，因此个体适应可分为掌握、应对和防御三个层次，其中掌握层次是个体学习行为的获得机制，应对层次是个体在应激源背景下的应对风格和应对策略，防御是个体对消极情绪的管理和调节过程；一些研究者认为弱势少年儿童的社会适应包括经济、文化、社会生活和心理四个层面的内容，如高向东等（2012）就采用这四个层面的方差贡献率作为权重，调查后经分析认为边远山区流动儿童社会适应程度已达到中等以上水平，并且不同个体之间的差异性较大，其中文化适应水平较高，心理适应水平偏低；一些研究者认为弱势少年儿童社会适应应从物质、精神、心理三个层面进行考察，如陶斯文认为边远山区流动儿童就存在物质、精神和制度三个层面的不适应，其中文化层面主要表现在居住、饮食和就业等方面，制度方面的不适应主要表现在权益保障、生活规律和生活节奏等方面，精神方面的不适应主要表现在精神生活、宗教信仰和风俗习惯等方面。还有一些学者从社会支持、社会网络等方面进行了研究，这些研究为认识弱势少年儿童社会适应能力发展问题具有一定的借鉴意义。

二、理解个体社会适应涵义的多学科视角

社会适应的涵义随历史的发展有一个逐渐发展的过程，从最初适应环境的层级结构到关注团队任务完成结果的矩阵结构，再到为适应复杂多变环境更加关注人文、社会学习的多样网络结构和生态结构等，社会适应的内涵在逐渐深化，人们对社会适应的研究也逐渐推向深入。对社会适应的含义认识总体上可分为社会学、生物学、管理学和复杂科学等四个不同的角度，分别包含了不同的内涵，对深入认识社会适应的本质、推动社会适应研究起到了非常重要的作用。

（一）社会学视角下的社会适应

社会学视角下的社会适应性强调人是社会上最重要、最复杂并最具潜力的核心资源，主要阐述社会成员如何适应内外环境变化这个核心问题。认为社会学要集中研究成员应对环境变化的适应性或适应能力，个体的社会适应过程是一个连续不断的终身社会化过程，因为社会工作环境、要求和岗位会发生变化，给个体本身发展提出了社会化的要求，个体的社会适应能力是随个体社会化而逐步形成的。当团体内部或团体之间发生工作上的变化（如轮岗、升职等）或者发生由环境导致的团队变革时，其成员就必须进行再学习以适应新的工作角色和任务，因此我们必须关注团体中所有成员适应环境变化的过程，要注意这个过程是一个连续不断的过程，它使个体对团体的适应能力得以发展起来，团队文化得以积淀、积累下来。

关于如何适应这个问题，社会学视角认为团队成员可以通过了解团队角色、目的和规则，接受团队认同的价值观并采取团队组织期望的行为来适应环境。这种适应过程是一种学习过程，是团队成员为符合环境要求不断调整自己行为的过程，也是团队组织成员持续不断地适应环境的过程。这种视角从群体的角度保证了每个成员遵从团队组织的价值观和团队文化规范，实现自己对团队的承诺，通过团队对成员的控制及对环境的适应，最终使团队组织实现了自己的工作业绩和社会适应能力。

（二）生物学视角上的社会适应

生物学视角把生物进化理论引入到社会适应性研究，认为团队与

生命体在结构、环境适应及演化过程方面具有内在的相似性和关联性，个体社会适应能力形成的过程就是社会演化发展的过程，成员对社会环境的适应是团队得以生存发展的前提和本质。按照达尔文"物竞天择，适者生存"的生物进化理论，团队成员的社会适应能力受环境中存在的机会和威胁支配，是自然选择的结果，这种选择过程与生物进化过程相似。在环境选择的压力下，只有具有适应环境特征的团队及其成员才能够生存下去，并具有相应的团队地位和团队威望。按照拉马克的"用进废退，获得性遗传"的生物进化理论，成员社会适应能力的形成是团队拉动适应的过程，是一个有目的、有组织的连续或非连续过程，团队及其成员在竞争激烈和变化迅速的市场经济环境里，是能够在信息不对称的情况下不断采取新对策来主动适应环境变化的。

（三）管理学视角上的社会适应

管理学视角将管理知识和管理经验看成是最为活跃的资源，团队实际上就是一个由管理能力存量和流量构成的开放知识演化系统，成员社会适应能力的形成本质上就是管理知识和管理经验积累和团队学习的过程。如果成员对团队要求反应依赖于固有的团队知识来完成的话，那么这种适应即是一种不通过团队学习过程反映出来的对环境变化的适应能力，或者叫作静态适应能力。如果团队成员在面对团队目标战略设定范围之内的环境变化时，通过自身的学习能力来建构团队知识，并通过团队内部调整或团队约束来形成子自己的适应能力，这种适应能力就叫作动态适应能力。当环境变化超过了成员或团队自身的静态和动态适应能力时，成员和团队自身在环境压力下可能会走向衰亡或进入新的稳定状态，表现为改变了的自适应学习状态。管理知识和管理经验是可以转化、传递和创造的，这种过程是一种动态递进的过程。

（四）复杂科学视角上的社会适应

随着复杂科学的兴起，一些学者开始将复杂系统理论引入团队研究，形成了理解社会适应的复杂科学视角。复杂科学视角认为只有运行在创造性空间中才可能产生社会适应能力，其产生过程是隐性模式破坏，显性模式以产生突现结果的自组织创新破坏与重构过程。团队首先通过表达和重构团队规则来促进团队的适当转变，然后采取措施调整团队目标，使之与外部环境压力相一致，最后通过不断的正负反馈调整自己的行为去实现既定的目标。只有当团队复杂性大于环境复杂性，即团队成员具有了更多的灵活性来引导或调控团队内部结构诸多动力因素时，团队成员才能够驾驭社会适应环境并获得创造和发展。复杂系统是由大量行为主体构成，行为主体本身都存在大量可控和不可控因素，他们根据由显性模式和隐性模式构成的总模式进行互动，并从中获得竞争性优势，经历反馈、自组织学习等途径最终实现社会适应能力的发展。

三、关于社会适应的基本理论

西方对适应研究是从皮亚杰的适应理论开始的。皮亚杰在研究智力结构和智力发展的时候认为智力的本质就是一种适应，是在活动过程中，也即主体与客体相互作用的过程中产生，并通过主体不断的自我调节而构造出来的一种心理机能。儿童智力结构的发展涉及图式、同化、顺应和平衡四个方面。其中图式是个体社会发展的核心，是一种可以重复的有组织思维模式，并通过适应环境的过程不断变化、丰富和发展起来。个体对外部环境的适应是通过同化和顺应来实现的，并达到与环境的相互平衡。同化是新刺激纳入到原有图式结构中去的过程，只有量的变化，没有质的变化。顺应是修改旧图式产生新图式，使图式结构发生质变的适应过程。这种不断的平衡—不平衡—平衡的过程，就实现了个体与社会环境的适应过程，当然也是儿童智力发展的实质和原因。西方系统研究社会适应开始于跨文化适应问题研究，并提出了大量的跨文化适应理论。文化适应是来自不同社会文化背景的社会成员通过相互接触导致社会文化认知模式发生改变的社会心理过程。西方跨文化适应的理论模型众多，目前认可度较高且应用较为广泛的理论主要有两种维度模型，即单维度模型和双维度模型。其中单维度模型认为适应就是个体的原有文化逐渐被东道主文化完全同化的过程，这一过程是单向的、难以避免的。个体总是处于从完全的原有文化到完全的东道主文化这一连续体的某一个点上，越来越多地具有东道主文化的一些特征，并越来越少地具有原有文化的一些特征。

这一理论遭到越来越多跨文化心理学家的挑战，他们认为保持原有文化和接受主流文化可以是两个独立的维度，一个维度的加强并不意味着另一维度的减弱。加拿大跨文化心理学家贝瑞（1997）认为文化适应包括两个基本维度，分别是保持自身传统文化和身份认同的倾向性以及和其他文化群体交流的倾向性。如果个体无法保持对原有文化的认同，那就只有积极参与到其他文化的社会交往中去。相应的，如果个体非常重视自己的原有文化，就可能尽量避免与其他文化群体的接触和交往。这中间个体对社会文化适应策略的选择对他们最终的社会适应结果将产生重要影响。梳理总结少年儿童社会适应的有关理论，可将其分为因素理论、类型理论和维度理论三大部分。

（一）因素理论

因素理论包括二因素理论和群因素理论。在社会适应的早期研究中，研究者一般认为社会适应由两个基本成分构成，分别是自我满足和社会责任。也有研究者将社会适应行为放在更为广泛的结构中来考察，认为适应行为既有实际智力的成分，也有社会智力的成分，把社会适应看成是适应生存环境和社会环境的综合能力，包括社会理解能力和社会交往能力两大部分。在理解社会适应能力的时候，除了探讨他们的社会行为特征外，还要探讨他们的社会认知能力。

群因素理论最有代表性的是三因素理论。如果少年儿童在一定社会环境条件下能独立地掌握社会规范、正确处理人际关系、妥善处理自我生活事务，那他就适应了社会生活，因此可将社会适应能力分为三个维度，分别为社会规范的掌握情况、人际关系的处理情况和自我生活事物的处理情况。如果从心理适应能力发展的角度来理解，少年儿童的社会适应能力也可分为三个因素，分别是：对学习的适应，主要是指儿童进入新的学习环境，能否跟上教学进度，能否有效完成学习任务；对社会人际关系的适应，包括对同学关系、师生关系的适应；对学习生活环境的适应，包括在新的环境下，儿童是否会产生焦虑、忧郁等异常心理问题，以及学习成绩状况等。

（二）类型理论

社会适应行为是一种外显特征，可以分为一些类型。一般情况下，少年儿童的社会适应行为可分为社交领导行为、攻击性行为和害羞性行为。少年儿童要适应所在的学校环境，那么就必须按照学校要求学会五种社会适应技能，包括学习适应技能、人际适应技能、心理变化技能、生活适应技能、情境适应技能等方面。也有研究者采用功能—结构研究范式和过程—结构研究范式来分析社会适应行为的类型，认为社会适应性可分为人际适应、心理弹性以及心理控制感等三个不同的类型。

（三）维度理论

为了了解少年儿童社会适应的现状，人们往往会将社会适应分为若干个维度。在少年儿童社会适应研究中涉及的维度内容包括：学习适应、人际适应、生活自理适应、环境认同、身心症状表现、社会支持和发展目标等。1992年美国弱智儿童学会将社会适应行为界定为自我照顾、沟通、社交技能、社会运用、居家生活、自我指导、休闲与工作等多项技能。我国学者崔丽霞（2005）将不良社会适应行为分为学习适应不良、攻击行为、违纪行为、退缩、神经质、考试焦虑等6个维度。姚树桥（1995）将儿童社会适应能力分为感觉运动、生活自理、语言发展、个人取向、社会责任、时空定向、劳动技能、经济活动8个维度。把社会适应能力分为若干个维度，为编写少年儿童社会适应量表、调查了解少年儿童社会适应基本情况提供了诸多便利。

四、我国弱势少年儿童群体的社会适应研究现状

目前我国学者对弱势儿童的心理研究大多采用问卷调查、个案研究等方式，研究类型以描述性研究为主，研究重点主要集中在对弱势少年儿童与其他类别儿童心理特点的差异以及对弱势少年儿童的辅导干预方式等方面。

留守、贫困、家庭变故、安全环境、身体残疾、缺失社会支持等因素，都会对少年儿童的身心发展产生极为不利的影响，正常人的一个眼神、一句无心的话、一个动作等都可能对他们造成无法挽回的伤害，使他们难以融入社会主流，容易产生情绪、行为、社会交往、自我概念等方面的心理问题。这些问题主要表现在：（1）适应情绪问题。

绝大多数弱势少年儿童或多或少地存在情绪情感方面的问题。如进城农民工子女的孤独感会明显高于其他儿童（蔺秀等，2009），非原生完整的少年儿童会表现出自卑、忧郁、寡言等状况；留守儿童会因为对父母的思念变得焦虑、恐惧（王东宇，2002）。（2）适应行为问题。弱势少年儿童缺乏良好的自我调节和社会适应能力，他们或者得到了过度的关爱甚至溺爱，或者受到过度的挫折和冷漠，容易产生自私、自我中心、偏激、过敏易冲动等行为偏差问题。（3）人际交往问题。很多弱势少年儿童因为受到过多的敌视和排斥，与社会人群较为疏离，导致他们存在深度的自卑心理，怕与人说话，社会交往技能缺乏，对人际关系过敏冲动，与他人相处容易产生各类冲突，富有攻击性，或者表现为遇人遇事回避或退缩。（4）心理干预辅导方式。有较多的文献都论述到对弱势少年儿童的心理干预辅导方式问题，这些方式主要有代理家长送温暖、结对帮扶辅导、个别心理咨询、团体心理辅导、儿童成长小组、亲子团体辅导、系统家庭治疗等。从产生的结果看，这些干预都不同程度地改善了弱势少年儿童的心理和行为问题，对提高孩子的社会交往能力、自尊水平，使之更好地融入社会方面确实产生了积极作用。

我国学者（聂衍刚，2001）通过对现有社会适应文献的分析，提出社会适应研究可以遵循两种范式，分别是功能—结构研究范式、过程—结构研究范式，它们各自有着不同的研究取向和研究策略。其中功能结构研究范式是通过确定社会适应标准去选择和确定良好适应和不良适应这两类极端人群。然后通过调查两类人群的人格特征和行为倾向来确定社会适应能力的内涵和结构。过程—结构研究范式则将社会适应过程分解为连续性的、具有明显差异的几个环节，分别是心理发动环节、起始比较环节、内容操作环节、适应连续环节，通过考察人们在这几个社会适应环节中表现出来的心理和行为方面的个别差异来确定少年儿童社会适应的内涵和结构。目前研究弱势少年儿童社会适应问题的主要途径和方法是心理测量法。国外常用的心理测验量表主要有：AAMR适应行为量表、文兰德社会成熟度量表、儿童行为量表、儿童独立行为量表、儿童社会智力量表、儿童人格量表、儿童社会表现调查表等。国内对社会适应行为的测量工具主要有儿童适应行为评定量表（姚树桥，1995），该量表适用于 3~12 岁智力正常或低下儿童，采用分量表结构，有感觉运动、生活自理、语言发展、个人取向、社会责任、时空定向、劳动技能、经济活动 8 个分量表，共有 59 个项目；青少年社会适应行为量表（聂衍刚，2005），该量表由两部分构成，第一部分为良好适应行为分量表，包括 7 个因子，分别为独立生活、自我定向、社会生活、学习适应、经济活动、社交适应、社会认知与性知识；第二部分为适应不良行为分量表，包括 3 个因子，分别为品行不良行为、社会性不良行为、神经症行为；中学生行为自评问卷（崔丽霞，2005），共 60 个项目，内容包括学习适应不良、攻击行为、违纪行为、退缩、神经质、考试焦虑等 6 个因子。这些量表由于对社会适应行为的不同理解，导致对少年儿童社会适应测量的维度和标准也各有差异，但不同测量工具都有一个共同倾向，那就是关注对象主要为消极方面而非积极方面，适用对象主要为存在适应问题的非正常群体，因此使用不同测量工具得到的结果也存在较大差异。

弱势少年儿童是一个传统概念，我国自从 20 世纪 50 年代即中华人民共和国刚刚成立就有人研究了相关问题，如对学习适应不良儿童的研究等，特别是我国经济社会发展水平已经达到一个新高度的时候，弱势少年儿童作为国家经济社会发展的重要组成部分，受到了国内外学者的普遍关注。虽然近年来对弱势少年儿童群体的研究文献较多，但概括起来，可以发现这些研究仍有以下一些不足之处：（1）对弱势少年儿童的描述性研究较多，对孩子成长内外环境与心理发展因果关系的研究偏少。现有文献对弱势少年儿童的生活遭遇持担忧态度的多，而对孩子成长内外环境与心理发展特点的因果关系及其机制进行探讨的偏少，导致研究结果对弱势少年儿童教育干预指导的价值不显著。（2）在研究取样上多局限在某类别小数量弱势儿童上，在较大范围内对各个阶层和年龄段弱势少年儿童大样本研究明显不足。现有研究由于取样的局限性导致研究结果难以全面、系统、准确地把握弱势少年儿童的心理问题，难以形成较为全面系统的认识。（3）对弱势少年儿童的负面问题关注较多，对其正面心理特征关注不足。许多研究者直接设置"问题儿童"前提，只看到了弱势少年儿童的消极表现或心理行为问题，看不到弱势少年儿童顽强的意志、不服输的积极奋斗精神等积极心理特征。（4）研究方法差异导致研究结果缺乏可比较性。如对弱势少年儿童和正常的孩子使用不同的研究工具，使得弱势少年儿童的心理行为问题看起来较为严重，实际上是研究方法、研究工具的较大差异导致了对两类少年儿童的研究结果缺乏可比较性。

五、研究少年儿童良好社会适应能力的必要性

社会适应能力是社会适应的重要组成部分，是心理健康的重要内容。1948 年，世界卫生组织就在其章程中开宗明义地指出：健康是身体上、精神上和社会适应上的完好状态，而不是没有疾病或虚弱。可见，真正的健康不仅包括身体和心理健康，而且良好的社会适应状态也是健康不可缺少的重要组成部分。个体社会适应状态良好，意味着个体与环境处于协调、平衡的状态。协调平衡状态下的个体，身体健康，情绪乐观、稳定，学习和工作游刃有余。当一个人长期不能适应环境，即处于和环境的冲突、抵触状态下，便会出现焦虑、苦闷、烦躁等负面情绪，就会影响个体生活、社会和组织能力的发挥，降低在社会群体中的工作效率。

个体良好的社会适应能力是应对复杂多变社会环境的重要条件。社会正在转型，群体处于不断变化之中，其要求也在不断提高，每个人固守一个地区、一个单位、一个学校、一个团体的概率大大减少，青少年学生往往在不同社团或团体间活动，是各类团体的活跃分子。他们能否适应新的团体环境，取决于他们能否及时地从旧的环境中摆脱出来，调整自己的生活方式、行为方式、处事方式、思维方式，适应新环境的要求。只有具有良好的社会适应能力才能获得更充分的生存与发展的条件。对团体环境适应快的人，能很快熟悉新的团体及其规则，主动地与同学、同伴、老师、领导交流，掌握的信息多，锻炼的机会多，并很快成为人际交往圈中的活跃分子和重要角色，从而为自己更好的发展创造更多的机会。相反那些适应慢的人，则总是沉浸在自己原有的角色之中，很难快速地与团体环境融为一体，或自负、孤傲，或自卑、胆怯，或消极地抱怨，或敌对地反抗，纵有满腹经纶，也很难使自己的价值迅速地得到别人的欣赏或接纳，从而失去许多宝贵的发展良机。

研究少年儿童社会适应能力具有以下几方面的重要依据：

（一）研究少年儿童社会适应能力是由少年儿童群体的社会属性决定的

少年儿童群体的政治属性决定了这个群体的价值取向和目标定位，规定了它要为党培养预备队员，帮助少年儿童更好地实现政治社会化，引导儿童养成良好的亲社会行为和朴素的爱国主义、民族意识。提高少年儿童的社会适应能力，解决少年儿童的思想意识问题，使少年儿童掌握他们在一定政治体系中担任特定政治角色所需的知识、价值观念、技能和行为模式就是实现少年儿童群体的政治功能。

（二）研究少年儿童社会适应能力是时代发展的需要

有政治家曾说过："一个政治体系要得以维持，必须与它所处的社会环境进行必要的能量交换，这种交换在输入方面主要表现为社会成员对这一政治制度的普遍认可和支持。"目前世界各国都非常重视对本国公民进行政治社会化教育，提高公民的政治社会适应能力，当然其最终目的就是为了促进社会成员与其政治制度的和谐。

（三）研究少年儿童社会适应能力是为了适应少年儿童人格发展规律的需要

儿童作为社会化进程最为快速、最为复杂、最为丰富的一个群体，其政治社会化一般以政治认同、政治归属、政治忠诚以及政治服从等强烈情感色彩的政治认知和政治感情为主要内容，以直观的、感性的、形象的政治事物和政治行为作为学习对象，以服从和直接模仿为学习方式（陆士桢，2009）。提高少年儿童社会适应能力的过程就是让儿童学习接受现存政治制度所肯定的政治观念、政治知识、政治情感和政治价值观的过程，最终形成基础的政治态度和政治行为。少年儿童人格发展的阶段性和可塑性决定了研究少年儿童社会适应能力、促进其政治社会化的必要性。

第二章 进城务工人员子女社会适应能力发展特点研究

第一节 进城务工人员子女社会适应现状研究综述

随着改革开放浪潮的推进，大量农民从原有的土地束缚中解放出来进城务工，这在解放和发展生产力的同时也造成了一些新的社会问题。空巢老人、留守儿童、流动儿童等名词应运而生，越来越多的人在关注进城务工人员生存发展问题的同时，也把目光集中在了其家庭成员身上。本文以进城务工人员子女为调查对象，重点探讨流动儿童的社会功能，希望从现有研究中总结该群体的特征，为完善已有措施、弥补研究不足起到促进作用。

一、相关概念界定

1998 年国家教育委员会发布《流动儿童少年就学暂行办法》给流动儿童少年下了明确的定义。流动儿童少年是指 6~14 周岁（或 7~15 周岁）随父母或其他监护人流入城市暂时居住半年以上且有学习能力的儿童少年（国家教委、公安部，1998）。在生产力的飞速发展和市场经济的推动下，大量农民进城务工并有了一定的经济基础，为了更好地照顾子女，他们将孩子带在身边，让孩子迁入城市生活、学习，流动儿童这一特殊群体便日渐被社会各界所熟知，其处境也为越来越多的人所关注。

世界卫生组织把社会功能良好概括为一个人的外显行为和内在行为都能适应复杂的社会环境变化，能为他人所理解，为社会所接受，其行为符合其社会身份，与他人保持正常协调的人际关系（李海峰，

2009）。进城务工人员子女的社会功能因其处境的特殊性而表现出与其他儿童的差异性，而目前针对该问题的研究结果也一直存在着褒贬不一的分歧，急需得到特殊重视和进一步的系统分析。

由于流动儿童随父母离开农村来到城市，他们与原有的生活习惯脱节，但又不能完全融入新的环境，"边缘人物"的身份很容易造成他们适应困难及交往障碍。再加上父母平时忙于打工，家庭经济条件有限，其本身又不具有城市户口，致使流动儿童的家庭关怀和学校教育普遍存在欠缺和不公平等现象，这也使其成为社会中一种新的"弱势群体"，处境堪忧。因此，在很长一段时间内，研究该群体的学者把重心放在了探讨进城务工人员子女的心理问题及如何帮助其改善不利处境上。但随着研究的深入，越来越多的学者发现，虽然进城务工人员子女经历了更多的压力和变故，但并非所有的孩子都表现出了适应困难及其他心理、行为问题，甚至有的流动儿童在某些方面还表现出了比非流动儿童更良好的心理特征，这使得针对该群体的研究日趋多样化和系统化。在归纳大量相关研究文献的基础上，本文从自理能力、心理韧性、社会智力及人格特征等四个方面对进城务工人员子女的社会功能进行总结、探讨，力求更加客观全面地呈现该群体的特征以及相应的研究成果。

二、进城务工人员子女社会适应能力研究现状

有研究表明，进城务工人员子女大多存在见到老师心里紧张，不敢在公共场合与人交流等人际交往问题（李红云，2011），在个性品质、学习和生活习惯等方面也与本地学生存在较大的差异，心理发展明显滞后（韦红艳，2013）。但也有学者指出，虽然进城务工人员子女因自卑而在与人交流时不愿暴露自己的身份，但他们对城市生活已经有了感情，喜欢跟本地孩子一起玩，并试图在装扮上表现出与本地孩子没有区别（徐晶晶，2010）；而杨文娟的调查更显示出流动儿童在独立性、创造性以及合作精神方面有独特优势（杨文娟，2003）。除此之外，通过对进城务工人员子女内部进行比较发现，在抑郁症状检出率中，公办学校就读的流动儿童要低于在打工子弟学校就读的流动儿童（赵燕、张翔、杜建政等，2014），这些都说明进城务工人员子女的社会功能呈

现出多样化、复杂化的特点。针对这些现象，本文从以下四个方面对该问题进行了相关研究现状的总结。

（一）进城务工人员子女自理能力的研究现状

儿童的自理指其会料理自己的日常生活，懂得一般的生活常识，能比较熟练地解决生活中经常遇到的困难，掌握基本的生活技能和劳动技能。自理能力是人赖以生存的基本能力。对于个人来说，生活自理能力，也就是独立生活的能力，同时也是集体生活或与他人共同生活的能力（王正山，1994）。

已有的单独对进城务工人员子女的自理能力研究资料有限，但有大量文献对处于同一年龄阶段的青少年儿童的自理能力做了详尽调查，本文多引用后者的研究结论加以阐述。现有资料表明，随着 4-2-1 家庭的增加，多名家长照顾一个孩子的情况日渐普遍，越来越多的青少年儿童呈现出自理能力低下的特点，而现有的教育只重视孩子的智力开发，忽视其品质和动手能力的培养，许多家长和孩子也并没有意识到发展青少年儿童自理能力的重要性。有数据显示，在生活自理方面，被调查的小学生中 75%的学生要父母替自己整理书包，63%的学生不会叠被子，42%的学生没有主动刷牙的习惯，69%的学生从来没在家打扫过卫生（马媛媛，2012）。杨得尧在他的研究中指出，只有少数学生会做一些简单的家务事，但也做得不多或基本不做，更多的学生不会做也不想做。在被访谈的 25 名初一学生中，60%的学生认为"生活自理是个简单的劳动，人大了就自然会做"，8%的学生"还不懂得生活自理能力的含义"（杨德尧，2011）。而家长和学校在日常的教育中常常持"不让孩子做家务是出于对他的爱""学生的任务只有学习"等观点，这无疑也阻碍了孩子自理能力的形成和发展。针对该现象，有学者总结出造成孩子自理能力低的三个主要原因，分别是：随着物质生活的提升家长对孩子越发溺爱、教授相关技能时怕麻烦以及教育方法不当（王晓静，2011），学校教育偏重学科成绩而忽视劳动技能和动手实践（郭海燕，2012），儿童则将一切视为理所当然，不愿主动克服生活中所遇到的困难和麻烦。

针对儿童自理能力普遍较低的现状，不同的学者提出了相应的解决方法。如王正山主张从抓明理教育、引导行为这两个方面入手，力求做到不仅让儿童明白提升自理能力的重要性，更要营造丰富的环境，让儿童在实践中成长（王正山，1994）；马媛媛认为家长应该帮助孩子而不要代替孩子（马媛媛，2012），在孩子成长的过程中多一些包容和耐心，这样才有利于孩子自理能力的培养；许鹏程提出要对学生进行以"爱心、自信心、自强心"为主题的"三心"教育活动，多让学生投入到公益劳动中；郭海燕则强调要在家庭中布置亲情作业，在学校中把对学生的尊重、热爱、关怀和信任与严格要求相结合（郭海燕，2013）；而薛应宏将榜样的引路作用视为培养学生自理能力的最好方法之一，同时强调要注意正确使用批评的策略和方法（薛应宏，2007）；杨德尧更是把劳动教育提升为学校整体改革的一部分，呼吁要加强对劳动技术课的科学管理，并力争取得家长及社会的主动配合（杨德尧，1998）。

由此不难看出，现如今青少年儿童自理能力低下是普遍存在的社会问题，这既不利于孩子自身的发展，同时也对整个社会的正常健康运行造成了一定阻碍。社会的进步不仅体现在科学技术的发展上，传统文化的弘扬及自我能力的提升也不容小觑。重视培养孩子爱劳动的观念，促使孩子自理能力的提升，这是提高其自身生存能力的需要，也是实施素质教育、培养新型人才的需要。

（二）进城务工人员子女心理韧性的研究现状

心理韧性的研究起源于 20 世纪七八十年代，在这之前，研究者普遍认为处境不利一定会导致发展不利，处境不利的儿童日后的成就水平、适应能力必定低于正常儿童（曾守锤、李其维，2003）。后来 Anthony 等人（1974）的研究发现，尽管一些人承受过巨大的压力或经历过艰难的逆境，但却发展十分好，甚至还非常优秀。这种逆境适应中的个体差异现象促使研究者们提出了"心理韧性"的概念（刘丹、石国兴、郑新红，2010）。心理韧性是个人面对生活逆境、创伤、悲剧、威胁或其他生活重大压力时的良好适应过程，它意味着面对生活压力和挫折的"反弹能力"（胡月琴、甘怡群，2008）。心理韧性的提出为人们研究高压如何对心理产生影响提供了全新的视角，也让更多的研究者开始重视开发人类潜能以及广泛应用积极心理学的理论和策略。

众所周知，进城务工人员子女承受了比同龄儿童更多的心理压力和生活变故。他们随父母或其他监护人离开原有的生活环境进入完全陌生的城市，难免会存在缺乏归属感、学习生活适应困难等问题，而其已有的行为举止、言谈语调也使他们在城市儿童中显得"格格不入"。除此之外，家庭经济条件较差，在入学、福利、社会保障等方面所面临的困难甚至是不平等待遇更让进城务工人员子女体会到自卑及排斥感，因而表现出较强的疏离感和孤独感，不能很好地融入社会主流，甚至出现一些严重的心理偏差和反社会倾向（王中会、蔺秀云，2014）。有研究指出，流动儿童的社交焦虑、孤独感最高（蔺秀云、方晓义、刘杨等，2009），且显著高于非流动儿童（刘莳斐、王兆良、李文兵等，2010）。这似乎说明了进城务工人员子女的不利处境对其心理的健康发展造成了一定影响，其发展遵循"处境不利（高压）—压力—适应不良"的直线模型。

但也有研究显示，并非所有处境不利的儿童都存在着消极认知或行为偏差，进城务工人员子女也可能遵循着"处境不利—心理弹性—适应良好"的发展轨迹。"流动"经历虽然增加了儿童的孤独感，但同时也可能提升儿童的生活满意度（范兴华、方晓义、刘勤学等，2009），其经常能在与之前的同伴及生活环境的对比中获得满足感。而家庭支持和其他社会成员的支持成为进城务工人员子女心理韧性发展的主要影响因素（Pinkerton J，Dolan P，2007），良好的社会支持成为其心理韧性的重要保护因素（Herrman H，Stewart D E，2011），拥有来自各方面的正向支持越多，儿童的心理韧性就越好，其孤独程度就会越低（王中会、蔺秀云，2014），越能更快地以良好的心态适应新的环境。

在培养进城务工人员子女心理韧性方面不同的学者给出了不同的建议。如有学者认为核心自我评价对儿童心理韧性的产生和发展起中介效应，而父母的教养方式和社会支持对儿童心理韧性发展尤为重要（张翔、郑雪、杜建政等，2014），应格外重视；毛向军认为依恋关系对心理韧性的培养至关重要，流动儿童亲子依恋越好，形成安全的依恋类型，则他们心理韧性发展得也越好（毛向军、王中会，2013）；陈红艳指出，要提高儿童的优势和强势，培养儿童坚韧的人格品质以应对挫折（陈红艳，2011）；张丽敏等则认为开展心理韧性团体干预活动是提升流动儿童心理韧性和提高其心理适应的一个有效策略（张丽敏、田浩，2014）。

培养进城务工人员子女的心理韧性对于帮助其应对不利的处境、发展健康心理意义深远。作为社会中的新增弱势群体，进城务工人员子女所面临的诸多不公正待遇及不利环境应该得到社会各界广泛的关注，我们在健全和完善社会制度的同时也不应该忽视他们自身的心理健康水平。及时帮助其解决现有问题，使其能真正享受良好平等的待遇，充分发挥家庭关怀、学校教育、社会支持的作用，让更多的进城务工人员子女以积极的心态面对不利，以极大的勇气和自信应对困难，在逆境中成长，在逆境中成才。

（三）进城务工人员子女社会智力的研究现状

虽然 Thorndike（1920）最早提出社会智力的概念，但学术界对其至今还没有一个统一的认识，有学者基于行为表现认为社会智力是个体社会能力的有效性或适宜性；有人从社会认知的角度将社会智力看作是译解社会信息的能力；Marlowe（1985）则将认知和行为相结合，提出社会智力是一种理解人际情景中人们（包括自己）的感受、思想和行为以及据此作出恰当反应的能力（刘在花、许燕，2005）。本书主要引用刘在花、许燕在《小学生社会智力结构的研究》一文中对社会智力这一概念下的定义作为标准加以阐述，即社会智力是个体在人际情境中正确理解社会信息，恰当管理情绪，采取有效的社会行为的能力（刘在花、许燕，2006）。对进城务工人员子女社会智力的研究有利于家庭以及社会从科学的角度把握信息，帮助其以正确有效的方式调整不良认知，管理自身情绪，纠正错误行为。

现有资料中鲜有专门针对进城务工人员子女社会智力的研究，本文通过总结与之处于同一年龄阶段的青少年儿童的社会智力特点，并结合流动儿童在认知、情绪、行为上的特殊性进行分析，力求达到了解进城务工人员子女的社会智力现状的目的。有研究指出，小学生的社会智力结构包括社会洞察力、社会焦虑、移情、人际交往能力和人际问题解决能力（刘在花，2004）。进城务工人员子女普遍较自卑、敏感，尤其是在学习成绩和容貌方面，常认为自己被人议论。而有调查显示，流动男童的学习焦虑、对人焦虑、孤独倾向、自责倾向、过敏倾向、身体症状、总焦虑因子得分均明显高于常住男童，流动女童的学习焦虑、恐怖倾向因子得分明显高于常住女童。虽然从整体上看，进城务工人员子女的主观幸福感和自尊心较高，但其心理健康水平低于城市少年儿童（熊猛、叶一舵，2011）。除此之外，进城务工人员子女的思想易走极端，缺乏广泛的兴趣爱好，这些都在一定程度上说明进城务工人员子女的社会智力需得到进一步提升。徐晶晶还曾在研究中指出，进城务工人员子女在人际交往中表现出两种特点，一种是被动性，他们大多性格内向，行为拘谨，不愿向同伴表达自身情绪，自我保护意识和封闭意识过强，甚至部分孩子不愿或不敢与他人交流。另一种孩子则表现出桀骜不驯的特点，在与人交往的过程中为了避免受伤害，他们往往表现得极具攻击性，又或者以过度与人交流的方式来引起他人的关注（徐晶晶，2011）。但与此同时，也有研究表明大部分进城务工人员子女并不存在人际交往方面的问题，他们乐于结交朋友，愿意对弱势群体给予情感和行动上的帮助，同时在人际适应、学校适应、行为习惯适应和社会适应等方面均表现良好，特别是公立学校的流动儿童，他们较农民工子弟校的孩子更能适应城市生活（许传新，2009）。

有学者认为，少年儿童社会智力发展随年龄的增长而提高，这与认知能力的提高和自我意识的发展密切相关，教育者应重视关键年龄段孩子的社会智力发展。女生社会敏感性较高、表达能力较强、身心成熟较早，这些特点使得小学女生的社会智力要略高于男生（刘在花、许燕，2005），但这也有可能造成女生更易社会焦虑，因此，需辩证地看待该特点并适当对不同性别的学生加以引导。针对进城务工人员子女所存在的学习成绩不理想、学校生活适应困难等问题，刘在花指出学习困难儿童经常伴有消极的自我概念，他们过于在乎他人的情绪和想法而对自己缺乏信心，自卑感较强（刘在花，2008）。团体训练对于提高学习困难儿童的社会智力水平具有积极有效的作用，与此同时，要多为孩子提供积极支持的场所和良好的团体气氛，鼓励孩子开放自我、表达自我（刘在花，2009）。除此之外，民主型教师领导行为、社会支持，父母的情感温暖、理解，儿童自身良好的认知观点采择、移情、自我效能感等都有利于流动儿童社会智力的发展（刘在花，2004）。总之，我们应从教师、家长、儿童三方面共同入手、相互促进，以达到提升进城务工人员子女社会智力的目的。

社会智力的研究为理解进城务工人员子女的心理及行为特点提供了全新的视角。把认知和行为相结合，帮助进城务工人员子女正确理解社会信息，以积极的心态管理情绪，采取合理的行为应对生活事件，这样更利于其心理健康水平的提升。

（四）进城务工人员子女人格特征的研究现状

人格是指个体在生物基础上受社会生活条件制约而形成的独特而稳定的具有调控能力、倾向性和动力性的各种心理特征的统合系统（杨丽珠，1993）。儿童期是个体人格发展的重要时期，影响到个人一生的心理健康水平。了解进城务工人员子女的人格特征，这不仅是研究其社会功能的需要，也有助于从实际行动上帮助其培养健全完善的人格。

进城务工人员子女在社会化的过程中容易形成既不同于城市同龄儿童又不同于家乡同伴的边际人格，这对他们的心理健康必然会产生一定的负面影响。现有研究大多证明流动儿童的积极人格特征得分偏低（王瑞敏、邹泓，2008），其人格特点多以内向型和中间型居多（刘延金、朱虹、陈练，2013）。一般而言，进城务工人员子女的人格特征在乐群性、恃强性、轻松性、有恒性、敏感性、充沛性、自律性及紧张性等因素上存在着性别差异（Ruffman T，Slade L，Devitt K，et al，2006）；男孩的忧虑性和紧张性人格特质要低于女孩，但其敏感性人格特质要比女孩高（朱虹、刘延金、陈练，2013）。除此之外，流动儿童对自身的评价较低，自我认同感和自我效能感不高，情绪不太稳定（张翔、王娟、陈良辉等，2014）。更有研究显示，流动儿童很可能存在遇事缺少主见、依赖性强的人格特征，也可能表现出好幻想、不大合乎实际、紧张、易激动、焦虑、抑郁等不良情绪（杨鹤琳、徐丽华、黄志勇，2014）。但也有学者在研究中发现，进城务工人员子女在人格的某些方面存在许多优点，比如流动儿童无拘无束、冒险敢为，与本地儿童相比，他们更轻松活泼、精力充沛，少见忧虑紧张；流动男童更乐群、好强、认真、自律，流动女童更稳定、世故、讲究实际（张秀琴、周甦、张小聪，2013）。梁活的研究显示，虽然部分流动儿童存在自我效能感低，攻击性较强，自我认可及人际交往障碍等问题，但同时更多的流动儿童表现出了有较强的亲和需要，能较好地认可自己、自信心较强、道德素质良好，部分孩子的学习动机比非流动儿童更强烈（梁活，2009）。由此可以看出，对进城务工人员子女人格特征的描述，不同的学者因研究重点不同而存在着褒贬不一的评价，我们在关注其因处境不利而给人格带来不良影响的一面的同时，也不能忽略这种特殊环境所造就的优势，这样才能从宏观上把握进城务工人员子女的人格特征的真实情况。

为了帮助进城务工人员子女塑造健全的人格，许多学者提出应培养其积极的自我评价，让其学会用乐观向上的方式应对压力，在不利环境中煅造出刚毅的特性。刘延金认为创造良好的情感环境，开展有针对性的心理健康教育活动，提升教师和进城务工人员的心理健康教育水平，加强社会宣传（刘延金、朱虹、陈练，2013），这些都能在一定程度上帮助进城务工人员子女形成积极的人格。刘巧艳则从学校、家庭和孩子自身三方面入手，提出六条建议以详尽阐述相关策略，即营造关爱氛围，促使学生融入集体；完善目标体系，引导学生正确认知；巧设体验活动，强化学生习惯养成；注重自我教育，提高学生自主意识；优化评价方式，激励学生奋发向上；加强家校联系，优化学生成长环境（刘巧艳，2008）。健全的人格对个体一生的发展都至关重要。特殊的处境难免会对进城务工人员子女的人格塑造造成一定影响，但只要我们对其给予足够的重视和正确的引导，这种不利的境况就有可能帮助其锻造出更加顽强的特性。只有从多方面共同入手，把理论和实践充分结合，才能真正达到帮助进城务工人员子女完善人格、提升心理健康水平的目的。

综上所述，进城务工人员子女的社会功能呈现出多样化、复杂化的特点。在自理能力方面，虽然还暂无有针对性的研究对这一问题做出评论，但由于目前青少年儿童的自理能力普遍较低，进城务工人员子女作为其中的一个群体，其相关意识和能力也有待进一步提升。心理韧性作为调节个体在面临不利环境时的重要因素，其突出作用开始受到越来越多的人关注。进城务工人员子女的心理韧性存在着个体差异，要注重培养更多孩子应对压力和变故的能力。社会智力的相关研究显示，部分进城务工人员子女表现出自卑、敏感、人际交往障碍等问题，常感受到来自各方面的压力和不公正待遇，情绪易激惹，行为易走极端。但仍有其他孩子表现出了乐观开朗、擅交友、社会适应能力强等特点。而进城务工人员子女的人格特征同样也表现出两种截然相反的特点。一部分孩子自我评价低，自我效能感不高，易紧张、焦虑及抑郁，而另一部分孩子则表现出乐群、自信心强、道德素质好等特点，除此之外，其人格特征还存在着一定的性别差异。

三、评述和展望

（一）现有研究成果的贡献

进城务工人员子女作为社会中的一种新生群体，其身心健康不仅关系到各自家庭的和睦，也在一定程度上关乎社会的稳定。随着进城务工人员子女人数的剧增，其不利处境及心理状况日益受到越来越多人的关注，针对该现象的研究也逐渐增多增广。全面把握进城务工人员子女的心理动向，以正确的方式帮助其学会克服成长中的各种不利和困境，这必是一个逐渐探索而又亟待解决的问题。尽管目前社会中还未完全形成完善的保障体系和应对措施，但随着关注度的提升和研究的深入，有关进城务工人员子女社会功能的探讨已初见成效，很多重要发现和建设性的建议也逐渐受到各界的关注，更多的人趋于达成共识，力求从儿童、家庭、社会三方面协同努力，以达到促进进城务工人员子女身心健康发展的目的，主要成果包括以下几个方面：

（1）针对目前进城务工人员子女的自理能力有待提高的现状，学者们提出了加强劳动教育，创造实践环境，提升自理意识的应对方法，并细致阐述了各个群体的作用及相关举措的具体实施方法。丰富多彩的实践方式有助于孩子从思想和行为上发生转变，其不仅为培养进城务工人员子女的自理能力提供了有价值的参考，也为其他方面的教育提供了新的思路，极具操作性和借鉴意义。

（2）在对进城务工人员子女心理韧性的研究中，学者们把核心自我评价、父母教养方式、亲子依恋关系、广泛社会支持等提到了相当重要的位置，也通过相关研究证明了这些因素对心理韧性的影响作用。而有的研究者提出的团体辅导的方式更是为提升进城务工人员子女的心理韧性提供了具体可操作的方法。相信通过多方努力，定能增强该群体应对不利环境时的勇气和力量。

（3）虽然对进城务工人员子女社会智力的定义还未达成共识，但已有学者从认知能力、自我意识、性别差异等方面对相关问题进行了研究，且具有一定的指导意义。调整不良认知、合理管理情绪、纠正错误行为，这是已形成的提升进城务工人员子女社会智力的普遍策略，也为以后的研究指明了方向。

（4）对于如何帮助进城务工人员子女塑造健康人格，学者们通过大量实证研究得出以下结论，即培养积极的自我评价，强化正确的行为习惯，鼓励正确的认知模式，创造良好的成长环境。这些方法从孩子、家庭、学校、社会多方面入手，为进城务工人员子女的健康人格塑造提供了科学而全面的指导，也充分体现出研究者们从宏观的角度着眼，重视系统性和整体性的特点。

（二）现有研究的不足

（1）已有文献得出的青少年儿童自理能力不足的结论多选取城市学校的学生作为调查对象，而这其中又以独生子女人数居多，特殊的国情和传统教育模式在一定程度上对青少年儿童自理能力的培养和发展起到了阻碍作用。虽然所研究的进城务工人员子女属于该年龄段，其特征也受到大的时代背景影响，但其本身具有的特殊性也使得研究结论存在一定偏颇。进城务工人员子女出生在农村，他们中的绝大多数从小就不得不学会料理自己的日常起居，甚至还需承担照顾家里老人的重任。而一个农村家庭里往往不止一个孩子，长辈们对其的关注宠爱程度也远不及城市儿童所享有的，因此不能将现有关于儿童青少年自理能力低的结论直接套用到进城务工人员子女身上。或许在与留守儿童或其原有生活模式的对比中能得出进城务工人员子女自理能力较低的结论，但这具有相对性，而目前也还并没有针对进城务工人员子女自理能力的相关研究，这不仅是本文的研究不足，也是研究该群体特征时普遍所存在的一个缺陷。

（2）对心理韧性方面的研究为了解进城务工人员子女的社会功能提供了全新的视觉，但由于对该概念的界定还不够明确，目前我国对心理韧性的研究也还处于概念引入阶段，其影响因素存在着众说纷纭的现象，因此难免在研究的过程中产生一定的分歧。而现有研究也多是从培养个体意志品质的角度出发进行分析和提出建议的，这难免会产生概念混淆、重复研究的现象。要使相关研究更具针对性和说服性，就必须采用更多的实证研究以解决这一不足，这同时也是推进研究进城务工人员子女社会功能进程，探寻内在因果关系，找出应对策略的需要。

（3）目前研究社会智力方面的文献极其有限，对其的定义在学术界也未能统一。本文对于这一概念的把握参照的几乎为同一作者的研究成果，这从一方面说明该领域的新颖性，但也从另一方面说明研究结论可能存在片面性。虽然已有学者对进城务工人员子女的社会智力进行了探讨，说明其确实对个体的社会功能有一定的影响作用，但成果有限，急需不同的研究者对此做进一步的修正和完善。

（4）古往今来，众多的心理学家都将人格研究作为重点，因此也形成了许多较完善且各具特色的人格理论。关于进城务工人员子女人格特征方面的研究，不同的学者套用不同的理论作为基础因而呈现出百花争鸣的景象，而同一问题研究结论大相径庭的情况也时有发生。哪种理论更具说服性，何种解释更符合进城务工人员子女真实的人格特征，这是摆在每个研究者面前的问题。我们允许研究结果的多样性，但如何通过研究得出令人信服的结论，真正起到帮助个体解决问题的作用，还有待研究者们的共同努力。

（三）对进城务工人员子女的未来研究方向展望

（1）进城务工人员子女中有相当一部分存在读书无用的想法，认为虽然自己的父母文化程度不高，但仍能在城市谋取一份工作，并且与原有的生活以及仍居住在农村的同伴相比，自己现在的生活学习条件已得到了极大的提升，这让这部分孩子在学习上表现出动力不足的状况。而大部分进城务工人员每天忙于工作，对孩子的文化教育缺乏关注，绝大多数进城务工人员也没有能力辅导孩子的功课，这也成为孩子出现学习障碍的又一原因。面对这一普遍现象，以后针对进城务工人员子女学习适应方面的研究应考虑从家长和孩子两方面共同着手，除了探索如何增强孩子的学习动力外，更应提高整个家庭对学习科学文化知识的重视程度，从家长方面探寻其相关的认知模式和归因方式对孩子的影响。还可从实验或团辅的角度去研究，如适当邀请家长参加学校举办的专题家长会，传授相关正确的教育观念和方式，以探索父母教育理念转变对孩子学习态度的影响，以期达到更好的收效。

（2）进城务工人员子女在一段时间内还会继续面临各种不公正的待遇，受之影响其心理健康水平较低等问题不容忽视，也不可能得到迅速彻底的解决，但政府仍能从某些方面入手，去逐步缓解这种社会矛盾，比如在教育安置方式上做出相应的改善或调整。有研究显示，教育安置方式对流动儿童心理发展水平存在一定的影响，公立学校的教育安置方式明显优于打工子弟学校（张翔、郑雪、杜建政等，2014）。为了达到帮助改善已有教育制度和促进进城务工人员子女心理健康发展的目的，未来的相关研究应重视这一研究成果，并逐步使之更加系统化、全面化。如除了探讨学校性质、教学条件、学生家庭环境等方面对进城务工人员子女社会功能的影响外，还可以从教师的相关心理特质、生源差异所造成的影响、同学间的相互影响关系等方面加以研究，找出造成公立学校和打工子弟学校间学生差异性的主要原因，协助教育机构做出相应的改善，力求尽可能为进城务工人员子女提供更加有利的学习生活环境。

（3）虽然现有研究大多都在强调学习生活环境的变化对进城务工人员子女的社会功能造成不利影响的一面，但不容忽视的是，只有具备一定的文化知识和经济能力的进城务工人员才会将子女带在身边进行教育和抚养。与留守儿童和城市贫困家庭的儿童相比，流动儿童在某些方面也具有其独特的优势。尽管已有学者从心理韧性的角度对进城务工人员子女的心理发展模式进行了探讨，但少有研究针对其有利的一面加以阐述，用积极心理学的角度进行总结和引导。因此，以后的研究可从该侧面出发，把"鼓励进城务工人员子女发掘自身优势"作为中介因素，以探索其特殊处境对社会功能的有利影响面。

第二节　进城务工人员子女心理韧性与生活事件关系

进城务工人员子女因其特殊身份，在生活和学习中难免会面临更多不利和困境。与原有生活习惯脱节、长期随父母各地流动、家庭经济条件有限、户口限制影响入学等一系列问题的存在使其承受着更多的心理冲突和压力，其处境堪忧。生活中的负性事件会对进城务工人员子女的身心健康造成不可忽视的影响，但进城务工人员子女的心理韧性能从中起到调节作用。心理韧性是指个人面对生活逆境、创伤、悲剧、威胁或其他生活重大压力时的良好适应过程，它意味着面对生活压力和挫折的"反弹能力"（胡月琴、甘怡群，2008）。具有良好应对能力的进城务工人员子女较少受不利因素的负面影响，甚至能从中发展出更加坚毅的意志品质。以下主要通过问卷调查的方式，研究城乡结合部中小学校进城务工人员子女在近期所经历的生活事件与心理韧性间的关系，以达到从总体上把握相关现状、帮助其提升心理健康水平、并为相关研究提供理论及数据支持、为教育提供有建设性意见的目的。

一、研究对象与方法

（一）研究对象

本研究从四川省城乡结合部各中小学校随机选取 735 名进城务工人员子女发放调查问卷，其中男生 378 人，占调查总人数的 51.4%，女生 357 人，占调查总人数的 48.6%；边远山区 161 人，汉族 574 人；独生子女 230 人，非独生子女 505 人；75.2%的被调查者年龄集中在 6~12 岁。

（二）研究工具

进城务工人员子女的社会人口学特征包括性别、年龄、是否为独生子女、居住地、年级、家庭情况、父母外出打工情况、是否与进城务工父母共同生活、家庭主要收入来源、年收入、生活自理能力、是否为边远山区等，共计 12 项，以了解被调查者的基本情况。

青少年心理韧性量表（Resilience Scale for Chinese Adolescent, RSCA）共有 27 个项目，分为个人力和支持力两个维度，其中前者包含目标专注、情绪控制、积极认知三个因子，后者包含家庭支持和人际协助两个因子，采用五级评分制，1 代表"完全不符合"，2 代表"比较不符合"，3 代表"说不清"，4 代表"比较符合"，5 代表"完全符合"，其中 12 项为反向计分，内部一致性系数 $\alpha=0.83$，能很好测量心理韧性水平的高低。

青少年生活事件量表（Adolescent Self-Rating Life Events Check List，ASLEC）（汪向东、王希林、马弘，1999），对已发生事件做当时的心理感受五级评分，即 1 分表示"无影响"，2 分表示"轻度影响"，3 分表示"中度影响"，4 分表示"重度影响"，5 分表示"极重度影响"，累计各事件的评分为总应激量。该量表包括人际关系因子、学习压力因子、受惩罚因子、丧失因子、健康适应因子、其他等 6 个维度共 27 条目，其 Cronbach α 系数为 0.85，分半信度系数达 0.88，重测相关系数为 0.69，对于研究青少年心理应激程度、特点及其与心身发育和心理健康的关系有十分重要的理论意义和应用价值。

（三）研究过程及数据处理

以随机抽样的方式发放纸制问卷，要求被调查者在明确指导语后逐一填写问卷，得到原始数据。删除不合格及带有极端值的问卷，将所搜集数据采用 SPSS20 统计软件包进行平均数差异性检验、方差分析、皮尔逊方差分析等整理分析。

二、调查结果与分析

（一）进城务工人员子女心理韧性的现状分析

从目标专注、情绪控制、积极认知、家庭支持、人际协助及总分六个方面对进城务工人员子女的心理韧性进行考察，结果如表 2-1 所示，表中分数越高表明心理韧性水平越好。

由表 2-1 可知，在心理韧性量表各因子上男生得分均低于女生，其中在人际协助方面和心理韧性总分上进城务工人员子女存在着显著的性别差异。汉族和边远山区的进城务工人员子女在心理韧性总体水平上不存在差异，但在积极认知方面差异显著，在目标专注方面差异极其显著。而是否为独生子女对进城务工人员子女的心理韧性影响差异不大。关于进城务工人员子女不同的家庭情况在心理韧性上是否有差异的分析见表 2-2。

表 2-1　进城务工人员子女心理韧性量表的描述统计结果表

	性 别			民 族			是否为独生子女		
	男	女	t	少数民族	汉族	t	独生子女	非独生子女	t
	(n=378)	(n=357)		(n=161)	(n=574)		(n=230)	(n=505)	
	M±SD	M±SD		M±SD	M±SD		M±SD	M±SD	
目标专注	16.75±5.04	17.29±4.55	-1.51	18.68±4.96	16.54±4.66	5.08***	17.48±5.26	16.80±4.58	1.71
情绪控制	16.09±4.28	16.60±4.22	-1.61	16.17±4.12	16.39±4.30	-0.58	16.07±4.58	16.46±4.10	-1.09
积极认知	12.30±3.95	12.59±3.59	-1.05	13.05±3.91	12.27±3.73	2.33*	12.54±4.04	12.39±3.67	0.51
家庭支持	16.42±4.06	16.74±4.02	-1.07	16.37±3.79	16.63±4.11	-0.73	16.80±4.19	16.47±3.98	1.01
人际协助	15.62±4.26	16.34±4.09	-2.34*	15.97±4.53	15.97±4.09	0.00	16.09±4.44	15.91±4.07	0.54
总分	77.18±14.46	79.55±13.59	-2.29*	80.24±14.10	77.79±14.05	1.95	78.99±15.45	78.03±13.42	0.86

注：*表示在 0.05 水平上差异显著，**代表在 0.01 水平上差异显著，***表示在 0.001 水平上差异显著，以下同。

表 2-2　进城务工人员子女不同家庭情况在心理韧性上的方差分析结果表

	双亲家庭 (n=586)	单亲家庭 (n=77)	再婚重组家庭 (n=67)	父母双亡 (n=5)	F
	M±SD	M±SD	M±SD	M±SD	
目标专注	17.11±4.736	15.8±4.997	17.58±5.003	14.80±6.301	2.176
情绪控制	16.15±4.239	17.05±4.158	16.85±4.432	20.40±2.702	2.958*
积极认知	12.47±3.772	12.23±3.677	12.46±4.102	11.40±2.702	0.215
家庭支持	16.48±4.026	16.57±3.978	17.46±4.353	15.80±0.447	1.252
人际协助	15.81±4.110	17.03±4.665	15.91±4.155	19.60±2.191	3.221*
总分	78.02±14.098	78.77±13.774	80.27±14.711	82.00±7.517	0.655

从表 2-2 中可以看出，不同家庭情况的进城务工人员子女在心理韧性总体水平上无显著差异，但在情绪控制和人际协助两个因子上存在显

著差异。

（二）进城务工人员子女生活事件的现状分析

通过统计 27 种生活事件的得分来研究其对进城务工人员子女人在人际关系、学习压力、受惩罚、丧失、健康适应以及其他这 6 个方面的影响程度，得分越高说明影响越大，具体结果见表 2-3。

表 2-3　进城务工人员子女生活事件量表的描述性统计表

	性别			民族			是否为独生子女		
	男	女	t	少数民族	汉族	t	独生子女	非独生子女	t
	(n=378)	(n=357)		(n=161)	(n=574)		(n=230)	(n=505)	
	$M\pm SD$	$M\pm SD$		$M\pm SD$	$M\pm SD$		$M\pm SD$	$M\pm SD$	
人际关系	8.81 ±2.75	8.85 ±2.97	-0.17	9.14 ±3.01	8.75 ±2.81	1.53	8.98 ±3.01	8.77 ±2.78	0.93
学习压力	8.69 ±2.99	8.56 ±2.97	0.57	8.89 ±3.14	8.55 ±2.93	1.27	8.86 ±3.04	8.52 ±2.94	1.43
受惩罚	10.96 ±3.44	10.41 ±3.21	2.25*	10.40 ±2.70	10.78 ±3.50	-1.45	10.90 ±3.50	10.60 ±3.26	1.12
丧失	4.55 ±2.02	4.56 ±1.90	-0.07	4.70 ±1.97	4.51 ±1.95	1.08	4.64 ±2.04	4.51 ±1.92	0.83
健康适应	5.60 ±2.10	5.54 ±1.94	0.35	5.50 ±1.89	5.59 ±2.06	-0.48	5.47 ±2.02	5.61 ±2.02	-0.87
其他	5.81 ±1.95	5.36 ±1.62	3.49**	5.53 ±1.65	5.61 ±1.85	-0.51	5.66 ±1.84	5.56 ±1.80	0.66
总分	44.42 ±11.77	43.28 ±11.46	1.33	44.16 ±11.08	43.79 ±11.78	0.36	44.51 ±12.12	43.58 ±11.40	1.01

根据表 2-3 可以得知，不同民族及是否为独生子女在生活事件量表上的得分不存在显著差异，但性别不同会造成各种生活事件对进城务工人员子女的影响程度不同，其中在受惩罚因子上的得分呈显著差异，在其他方面的得分呈非常显著的差异。

（三）进城务工人员子女心理韧性与生活事件的关系分析

用 Pearson 相关分析法对心理韧性量表各因子得分及总分与生活

事件量表各因子得分及总分进行两两相关比较，并计算相关系数，结果见表 2-4。

表 2-4　进城务工人员子女心理韧性与生活事件的得分相关分析表

	人际关系	学习压力	受惩罚	丧失	健康适应	其他	生活事件总分
目标专注	-0.066	-0.143**	-0.170**	-0.052	-0.127**	-0.134**	-0.153**
情绪控制	0.243**	0.162**	0.173**	0.106**	0.134**	0.172**	0.219**
积极认知	0.003	-0.081*	-0.071	-0.061	-0.095*	-0.050	-0.075*
家庭支持	0.065	-0.029	-0.025	0.059	0.074*	0.022	0.027
人际协助	0.239**	0.116**	0.164**	0.104**	0.098**	0.133**	0.191**
心理韧性总分	0.141**	0.005	0.017	0.046	0.022	0.039	0.058

由表 2-4 可得，目标专注与学习压力、受惩罚、健康适应、其他因素以及生活事件总分之间是非常显著的负相关，情绪控制和人际协助与各类生活事件及总分之间均存在非常显著的正相关关系，积极认知与学习压力、健康适应和生活事件总分之间是显著的负相关，而家庭支持和健康适应间存在显著的正相关关系。除此之外，人际关系与心理韧性的总分之间是非常显著的正相关。

（四）进城务工人员子女心理韧性与生活事件各因子的多元回归分析

将心理韧性总分作为因变量，把生活事件 6 个因子作为自变量，由此进行多元回归分析，以探寻生活事件对心理韧性的预测作用，结果见表 2-5。

表 2-5　进城务工人员子女心理韧性与生活事件的回归分析表

变异	非标准化系数		标准回归系数	t	sig
	B	标准误	β		
常量	74.510	2.029		36.717	0.000
人际关系	1.051	0.236	0.213	4.460***	0.000
学习压力	-0.371	0.246	-0.078	-1.510	0.131

续表

变异	非标准化系数		标准回归系数	t	sig
	B	标准误	β		
受惩罚	-0.284	0.281	-0.067	-1.009	0.313
丧失	0.0126	0.323	0.017	0.389	0.698
健康适应	-0.178	0.314	-0.026	-0.566	0.572
其他	0.212	0.447	0.027	0.476	0.635

表 2-5 表明，生活事件中的人际关系进入了回归方程，其对心理韧性有显著的正向预测能力。

三、对调查结果的讨论

（一）关于进城务工人员子女心理韧性基本情况的讨论

通过对心理韧性的研究可以发现，在进城务工人员子女中男生的心理韧性水平与女生之间存在着显著差异，男生在心理韧性量表 5 个因子及总分上均得分较低，并且在人际协助方面与女生差异显著，这在一定程度上说明男生在通过有意义的人际关系以获得帮助或宣泄不良情绪方面的能力要低于女生，该现象可能与中国传统的教育观念有关。"男儿有泪不轻弹"的观点在培养男生刚毅个性和顽强品质的同时也造成了其不擅表达，把情绪积压在心理的性格特点。在遇到困难和不良事件影响时，男生更多会采用沉默、独自应对的方式，如果这种负性情绪长期得不到排解就必定会对其心理健康造成不良影响。虽然本调查结果与之前李婷的研究认为在该因子上不存在性别差异（李婷，2012）有一定出入，但均证实了男生的心理韧性水平要普遍低于女生，并部分证明了心理韧性在性别上存在着显著差异的假设，这应引起教育者们的重视。如何有针对性地开展活动帮助进城务工人员子女尤其是男生提高心理韧性水平，是心理健康教育需要解决的一个问题。

虽然汉族和边远山区的进城务工人员子女在心理韧性总体水平上没有差异，但在目标专注和积极认知方面，边远山区的进城务工人员子女明显较好，说明与汉族相较而言，边远山区的进城务工人员子女在面对困境时更能坚持目标、制订计划、集中精力去解决问题，并更擅于用辩证乐观的态度看待不利，这可能与边远山区的生活方式及宗教信仰有关。边远山区普遍居住在环境较艰苦的地区，这造就了他们乐观坚强的生活态度；其自身多有宗教信仰，这使得他们在日常生活中有执着的信念和自省的习惯，而这些特点都对其心理韧性的发展起积极的推动作用。在以后的教育实践中，可以尝试通过树立信仰和培养意志品质的方式以增强汉族进城务工人员子女的心理韧性。

从家庭成员情况的调查中可知，是否为独生子女对进城务工人员子女的心理韧性影响差异不显著，但父母的情况却造成了其在情绪控制和人际协助方面的显著差异。父母双亡的进城务工人员子女在困境中对情绪波动和悲观念头的控制及调整能力比其他三类孩子更强，并更擅于利用人际关系解决问题，缓解不良情绪对自身造成的影响，这一特点与其自身的经历密不可分。遭遇重大家庭变故的孩子比同龄孩子心智成熟，更擅长察言观色，父母关爱的缺失使得这部分孩子不得不掌握更多的人际交往技能以应对生活中的困难。虽然在被调查者中父母双亡的进城务工人员子女人数较少，可能会对该问题的研究结果造成一定程度的偏差，但不可否认，父母在整个家庭中的地位极其重要，父母的关爱程度对孩子的身心健康会造成重大影响，在对进城务工人员子女的心理健康教育中需把家庭因素放在极其重要的地位加以考虑。

（二）关于进城务工人员子女生活事件基本情况的讨论

从总体而言，进城务工人员子女在生活事件各因子中得分最高的分别是受惩罚、人际关系和学习压力，这与前人的研究（金政国、熊英环、方今女，2010）在顺序上略有不同，但均证实了这三个因子是在生活中对学生影响最大的因子，应引起特别重视。进城务工人员子女在生活事件量表上的得分不存在显著差异，但性别不同会造成其在受惩罚因子上的得分呈显著差异，在其他方面的得分呈非常显著的差异。这在一定程度上说明，在日常生活中男生更易遇到被惩罚的情况，且受到的惩罚更严厉，对其心理造成的影响更深。值得关注的是，传统的教育观念和方法对不同性别的孩子有一定差别，如在教育女生时往往会考虑其自尊心而采用"响鼓不用重锤"的说教式，而对于男生则更多采用"不打不成才"的打骂式。与此同时，因性别差异而造成的不同责任和期待也在无形中使得男生承受了更多的压力，这些都会对男生的心理健康造成更严重的负面影响，需教育者在以后的实践中多加重视，以更加公正科学的眼光看待性别差异。而除了人际关系、学习压力、受惩罚、丧失和健康适应这五方面的问题外，生活中还有许多别的事件会对进城务工人员子女造成影响，且这种影响存在着非常显著的性别差异，亟需研究者尽早探明并作出相应举措。

（三）关于进城务工人员子女心理韧性与生活事件关系的讨论

培养进城务工人员子女良好的心理韧性，提升其充分利用现有资源、以乐观的心态应对负性生活事件的能力，对于从总体上提高该群体的心理健康水平十分重要。生活事件中的人际关系对心理韧性有一定的预测能力，人际关系处理得越好的进城务工人员子女，其心理韧性也越好。虽然有学者（张崇燮，2012）在针对初中生的研究中发现人际关系、学习压力、受惩罚以及其他因子都能对心理韧性起预测作用，但均证实了人际关系对心理韧性所起的重要作用。通过培养进城务工人员子女良好的人际关系，鼓励其利用现有资源解决问题、发泄不良情绪，这有利于其在面对困境时更快调整心态找出应对措施，并最大限度地减轻负性生活事件对其心理造成的不良影响。

综上所述，进城务工人员子女作为社会上一种特殊的弱势群体，其不利的处境应受到社会各界的广泛关注。除了要努力提升其自身的心理韧性外，还应从社会支持的角度予以帮助，这样才能真正达到对进城务工人员子女进行心理健康教育的目的。

第三节　进城务工人员子女心理韧性及其影响因素

1998年国家教育委员会发布《流动儿童少年就学暂行办法》给进城务工人员儿童少年下了明确定义。这里的进城务工人员子女是指6~14周岁（或7~15周岁）随父母或其他监护人在流入城市暂时居住半年以上且有学习能力的儿童少年。随着生产力的发展和生活水平的提升，大量进城务工人员将子女带在身边，让他们迁入城市生活、学习，进城务工人员子女这一特殊群体开始受到社会各界的广泛关注。

本书以问卷调查的形式了解城市进城务工人员子女的基本情况，探讨其心理韧性现状和影响因素，以便对该群体有更深入的了解。

心理韧性指个人面对生活逆境、创伤、悲剧、威胁或其他生活重大压力时的良好适应过程，它意味着面对生活压力和挫折的"反弹能力"（胡月琴、甘怡群，2008）。心理韧性以积极心理学为导向，注重对个体内在潜能的开发。城市进城务工人员子女的心理韧性越好，越能较快适应新的生活，不利处境对其心理健康的负面影响也越小。研究者们一致认为，在心理韧性的形成和发展过程中，个体的内、外部保护性因素起着至关重要的作用。保护性因素是指在个体面对不利或危害的影响时起缓和作用的因素，曾守锤通过归纳各类研究，将儿童的保护性因素总结为儿童的个体因素，包括平均的智力水平、社会技能高、年龄小、计划能力强、良好的对经历的认知——情感加工能力等十项；家庭因素，包括父母关系和谐、家庭经济状况良好、父母热心支持、良好的教养方式、亲子关系良好等；家庭以外的因素，包括社会支持网络良好、成功的学校经验等（曾守锤、李其维，2003）。

社会智力是个体经学习而获得的、良好地适应他人与社会，客观选择自身目标和实现目标的能力（陈玉焕，2007）。作为内部保护性因素，城市进城务工人员子女的社会智力越高，在面对各种不利因素及压力时越擅长以换位思考的方式去理解环境，用积极主动的态度去解决问题，这有助于其心理韧性水平的提升。

社会支持是一个人通过社会联系所获得的能减轻心理应激反应、缓解精神紧张状态、提高社会适应能力的影响因素（李强，1998），良好的社会支持可以缓解进城务工人员子女不良的情绪反应，在压力相同的情况下，获社会支持越多的个体越能成功应对各种不利，也越能保持其身心的健康发展。社会支持是心理韧性极为重要的外部保护性因素，已有研究发现，社会支持与心理韧性之间不仅有显著的正相关关系，而且还能表现出对心理韧性的显著预测能力（骆鹏程，2007）。

一、研究对象与方法

（一）研究对象

本研究从四川省城乡结合部各中小学校随机选取 277 名进城务工

人员子女发放调查问卷，其中男生 142 人，女生 135 人；少数民族 4 人，汉族 273 人；独生子女 76 人，非独生子女 201 人；除 7 名初中生外，被调查者均为小学生，其中 66.8% 为小学 5-6 年级学生。

（二）研究工具

进城务工人员子女社会人口学特征，包括性别、年龄、是否为独生子女、居住地、年级、家庭情况、父母外出打工情况、是否与进城务工父母共同生活、家庭主要收入来源、年收入、生活自理能力、是否为边远山区等，共计 12 项，以了解被调查者的基本情况。

青少年心理韧性量表（Resilience Scale for Chinese Adolescent, RSCA），共 27 个项目，分为个人力和支持力两个维度，其中前者包含目标专注、情绪控制、积极认知三个因子，后者包含家庭支持和人际协助两个因子，采用五级评分制，1 代表"完全不符合"，2 代表"比较不符合"，3 代表"说不清"，4 代表"比较符合"，5 代表"完全符合"，其中 12 项为反向计分，内部一致性系数 α=0.83，能很好测量心理韧性水平的高低。

小学生社会智力量表，共 36 个项目，分为社会洞察力、社会焦虑、移情、人际交往能力、人际问题解决能力等五个维度，反应方式从 1-5（从完全不符合到完全符合）。量表的内部一致性系数为 0.8671，分半信度系数为 0.8847，结构效度、校标效度较高。量表测量学指标较好，可作为测量小学生社会智力的工具使用。

社会支持系统问卷（刘在花，2004），共 24 个条目，每个条目分为母亲、父亲、朋友、老师四个维度，以考察小学生对重要他人所提供的社会支持的主观感觉。问卷采用五级计分，"从不"计 1 分，"很少"计 2 分，"有时"计 3 分，"很多"计 4 分，"几乎总是"计 5 分。对 3-6 年级小学生的调查研究显示，问卷可抽出工具性支持、情感支持、价值增进、陪伴娱乐支持、亲密感、冲突、惩罚等七个因子，各个分量表的内部一致性系数分别为母亲问卷 0.7448，父亲问卷 0.8907，朋友问卷 0.8124，老师问卷 0.8387，能较好测量小学生所得到的社会支持水平高低。

（三）研究过程及数据处理

以随机抽样的方式发放纸制问卷，要求被调查者在明确指导语后逐一填写问卷得到原始数据。删除不合格及带有极端值的问卷，将所搜集数据采用 SPSS20.0 统计软件包进行皮尔逊相关分析、回归分析等整理分析。

二、调查结果与分析

（一）进城务工人员子女心理韧性的现状分析

对进城务工人员子女心理韧性各因子、维度和总分进行描述性统计分析，结果显示，心理韧性各条目均分为 2.92 分 ±0.525 分，其中情绪控制（2.79±0.722）分、家庭支持（2.85±0.702）分、人际协助（2.68±0.676）分、支持力（1.38±0.285）分，均小于平均值 3 分，详见表 2-6。

表 2-6　进城务工人员子女心理韧性得分统计表

项目	最低分	最高分	条目均分	总分
			$M \pm SD$	$M \pm SD$
目标专注	5	25	3.31±0.895	16.53±4.477
情绪控制	6	29	2.79±0.722	16.72±4.335
积极认知	4	20	3.11±0.924	12.45±3.695
家庭支持	6	30	2.85±0.702	17.09±4.211
人际协助	7	28	2.68±0.676	16.06±4.056
个人力	16	68	3.05±0.604	45.70±9.058
支持力	13	53	1.38±0.285	33.16±6.842
心理韧性总分	29	116	2.92±0.525	78.86±14.187

（二）进城务工人员子女心理韧性的影响因素分析

进城务工人员子女的社会智力和社会支持与其心理韧性之间存在一定联系，用 Pearson 相关分析法对心理韧性量表各维度及总分与社会智力、社会支持量表各维度及总分进行两两相关比较，并计算相关系数，结果见表 2-7。

表 2-7　进城务工人员子女社会智力、社会支持与心理韧性的相关分析表

因子	个人力	支持力	心理韧性总分
人际问题解决能力	0.561**	0.351**	0.527**
移情	0.643**	0.421**	0.613**
人际交往能力	0.567**	0.433**	0.571**
社会焦虑	0.289**	0.460**	0.406**
社会洞察力	0.537**	0.387**	0.529**
社会智力总分	0.631**	0.458**	0.623**
母亲支持	0.353**	0.284**	0.362**
父亲支持	0.323**	0.278**	0.340**
朋友支持	0.169**	0.143*	0.177**
老师支持	0.261**	0.135*	0.231**
社会支持总分	0.339**	0.256**	0.339**

注：*表示在 0.05 水平上差异显著，**代表在 0.01 水平上差异显著，***表示在 0.001 水平上差异显著，以下同。

由上表可得，除朋友支持和老师支持与心理韧性的支持力呈显著相关外，社会智力、社会支持量表各维度及总分与心理韧性量表各维度及总分之间均有非常显著的相关性。

将心理韧性总分作为因变量，把社会智力和社会支持与之显著相关的维度得分作为自变量，由此进行多元回归分析，以探寻进城务工人员子女社会智力及社会支持各维度对其心理韧性的预测作用。其中社会智力中的移情和社会焦虑、社会支持中的父亲支持这三个维度进入了回归方程，对心理韧性有预测作用，具体情况见下表 2-8。

表 2-8　进城务工人员子女心理韧性与社会智力、社会支持的回归分析表

变异	非标准化系数		标准回归系数	t	sig
	B	标准误	β		
常量	25.230	4.991		5.055***	0.000
移情	0.578	0.150	0.371	3.859***	0.000
社会焦虑	1.142	0.250	0.225	4.572***	0.000
父亲支持	0.247	0.091	0.209	2.724**	0.007

通过表 2-8 可以看出，社会智力中的移情和社会焦虑对进城务工人员子女的心理韧性有极其显著的正向预测作用，而社会支持中的父亲支持对其心理韧性也有非常显著的正向预测作用。

三、对调查结果的讨论

研究显示，心理韧性的条目均分低于平均值，其中情绪控制、家庭支持和人际协助三个因子及支持力维度均小于 3 分，这在一定程度上说明进城务工人员子女的心理韧性水平较低，在遇到重大生活压力时适应能力较差。众所周知，进城务工人员子女比同龄儿童经历了更多的压力事件和生活变故，若心理韧性水平不高，则更易产生心理偏差，不能很好地融入新环境。还有研究证明，生活事件能否引起心理、生理反应进而导致心身健康问题，除取决于事件的刺激属性（性质、强度和频度）外，还受制于个体对发生事件的认知和评价以及所处的社会支持系统的缓冲作用（李婷，2012）。进城务工人员子女的心理韧性总体水平不高，在情绪控制能力和支持力方面均未达到平均水平，这值得引起教育者的重视。在以后的学习和生活中应重点培养进城务工人员子女在逆境中调整心态的能力，同时多给予其相关支持，尤其是家庭中的支持并提升其充分调动各方面资源以解决问题的能力，这样才有助于其心理韧性水平的发展，有助于其保持身心平衡。

作为心理韧性的内、外保护性因素，社会智力和社会支持与心理韧性之间有非常显著的相关关系，与相关理论相吻合，这为教育者开展工作提供了更有力的支持。在提升进城务工人员子女心理韧性水平时应重视保护性因素的作用，从个人心理健康水平提升和社会积极支持相结合的角度开展相关工作，积极培养其人际问题解决能力、移情能力、人际交往能力等，同时提升社会尤其是家庭成员对其的支持，帮助其以良好的心态面对各种生活事件，更快适应不利环境，发展积极健康的心理品质。

由于社会智力中的社会焦虑为反向计分，因此在该维度上得分越高表示社会焦虑程度越低。社会智力中的移情和社会焦虑，社会支持中的父亲支持对心理韧性的正向预测能力提醒教育者，在进城务工人员子女心理韧性形成和发展的过程中，应特别重视培养其将原有社会关系和情感寄托转移到新环境中的能力，帮助其采用合理的方式疏导情绪，从而减轻压力事件所带来的焦虑程度，同时，要充分发挥父亲在家里的关怀和支持作用，这样才能有针对性地提高进城务工人员子女的心理韧性水平。

第四节　进城务工人员子女社会智力发展特点及其影响因素

随着城市化进程的加快及有关流动人口政策的支持，越来越多的农村人口进城务工以谋求更好的发展，形成一代流动人口。待一代流动人口在城市发展相对稳定之后，就会举家迁移，于是产生了二代流动人口——流动儿童。进城务工人员子女是指随父母或亲戚离开户籍所在地，或没有现居住地户籍的 18 周岁以下的儿童（李华英，2011）。据统计，2009 年我国流动人口已达 2.11 亿，14 岁及以下的儿童占 20.8%（李晓巍、邹泓、金灿灿等，2008）。进城务工人员子女是在新的时代背景下产生的新的社会群体，他们正处于人格发展的关键期，心智发育尚未成熟，易受到外部环境的影响，而跟随父母从农村向城市转移无疑给其带来了身心的双重压力。进城务工人员子女往往会出现一系列的心理和行为问题，而这也已经被许多学者证实（申继亮、刘霞、赵景欣，2015；王中会、张盼、Gening Jin，2014；胡韬，2011）。进城务工人员子女作为一类"被边缘化"的庞大的儿童群体，已然开始得到社会各方面的关注。

1920 年桑代克（Thorndike）在对智力进行分类时，首次提出了社会智力的概念，他认为社会智力是在人际关系中采取明智行动的能力（刘在花，2004）。经过近百年的发展，对社会智力的研究呈现出百家争鸣的现象，但是由于关于社会智力的量化研究有待发展，目前学术界还没有一个提出公认的社会智力概念。有学者在对已有概念进行分析、综合的基础上，结合对心理学家的结构化访谈以及现有的理解，指出社会智力是个体在人际情境中正确理解社会信息，恰当管理情绪，采取有效的社会行为的能力（刘在花，2004）。自从 20 世纪七八十年代以来，美国发展心理学界和教育界就很重视社会智力研究，特别是比较重视社会智力在儿童社会和心理调节中的作用，许多研究者强调社会智力对个体成功的重要性（Goleman，1995；Jones & Day，1997），认为如果缺乏社会智力就会导致各种社会适应不良，与此相反，拥有社会智力者较能自我省察、自我肯定，也比较容易与他人建立和发展良好关系，适应群体生活，在社会上崭露头角。

已有的研究主要关注的是进城务工人员子女的心理健康、社会适应和认同，社会压力和挑战等方面，如王中会等指出进城务工人员子女在融入新环境的过程中面临着巨大的挑战。这种挑战不仅来自于自身的心理因素，还来自于社会因素。社会关系、福利制度、社会支持都对进城务工人员子女适应新环境有重要的影响（叶斌，2003）。袁晓娇等研究发现，进城务工人员子女的社会认同及适应模式在性别、家庭收入、来京时间、教育安置等因素上存在显著差异。外界歧视是进城务工人员子女城市适应中面临的最大压力源，而与此相对应的被歧视体验则是需要引起重视的关键问题，也是影响进城务工人员子女心理适应的最主要因素，且进城务工人员子女与城市儿童相比具有较高的歧视归因倾向（王中会、张盼，2014）。申继亮在对学业行为的考察发现，进城务工人员子女在学习兴趣、学习效能感和自信心方面均显著低于城市儿童，提示进城务工人员子女的学业行为需要引起重视。对问题行为的考察发现，进城务工人员子女的问题行为显著高于城市儿童（袁晓娇、方晓义、刘杨，2010）。

因此，研究进城务工人员子女社会智力的特点，探索影响其社会智力发展的因素，进而为行政部门、教育部门提高进城务工人员子女的社会智力提供参考，加深社会各界对进城务工人员子女的重视，使其能较好地适应城市环境，保障其健康成长。

一、研究对象与方法

（一）研究对象

本研究从四川省城乡结合部各中小学校随机选取 735 名进城务工人员子女发放调查问卷，调查有效问卷中男生 199 人，女生 177 人；

75.2%的被调查者年龄集中在 6~12 岁之间。

本研究从四川省城乡结合部各中小学校随机选取 277 名进城务工人员子女发放调查问卷，其中男生 199 人，女生 177 人；除 7 名初中生外，被调查者均为小学生，其中 66.8%为小学 3~6 年级学生。

（二）研究工具

自编一般人口学特征资料问卷。包括进城务工人员子女的性别、年龄、是否独生子女、地区差别、年级、父母婚姻情况、父母外出打工情况、是否是农民工子女（与务工父母共同生活）、家庭的主要收入来源、家庭的经济收入情况、是否边远山区及日常生活自理情况。

小学生社会智力量表，采用刘在花编制的小学生社会智力量表。量表设定为五点量表，反应方式从 1~5（从完全不符合到完全符合）。该量表由社会洞察力、社会焦虑、移情、人际交往能力和人际问题解决能力 5 个维度构成，共 36 个项目。经研究表明，小学生社会智力量表信度较高，内部一致性系数、分半信度系数分别为：0.8671、0.8847；结构效度、效标关联效度较高（刘在花，2004）。

（三）抽样研究方法与数据处理

本研究采用整群分层抽样的方法。要求被试者在读懂题项的情况下如实回答，所有的测评全部采用现场填答的方式，当场收回问卷，测验不限时。测验结束后由主试汇总数据，通过 e-mail 统一汇集。所有数据采用 SPSS 17.0 处理数据，采用相关性分析、回归分析、方差分析及 t 检验等统计方法进行处理。

二、调查结果与分析

（一）进城务工人员子女社会智力发展特点

以社会智力总分为因变量，对不同的人口学特征进行单因素分析，结果见表 2-9：年龄、自理水平、民族、父母外出打工情况、家庭收入和收入来源的社会智力总分的差异均有统计学意义。12 岁，自理水平高，边远山区，父亲外出打工，家庭收入在 2000 元~5000 元，收入来源靠外出打工的进城务工人员子女的社会智力总分较高。

表 2-9　不同人口学特征进城务工人员子女的社会智力得分总体差异

项目	例数（%）	社会智力总分	t/F 值	P 值
年龄			2.845	0.004
8	6（1.6%）	125.83±20.124		
9	68（18.1%）	122.75±27.869		
10	102（27.1%）	123.44±27.428		
11	104（27.7%）	124.42±23.891		
12	69（18.4%）	130.90±24.510		
13	17（4.5%）	98.00±31.609		
14	4（1.1%）	120.00±32.042		
15	3（0.8%）	117.00±6.245		
16	3（0.8%）	113.00±20.809		
自理水平			3.469	0.016
水平一	12（3.2%）	105.50±40.422		
水平二	116（30.9%）	121.43±25，953		
水平三	154（41.0%）	123，53±25.314		
水平四	94（25.0%）	129.00±26.334		
是否边远山区			4.142	P＜0.001
是	103（27.4%）	132.57±25.310		
否	273（72.6%）	120.32±26.333		
父母打工情况			6.523	0.002
都外出打工	147（39.1%）	118.11±24.795		
父亲外出打工	190（50.1%）	128.40±26.725		
母亲外出打工	39（10.4%）	121.62±28.782		
家庭收入情况			4.388	0.005
1000 元以下	65（17.3%）	114.72±28.697		
2000 元~5000 元	237（63.0%）	127.21±25.761		
5000 元~10000 元	34（9.0%）	120.68±25.039		
10000 元以上	40（10.6%）	119.83±25.873		

注：*表示在 0.05 水平上差异显著，**代表在 0.01 水平上差异显著，***表示在 0.001
水平上差异显著，以下同。自理水平一：穿衣、洗漱这样的事情我都需要父母
和家人的帮助；自理水平二：我能完成生活中的一些小事，例如叠被子、整理
书桌；自理水平三：我可以自己洗衣做饭，并帮助爸爸妈妈料理家务；自理水
平四：我可以把自己的生活安排得井井有条，即使爸爸妈妈不在也没关系。

（二）不同性别进城务工人员子女社会智力发展差异的比较

以性别为自变量，对进城务工人员子女社会智力各个维度及社会智力总体水平进行多元方差分析，Piliai's Trace=0.013，Wilks'Lambda=0.987，F=0.988，P=0.425，说明男生和女生在社会智力上不存在显著性差异，进一步分析后（one-way ANOVA）也未发现任何显著性差异。因而可以说，本研究中性别因素不影响进城务工人员子女社会智力的发展。进一步进行与小学生常模的比较，结果见表 2-10。不难发现，不同性别的进城务工人员子女除了男生在社会洞察力维度上不存在显著差异，在其他的各个维度都显著低于小学生性别常模，且在进城务工人员子女中女生相应的社会智力及各维度的均值都高于男生，即进城务工人员子女女生社会智力发展水平要高，只是没有达到性别的显著差异。

表 2-10　不同性别的进城务工人员子女社会智力各维度得分与小学生常模比较（n=376）

	性别	进城务工人员子女		小学生常模		Z 值及显著性
		M	SD	M	SD	
社会焦虑	男	8.91	3.604	10.73	2.800	-5.397***
	女	8.92	3.013	10.42	3.149	-4.298***
移情	男	34.17	9.063	37.77	7.219	-4.195***
	女	34.62	8.410	39.42	3.954	-9.389***
社会洞察力	男	14.49	4.324	15.12	3.290	-1.569*
	女	14.56	3.855	16.06	3.144	-3.815***
人际交往能力	男	34.39	8.564	37.34	6.954	-3.607***
	女	34.51	7.857	38.91	6.623	-5.407***
人际问题解决能力	男	30.83	7.998	34.08	6.905	-4.136***
	女	32.06	7.548	36.53	5.993	-5.877***
社会智力总分	男	122.78	27.866	135.04	21.901	-4.674***
	女	124.67	25.124	141.34	21.013	-6.431***

（三）不同年龄进城务工人员子女社会智力发展的比较

以年龄为自变量，对小学生社会智力各维度及社会智力总体水平进行多元方差分析，

Piliai's Trace=0.159，Wilks'Lambda=0.145，F=4.259，P=0.000，说明进城务工人员子女社会智力存在显著的年龄主效应。单因素方差分析（one-way ANOVA）表明，进城务工人员子女社会智力各维度以及总体水平的得分基本上呈现渐进式发展，13岁时社会焦虑、移情、社会洞察力、人际交往能力、人际问题解决能力、社会智力总体得分显著低于其他年龄，详见表2-11。

表 2-11 不同年龄的进城务工人员子女社会智力各维度发展差异比较

		社会洞察力	社会焦虑	移情	人际交往能力	人际问题解决能力	社会智力总分
8	M	15.17	9.83	34.67	35.83	30.33	125.83
	SD	4.215	3.488	5.203	5.981	7.421	20.124
9	M	14.60	9.13	33.62	34.35	31.04	122.75
	SD	4.426	3.090	8.155	9.549	7.941	27.869
10	M	14.31	9.19	34.23	34.54	31.18	123.44
	SD	4.549	3.939	8.845	8.204	8.464	27.428
11	M	14.65	8.59	34.99	34.49	31.70	124.42
	SD	3.483	3.176	8.570	6.953	7.409	23.891
12	M	15.12	8.78	36.96	36.19	33.86	130.90
	SD	3.732	2.970	8.569	7.954	6.250	24.510
13	M	12.06	8.18	25.88	27.18	24.71	98.00
	SD	5.031	3.067	9.360	9.455	8.557	31.609
14	M	14.50	7.75	33.75	33.75	30.25	120.00
	SD	4.123	2.872	7.805	10.468	8.770	32.042
15	M	16.33	12.00	29.33	34.33	25.00	117.00
	SD	2.082	1.732	5.859	2.082	1.000	6.245
16	M	12.33	10.00	30.00	31.33	29.33	113.00
	SD	1.528	1.732	7.810	7.095	4.163	20.809
F 值		1.199	0.840	3.253	2.181	2.880	2.845
P 值		0.299	0.568	0.001	0.028	0.004	0.004

（四）父母不同打工情况进城务工人员子女的社会智力

以父母打工情况为自变量，对进城务工人员子女社会智力各维度及社会智力总体水平进行多元方差分析，Piliai's Trace=0.057，Wilks'Lambda=0.944，F=3.144，P=0.009，说明进城务工人员子女社会智力存在显著的父母打工情况主效应。单因素方差分析（one-way ANOVA）表明，除了社会焦虑，其他四个维度（移情、社会洞察力、人际交往能力、人际问题解决能力）和社会智力总体得分具有显著性差异，详见表 2-12。

表 2-12　不同父母打工类型下进城务工人员子女社会智力发展差异比较

		社会洞察力	社会焦虑	移情	人际交往能力	人际问题解决能力	社会智力总分
1	M	13.72	8.78	32.70	33.16	29.76	118.11
	SD	3.654	2.979	8.385	7.599	7.828	24.795
2	M	15.23	9.11	35.53	35.70	32.83	128.40
	SD	4.302	3.659	8.758	8.424	7.395	26.725
3	M	14.08	8.49	35.13	33.21	31.41	121.62
	SD	4.208	2.928	9.291	8.799	7.803	28.782
F 值		6.024	0.775	4.563	4.539	6.818	6.523
P 值		0.003	0.461	0.011	0.011	0.001	0.002

注：1：父母都外出打工；2：父亲外出打工；3：母亲外出打工。

（五）不同收入状况进城务工人员子女的社会智力

以年收入为自变量，对进城务工人员子女社会智力各维度及社会智力总体水平进行多元方差分析，Piliai's Trace=0.045，Wilks'Lambda=0.956，F=2.894，P=0.014，说明进城务工人员子女社会智力存在显著的收入情况主效应。

单因素方差分析（one-way ANOVA）表明，除了社会焦虑，其他四个维度（移情、社会洞察力、人际交往能力、人际问题解决能力）和社会智力总体得分具有显著性差异，详见表 2-13。

表 2-13　不同家庭收入情况下进城务工人员子女社会智力发展的差异比较

		社会洞察力	社会焦虑	移情	人际交往能力	人际问题解决能力	社会智力总分
1	M	13.12	8.71	31.48	32.23	29.18	114.72
	SD	4.110	2.838	9.326	8.844	7.937	28.697
2	M	11.93	8.97	35.58	35.36	32.36	127.21
	SD	4.147	3.45	8.501	8.018	7.436	25.761
3	M	14.38	8.91	33.32	33.56	30.50	120.68
	SD	3.124	3.441	8.523	9.169	7.115	25.039
4	M	14.48	8.90	32.90	33.38	30.18	119.83
	SD	4.200	3.365	8.314	6.879	9.413	25.873
F 值		3.0385	0.109	4.535	2.954	3.486	4.388
P 值		0.018	0.955	0.004	0.032	0.016	0.005

注：1：1000 元以下；2：2000 元~5000 元；3：：5000 元~10000 元；4：10000 元以上。

（六）不同自理生活能力进城务工人员子女社会智力发展的比较

以自理生活能力为自变量，对进城务工人员子女社会智力各维度及社会智力总体水平进行多元方差分析，Piliai's Trace=0.092，Wilks'Lambda= 0.910，$F=4.404$，$P=0.001$，说明进城务工人员子女社会智力存在显著的父母打工情况主效应。

单因素方差分析（one-way ANOVA）表明，除了社会洞察力，其他四个维度（移情、社会焦虑、人际交往能力、人际问题解决能力）和社会智力总体得分具有显著性差异，详见表 2-14。

表 2-14　不同自理水平进城务工人员子女社会智力发展的差异比较

		社会洞察力	社会焦虑	移情	人际交往能力	人际问题解决能力	社会智力总分
1	M	13.00	6.83	27.67	32.23	29.83	105.50
	SD	4.899	2.949	12.844	8.844	12.705	40.422
2	M	14.37	9.78	33.54	35.36	33.65	121.43
	SD	4.671	3.908	8.189	8.018	8.123	25.953

续表

		社会洞察力	社会焦虑	移情	人际交往能力	人际问题解决能力	社会智力总分
3	M	14.38	8.34	34.51	33.56	34.45	123.53
	SD	3.823	2.827	8.598	9.169	7.971	25.314
4	M	15.13	9.05	36.05	33.38	36.01	129.00
	SD	3.652	3.119	8.677	6.879	7.858	26.334
F 值		1.347	5.919	3.955	2.795	2.914	4.388
P 值		0.259	0.001	0.009	0.040	0.034	0.005

注：1 自理水平一：穿衣、洗漱这样的事情我都需要父母和家人的帮助；2 自理水平二：我能完成生活中的一些小事，例如叠被子、整理书桌；3 自理水平三：我可以自己洗衣做饭，并帮助爸爸妈妈料理家务；4 自理水平四：我可以把自己的生活安排得井井有条，即使爸爸妈妈不在也没关系。

三、对调查结果的讨论

（一）进城务工人员子女社会智力发展不存在性别差异

本研究结果表明：进城务工人员子女社会智力发展不存在性别差异，这一结论与 Furnham 的研究结果一致，但是与刘在花的研究结果却截然相反，出现这种情况的原因有：其一，随着社会时代的变化，社会思想和社会意识发生了变化，这对社会智力的发展产生一定的影响；其二，是由于进城务工人员子女群体较为特殊，男生和女生都处于一样的社会地位和情景中，故其社会智力发展的轨迹较为一致。

进一步研究分析比较其与小学生性别常模，得出进城务工人员子女社会智力及相关维度均显著低于小学生常模的结论，可能是由于与城市儿童相比较而言，进城务工人员子女作为外来人口，由于城乡文化背景、生活方式、价值观念的巨大变化以及户籍制度等方面的限制，与城市儿童相比，在家庭环境、人际网络、教育发展等资源方面处于劣势，在这种不对等的情况下，进城务工人员子女面临着更多的压力和挑战，存在更多的社会适应问题和心理健康问题。

（二）进城务工人员子女社会智力发展随年龄的增长而提高

抽象智力随着年龄的增长会走下坡路，而社会智力、情感智力则有可能会反过来上升，这更符合人的心理成长和发展的现实情况。本研究结果不仅支持了上述观点的正确性，而且与国外相关研究结果一致。例如，Bar-On 等（2000）研究表明，儿童和青少年的情绪智力和社会智力随着年龄的增长而增长。随着年龄的增长，进城务工人员子女的自我意识不断发展，社会适应能力不断增强，社会融合水平提高，他们能够营造良好的人际情境、正确理解和接受社会信息，恰当的管理自己的情绪，并能采取有效的社会行为，社会智力得到充分的发展。

刘在花（2004）就提出：社会智力发展并不是一个直线上升的过程，期间既有平稳发展的时期，也可能会出现发展延迟或停滞的时期。本研究发现，13 岁是社会智力发展的转折点，无论是社会智力总体水平还是各个维度水平均为最低，可能原因是：首先，该时期的进城务工人员子女处于青春期、矛盾期，自我意识和独立意识增强，生理和心理产生巨大的变化且身心发展不均衡，面对生活、学习环境的重大变迁，容易产生社会适应不良和一些心理问题和行为问题。其次，该时期的儿童多数要面临小升初的升学压力，课业压力增加，面对更多的挑战易出现心理异常和社会行为问题。

（三）父母不同打工情况进城务工人员子女的社会智力

研究表明，父母不同的打工情况除了产生社会焦虑外，在其他四个维度（移情、社会洞察力、人际交往能力、人际问题解决能力）和社会智力总体水平上具有显著性差异，且跟随父亲外出的进城务工人员子女的社会智力及各个方面均要高于其他两种情况。这可能是因为父母扮演的社会角色不同，父亲需要履行更多的社会责任，进而从社会认识、价值判断、人际交往等方面影响到与之共同生活的进城务工人员子女，对其社会智力的发展产生促进作用。

（四）不同收入状况进城务工人员子女的社会智力

本研究表明，不同的收入状况除了社会焦虑外，在其他四个维度（移情、社会洞察力、人际交往能力、人际问题解决能力）和社会智力总体水平上具有显著性差异，并且中等收入水平（2000 元~5000 元）的社会智力发展水平最高。收入过低的家庭，由于生存环境较差，人际交往层次较低，社会地位不高，进城务工人员子女易产生自卑心理或问题行为，这对其社会智力的发展亦产生不良的影响；而收入过高的家庭，由于生活环境过于优越，父母容易忙于挣钱而疏于对子女的教养，加之过多的纵容导致其子女易形成自大、骄傲的性格，不利于社会适应和人际交往，进而影响社会智力的发展。

（五）不同自理生活能力进城务工人员子女社会智力发展的比较

本研究发现，不同的自理水平除了社会洞察力，在其他四个维度（移情、社会焦虑、人际交往能力、人际问题解决能力）和社会智力总体水平上具有显著性差异，自理水平越高，社会智力越发展。生活自理水平高的进城务工人员子女，能更好地体谅他人、照顾他人，有利于社会融合和人际交往，而自身具有的生存技能也提高了其社会适应的能力，进而促进其社会智力的良性发展。

本研究还存在以下不足或不尽如人意之处：其一，本研究采用的社会智力量表研究被试者是普通小学生，并没有针对进城务工人员子女的专门量表，这需要进一步研究编制；其二，本研究被试者数量较少，地区集中，可能存在一定的偏差，影响研究的效度。

第三章　农村留守儿童社会适应能力发展特点研究

第一节　农村留守儿童社会适应能力发展现状研究综述

进入 20 世纪 80 年代后，随着改革开放的不断深入和城市化进程的不断加快，大量农村剩余劳动力进入城市寻求工作机会。这些人的外出务工，对于改善家庭经济条件有至关重要的作用。但由于各方面条件的缺乏，如照顾子女的时间和精力少、城市学校入学的高门槛、高昂的费用等原因，使得大量的外出务工者只能选择将子女留在家乡生活，并交由他人代为抚养。由此产生了农村留守儿童这群特殊的群体，并且数量巨大。由于缺少家庭的温暖和父母的照料，许多农村留守儿童易走上违法乱纪的道路，或者在他们身上易出现大量的心理问题，这也引起了社会的极大关注。目前，对农村留守儿童心理问题的关注已成为了重大议题，对于农村留守儿童的相关研究也越来越多，现阶段的研究主要从以学校为单位和以社区为单位两方面进行调查，主要集中在经济较落后的农村留守儿童的研究上，而忽略了经济较发达地区的留守儿童。虽然农村留守儿童占全部留守儿童的 91.7%，但在城镇儿童中亦有 5.5%的留守儿童；虽然 55.8%的留守儿童分布在经济相对落后的农业地区，但也有 44.2%的留守儿童分布在经济相对发达的地区。对留守儿童的相关研究进行文献的综述发现，社会对留守儿童问题给予了很高的关注度，也提出了比较切实可行的措施。但目前对留守儿童的研究主要集中在留守儿童的教育方面，虽然对留守儿童的心理问题研究也相对较多，但大多都比较片面和浅显，没有形成完整的体系。

目前国内对农村留守儿童的学习情况和人际关系情况做了一些研究，但研究并不深入和细致，并且所使用的研究工具也有待完善。对农村留守儿童心理韧性的研究大多数量不足，内容还显零乱，需要合理整合，在农村留守儿童心理韧性的研究上深入度不够，处在大量借鉴国外研究方式、成果的阶段，缺乏本土的研究和创新。心理韧性测量工具大多是借用国外研究的测量量表，没有适应中国文化和国情的中国量表。在理论联系实际方面，没有有效利用心理韧性理论解决农村留守儿童的实际问题，对策的提出也缺乏针对性。考虑到农村留守儿童生活环境的特殊性和其经历的生活事件的复杂性，本书提出的农村留守儿童心理韧性与生活事件关系的研究，具有重要的现实意义。一方面，社会智力的研究在国内并不多见，而且已有的研究成果中对象主要是中小学生和大学生群体，农村留守儿童还没涉及，本书提出的农村留守儿童社会智力发展特点的研究，可以直观了解到研究地区农村留守儿童的社会智力发展现状，为农村留守儿童相关的社会智力研究和政策的制定提供一定的参考。另一方面，一般自我效能高的人会选择更有挑战性的任务，他们为自己确立较高的目标并坚持到底。依据社会支持理论的观点，一个人所拥有的社会支持网络越强大，就能够越好地应对各种来自环境的挑战。对农村留守儿童社会智力与心理韧性、一般而言自我效能感的关系，农村留守儿童人格特征与社会智力、心理韧性、生活事件的关系，农村留守儿童心理韧性与社会智力、社会支持、生活事件的关系进行研究，对于系统地完整考察农村留守儿童的心理健康状况有重要意义，对提高农村留守儿童的心理健康也有重要指导意义。

一、相关概念界定

（一）农村留守儿童的概念

当下针对留守儿童问题的研究层出不穷，但对于农村留守儿童的概念还没有明确的严格的界定。学术界对农村留守儿童的定义大致可以总结为父母外出务工，而自己在农村生活的孩子们。例如，刘祖强（2006）认为农村留守儿童是指父母双方或一方进城或到经济发达地区务工，而被留在老家的那些孩子。江荣华（2006）认为农村留守儿童是指父母双方或一方外出打工而留守在家乡，并需要其他亲人照顾的16岁以下的孩子。周汉平（2012）提出"留守"即是父母双双外出务工而导致的"亲子分离"的完全留守。"儿童"就是 16 周岁以下的未成年人。农村留守儿童就是我国农村地区因父母双双外出务工而守望着家园的 16 周岁以下的未成年人。林培淼（2007）等认为留守儿童的概念可以从儿童所在地域差异、是否在校学习、儿童年龄差异、儿童所在家庭结构情况、儿童留守时间的长短、是否完全留守（父母双方外出称为"完全留守儿童"以及留守期间主要监护人等 7 个维度来界定。潘璐、叶敬忠（2009）总结得出留守儿童的概念主要从父母外出、父母外出时间、儿童现居地、儿童年龄等进行定义。本书中的"农村留守儿童"是指父母双方或者一方流动到其他地区，孩子留在户籍所在地并因此不能和父母双方或者一方共同生活在一起一年以上的十六岁以下的未成年儿童。

（二）社会适应能力的概念

社会适应能力的内涵包括了多个层次，可将农村留守儿童的社会适应能力分为农村留守儿童的生活自理能力、留守儿童的人格发展、留守儿童的心理韧性、留守儿童的社会智力、留守儿童一般自我效能和留守儿童的社会支持。本书将综合相关研究对上述各概念一一做简单介绍。

生活自理能力。生活自理能力是指农村留守儿童能够独立料理自己生活的能力，可分为生活上能自己独立处理生活琐事；在人际关系上能处理好人和事的关系；在心态上能承受各种压力；在学习上能独立思考和理解。

人格。人格是心理学上的一个重要概念，其定义具有丰富性和多样性的特点。奥尔波特（G. W. Allport）在对五十余个人格概念进行考察的基础上提出了一个综合性的概念，他认为，人格是个体内部决定其特征性的行为和思想的那些心理、生理系统中的动力组织。在当代比较具有代表性的人格界定是珀文（L. A. Pervin）的观点，他认为人格是为个体的生活提供方向和模式（一致性）的认知、情感和行为的复杂组织。该定义包括三个方面：个人整体的机能系统；认知、情感和行为间复杂的交互作用；时间在个人身上的连续性（郭永玉，2005）。我国《心理学大辞典》中对人格的定义是：人格也称个性，指个体在社会化过程中形成的给人以特色的心身组织。表现为个体适应环境时在能力、情绪、需要、动机、兴趣、态度、价值观、气质、性格和体质等方面的整合，具有动态的一致性和连续性。在心理学家看来，人格具有下列特征：整体性、独特性、稳定性和社会性。

心理韧性的概念。台湾学者将其译为"复原力"，香港学者多译为"抗逆力"，大陆学者则译为"心理弹性"或"心理韧性"，国内外对于心理韧性的不同翻译，从其切入点不同而有不同的内含解释。如从能力的角度定义，心理韧性被看作是个人的一种能力或品质，是个体所具有的特征，心理韧性是个体对生活中发生的变化、需要以及逆境进行调整和适应的能力（Joseph，1994）；从过程的角度定义，心理韧性被看成是一种动态的发展变化过程；心理韧性是在明显的逆境情况下的一种积极适应的动态过程（Luthar，2000）；从结果的角度定义，心理韧性被认为是个体遭遇逆境后的结果性表现。心理韧性是一类现象，特点是面对严重的威胁，个体的适应与发展仍然良好（Masten，2001）。

社会智力。社会智力是人在社会适应和发展中表现出来的一种能力，这已成为大家的共识，至于社会智力的概念，至今还没有一个准确的定义。从行为表现来看，社会智力是个体社会能力的有效性或适宜性，这是依据行为后果的界定，尽管行为要以一定的社会认知能力作为重要前提条件；基于社会认知的定义仅仅将社会智力看作是译解社会信息的能力；社会认知与行为表现整合的定义纠正了以往概念偏重认知或行为的倾向，而将两者有机结合起来，可以说是社会智力概念一个新突破（刘在花，2005）。社会智力一般应包括社会的认知力与社会的行为能力两方面。

一般自我效能感。一般自我效能感是个体对自己应对不同环境的需求或面临新环境时的一种总体性的自信心。它是一种概括化的自我效能信念，能在较为广泛的情境中对个体的行为进行预测，会影响个体的心理健康。1977 年班杜拉提出了这一概念，是指人能否利用自身所拥有的技能去完成某项任务的自信程度。1998 年斯塔科维奇和鲁森斯在此基础上给出了更广泛的定义，自我效能感是指个体对自己能力的一种确切的信念或信心，这种能力使自己在某个背景下为了成功完成某项特定任务，能调动起必须的动机、认知资源与一系列行动。

社会支持。按社会学学术上较为正式的定义，社会支持是指一定社会网络运用一定的物质和精神手段对社会弱势群体进行无偿帮助的行为的总和。其概念的界定可从以下方面考察：从社会支持的功能界定，韦伯斯特《新大学字典》中将支持定义为一种能够促进扶持、帮助或支撑事物的行为或过程。康恩等（Kahn&Antounci，1980）认为社会支持是人与人之间的帮助、关心和肯定；从社会支持的来源界定，Sarason 等（1991）认为社会支持是个体对想得到或可以得到的外界支持的感知。Malecki 等（2002）认为，社会支持是来自于他人的一般性或特定的支持性行为，这种行为可以提高个体的社会适应性，使个体免受不利环境的伤害；从社会资源作用界定，黄希庭把社会支持界定为情绪支持，如共鸣、情爱、信赖；手段支持，如援助；情报支持，提供应对情报；评价支持，提供关于自我评价的情报（黄希庭，2007）；从社会支持分类的方式界定，包括：（1）客观支持、主观体验到的支持和对支持的利用度。（2）家庭支持、朋友支持、其他支持。这是从社会支持的来源角度进行的分类，强调个体对各种社会支持来源的理解和领悟。（3）认知支持、情感支持、行为支持。这是以社会支持维度为出发点进行的分类。

二、国内关于留守少年儿童社会适应能力发展现状的研究

（一）农村留守儿童生活自理能力现状

在国内的研究中，直接研究农村留守儿童的生活自理能力的文章还没有，但对生活自理能力的各个侧面进行了相关研究。刘佐幸（2009）研究显示农村留守儿童在人际关系方面，表现出关系失调，脆弱孤僻，主观偏见；只有少数农村留守儿童能够理解父母的不易和家庭的困境，显得早熟，发奋读书、成绩优异、积极向上、乐于助人、懂得感恩，表现出较好的社会适应性。李佳樾（2013）研究得出农村留守儿童主要是在师生关系、同伴关系、自我概念、生活便利性、自我满意度及生活质量总分方面显著低于非留守儿童。张德乾（2007）的调查研究发现：农村留守儿童存在着比较严重的交往问题，最为典型的是亲情

梦、孤独与郁闷、放任与自暴自弃、担忧与失眠、受欺负与攻击等。农村留守儿童的学习主动性欠缺、学习行为习惯不佳、在学习上与他人合作及交流的积极性不高、自控能力较差（刘亚波，2014）。田录梅（2008）发现农村留守儿童的学习成绩较少得到父母的赞扬和肯定，同时对学习成绩的自我评价更低，很多农村留守儿童希望高中毕业后外出打工。

（二）农村留守儿童人格发展的现状

在国内对农村留守儿童人格的研究中可以看出，与非留守儿童相比，农村留守儿童人格特征总体变现为内向、孤僻、不合群、缺乏自信，但人格和行为没有大的偏颇和障碍。总体来说，农村留守儿童具有人格的启动性、坚持性、注意集中、情绪稳定性较为适度等优点。常青（2007）认为农村留守儿童在人格发展方面有性别上的差异，留守女孩在退缩方面明显高于男孩，留守男孩在思考向性上显著低于女孩。另外安置方式也对农村留守儿童的人格产生了影响。寄养留守儿童更能理智的对待现实，比较合群，情绪更为稳定，但也更为固执，待人冷淡。寄宿留守儿童较寄养留守儿童要内向些，他们轻视自己，常有羞愧感，遇事畏惧退缩。不同留守年限的留守儿童在抑郁性、主客观性上也有差异。王挺（2014）提出父母在儿童学龄前外出或长期离家会对儿童的人格造成严重的不良影响；对小学以下的儿童来说，母亲在家陪伴的作用比父亲更重要。陈小萍（2007）认为父爱的缺失对于留守儿童的人格存在一定程度的影响，与完整家庭的非留守儿童相比，留守儿童更多地表现出冷漠、孤独、冷静寡言、行为拘谨、忧虑不安和抑郁压抑。农村留守儿童与非留守儿童在精神质和内外向两种人格特质上存在显著差异，说明留守经历可能影响到了儿童的人格发展（闫艳霞，2014）。

（三）农村留守儿童心理韧性现状

农村留守儿童的心理韧性受到社会支持、生活事件、留守类型、监护类型等因素的影响。葛秀杰（2009）在对延边地区汉族留守儿童心理韧性的研究中得出，留守儿童的心理韧性与社会支持存在显著的正相关，与生活事件存在显著的负相关；延边汉族小学校留守儿童的心理韧性较高，其影响因素包括社会支持、生活事件，留守儿童的监护类型和学习状况。李明尧和李全彩（2013）的研究中提出农村留守儿童长期在亲子分离的环境中成长，在社会交往、学校生活、情绪管理上存在不同程度的问题，这直接导致他们心理韧性状况不容乐观，不利于留守儿童的健康成长。

（四）社会智力的相关研究

刘在花（2005）将小学生的社会智力结构分为社会洞察力、社会焦虑、移情、人际交往能力、人际问题解决能力等五个部分。进行调查研究发现小学生的社会智力存在显著的年级差异。除社会焦虑外，小学生在社会智力其余四个维度及其总体水平上，性别差异显著，女生得分显著高于男生；小学生的社会智力在性别与年级之间的交互作用上不显著。学习困难儿童的社会智力发展水平显著低于一般儿童；中年级学习困难儿童社会洞察力显著低于高年级学习困难儿童；学习困难儿童的社会智力性别差异不显著；学习困难儿童的社会智力性别与年级的交互作用上不显著。廖明珍（2008）对中学生的社会智力进行调查研究发现中学生的社会智力具有年纪和性别的差异，女生比男生的社会智力高。

总而言之，对于社会智力的研究主要集中于社会智力的概念、评述以及社会智力同情绪智力的关系研究，研究对象主要集中于小学生、中学生和大学生，但目前国内对农村留守儿童的社会智力研究还没有。

（五）一般自我效能感的相关研究

李慧芬（2008）在对高中生的社会支持和一般自我效能感的研究中发现：高中生的一般自我效能感水平总体较高，少数学生偏低；高中生社会支持及其各因子对一般自我效能感有显著影响；管雯珺（2014）在对大学生一般自我效能感、人际交往能力与社交焦虑、班级心理气氛之间的关系研究中发现：一般自我效能感与社交焦虑有显著的负相关关系，与人际交往能力有显著的正相关关系，与班级心里气氛有显著的正相关关系，不同性别的学生在一般自我效能感、社交焦虑、人际交往能力或是班级心理气氛方面并不存在显著差异。是否为独生子女在社交焦虑、人际交往能力、班级心理气氛和一般自我效能方面也不存在显著的差异；胡会丽（2009）在一般自我效能感训练对农村留守初中生心理弹性的影响研究中提出：留守初中生的一般自我效能感在性别上不存在显著差异，在年级上则存在显著差异，主要是初一与初二存在差异，具体表现为初二留守初中生的一般自我效能感明显低于初一。

国内一般自我效能感的研究对象以大学生群体居多，并且研究的范围比较局限，对于农村留守儿童的一般自我效能感的研究甚少。

（六）社会支持的相关研究

对农村留守儿童社会支持的研究还是比较多的，其研究主要偏向于不同学龄阶段的农村留守儿童社会支持的现状调查，也涉及农村留守儿童与情绪智力、心理韧性、人格等因素的关系研究。刘霞（2007）等人在初中农村留守儿童社会支持与问题行为的关系研究中发现：在社会支持的三个维度中，主观支持对于初中留守儿童的违法、欺骗和违纪行为均具有显著的负向预测作用，支持利用度则对危害健康的行为具有显著的负向预测作用；与较低社会支持水平下的初中留守儿童相比，较高社会支持水平下的留守儿童的四种问题行为相对较少；无论社会支持水平高低，初中留守男生均比留守女生存在更多的危害健康的行为。骆鹏程（2007）在农村留守儿童心理弹性与人格、社会支持的关系研究一文中提出：心理弹性和社会支持以及人格之间都存在非常显著的正相关关系。在社会支持方面，心理弹性和社会支持的利用度的相关程度显著地高于客观支持以及主观支持的相关程度；客观支持、支持利用度对心理弹性具有一定的预测作用，而主观支持对心理弹性没有显著的预测力；高、低心理弹性的留守儿童在社会支持、人格方面都存在着显著的差异。

进行农村留守儿童社会适应能力的研究在研究思路上算是一次创新，有利于从系统上去了解农村留守儿童在生活自理能力、人格方面、心理韧性和社会智力、一般自我效能感和社会支持等问题，即本书提出的农村留守儿童的社会适应能力发展的问题，弥补国内对农村留守儿童研究中在上述几个方面的不足之处，特别是对农村留守儿童的社会适应能力所包含的各个层次该领域研究中还从未涉及的，其研究结果将丰富相关领域的知识，为拓展这些领域的研究提供理论和实证依据，并在此基础上提出切实可行、符合本书研究地区农村留守儿童的心理发展实际情况的建议。

第二节　农村留守儿童心理韧性与生活事件的关系

农村留守儿童问题在 20 世纪 90 年代初开始引起众多学者的关注，是学术界讨论的热点问题。学者们对农村留守儿童的研究非常多，角度也各有不同。多数学者认为，农村留守儿童由于经历家庭的变故，造成了或多或少的心理创伤。

有部分研究数据表明，家庭的变故并不一定会造成儿童生活、安全和行为表现方面的问题。因此本研究主要讨论农村留守儿童的心理韧性情况，及心理韧性与生活事件的关系。

一、研究方法

（一）研究对象

本研究从四川省农村地区中小学校随机选取 728 名农村留守儿童发放调查问卷，其中男生 379 人，占总人数的 52.6%，女生 349 人，占总人数的 47.4%；1~2 年级 20 人，3~4 年级 218 人，5~6 年级 490 人；75.2%的被调查者年龄集中在 6~12 岁之间。

（二）研究工具

青少年心理韧性量表，由北大胡月琴和甘怡群编制，共有 27 道题。该量表共有 2 个维度、5 个因子、27 个项目。目标专注分量表（a=0.81）由 5 个项目构成，指的是在困境中坚持目标、制定计划、集中精力解决问题的能力；情绪控制分量表（a=0.74）由 6 个项目构成，指的是在困境中对情绪波动和悲观念头的控制和调整；积极认知分量表（a=0.71）由 4 个项目构成，指的是对逆境的辩证性做法和乐观态度；人际协助分量表（a=0.71）由 6 个项目构成，指的是个体可以通过有意义的人际关系来获取帮助或宣泄不良情绪；家庭支持分量表

（a=0.81）由 6 个项目构成，指的是家人的宽容、尊重和支持，本量表采用 5 点评分法，分数越高说明心理韧性水平越好（其中 1、2、5、6、9、16、17、21、26、27 是反向计分），表明青少年心理韧性量表在本研究中具有较好的结构效度。

青少年生活事件量表，主要用于评定农村留守儿童生活事件发生的额度和应激强度。该量表为一自评问卷，由 27 项可能给青少年带来心理反应的负性生活事件构成。该量表包括 6 个因子：人际关系、学习压力、受惩罚、亲友与财产丧失、健康与适应问题及其他方面。受测者根据自己的实际情况进行自评，对每个条目进行 6 级评分，该量表的统计指标包括时间发生的总数和应激量两部分，事件未发生按无影响统计，累计对各事件的影响评分为总应激量，其范围是 0~108，完成该量表约需要 5 分钟。ASLEC 具有以下特点：（1）简单易行，可自行测评；（2）评定期限依据研究目的而定，可以是 3、6、9 或 12 个月；（3）应激量根据事件发生后的心理感受进行评定；（4）ASLEC 具有良好的信效度；（5）各维度得分越高说明被试遇到该类事件越多，越严重。

二、调查结果与分析

（一）农村留守儿童心理韧性基本情况

从目标专注、情绪控制、积极认知、家庭支持、人际协助及总分六个方面对农村留守儿童的心理韧性进行描述统计分析，结果如表 3-1 所示，分数越高说明心理韧性水平越好。

表 3-1　农村留守儿童心理韧性的描述统计（N=177）

	目标专注	情绪控制	积极认知	家庭支持	人际协助	总分
M	17.151	16.064	12.644	16.579	15.904	78.343
SD	4.915	4.401	4.032	4.127	4.249	14.066

由表 3-1 可以看出，农村留守儿童在心理韧性 5 个因子得分中目标专注的得分最高，积极认知的得分最低，而情绪控制、家庭支持和人际协助都在 16 分左右，达到中等偏上水平。

从目标专注、情绪控制、积极认知、家庭支持、人际协助及总分六个方面对农村留守儿童的心理韧性进行性别差异统计分析，结果如表3-2所示。

表 3-2　农村留守儿童心理韧性的性别差异

	男（$N=379$）		女（$N=349$）		T
	M	SD	M	SD	
目标专注	17.039	5.035	17.271	4.786	-0.638
情绪控制	15.823	4.391	16.322	4.403	-1.534
积极认知	12.537	4.156	12.759	3.898	-0.749
家庭支持	16.689	4.344	16.461	3.882	0.751
人际协助	15.771	4.312	16.048	4.183	-0.882
总分	77.861	14.834	78.861	13.193	-0.963

注：*表示在 0.05 水平上差异显著，**代表在 0.01 水平上差异显著，***表示在 0.001 水平上差异显著，以下同。

由表3-2可知，男女生的心理韧性在各个维度上的差异并不显著，但是女生在各个维度上的得分均高于男生。

从目标专注、情绪控制、积极认知、家庭支持、人际协助及总分六个方面对农村留守儿童的心理韧性进行年级差异统计分析，结果如表3-3所示。

表 3-3　农村留守儿童心理韧性的年级差异

	1~2 年级（$N=20$）		3~4 年级（$N=218$）		5~6 年级（$N=490$）		F
	M	SD	M	SD	M	SD	
目标专注	16.800	3.736	16.568	5.071	17.451	4.880	2.492
情绪控制	17.200	3.955	16.665	4.443	15.795	4.372	3.620**
积极认知	11.100	2.712	12.504	4.328	12.802	3.936	1.962
家庭支持	17.650	4.208	16.844	4.769	16.426	3.813	1.452
人际协助	16.100	4.327	16.293	4.470	15.732	4.159	1.328
总分	78.850	12.999	78.876	16.116	78.208	13.140	0.179

由上表可以看出，心理韧性在各个年级间的差异在情绪控制这个维度上差异显著，进一步用 LSD 方法进行事后检验得出，3~4 年级的学生情绪控制显著大于 5~6 年级的学生。其余的维度上并没有达到显著性差异。而初中由于样本量过小（$N=6$）不在考虑范围中。

（二）农村留守儿童生活事件总体情况

通过统计 27 种生活事件的得分来研究其对农村留守儿童在人际关系、学习压力、受惩罚、丧失、健康适应以及其他 6 个方面的影响程度，得分越高说明影响越大，具体结果见表 3-4。

表 3-4 农村留守儿童生活事件的描述统计（$N=728$）

	人际关系	学习压力	受惩罚	丧失	健康适应	其他
M	8.905	8.719	10.814	4.583	5.686	5.603
SD	2.748	2.905	3.384	1.957	2.002	1.890

由表 3-4 可以看出，农村留守儿童生活事件 6 个因子得分中受惩罚得分最高，丧失得分最低。从人际关系、学习压力、受惩罚、丧失、健康适应以及其他等六个方面对农村留守儿童的生活事件进行性别差异分析，结果如表 3-5 所示。

表 3-5 农村留守儿童生活事件的性别差异

	男（$N=379$）		女（$N=349$）		F
	M	SD	M	SD	
人际关系	8.902	2.611	8.908	2.894	-0.029
学习压力	8.696	2.779	8.745	3.508	-0.224
受惩罚	10.986	3.260	10.627	3.508	1.432*
丧失	4.562	1.928	4.607	1.990	-0.313
健康适应	5.717	2.055	5.653	1.945	0.433
其他	5.802	1.921	5.386	1.834	2.983**

由表 3-5 可知，农村留守儿童生活事件在人际关系、学习压力、丧失、健康适应等方面并没有显示出显著的性别差异；而在受惩罚与其他因子上有显著的性别差异。从人际关系、学习压力、受惩罚、丧

失、健康适应以及其他等六个方面对农村留守儿童的生活事件进行年级差异分析，结果如表3-6所示。

表3-6 农村留守儿童生活事件的年级差异

	1~2年级（N=20）		3~4年级（N=218）		5~6年级（N=490）		F
	M	SD	M	SD	M	SD	
人际关系	8.750	2.359	8.793	2.677	8.961	2.797	.313
学习压力	8.100	3.144	8.559	3.0063	8.816	2.851	1.057
受惩罚	10.350	3.376	11.426	4.230	10.561	2.898	5.188**
丧失	3.700	1.260	4.715	2.119	4.561	1.897	2.577
健康适应	5.550	1.605	5.651	2.152	5.708	1.949	.108
其他	5.600	2.112	5.789	2.116	5.520	1.769	1.525

我们可以从表3-6中看到，除了受惩罚因子在年级之间有显著性差异以外，生活事件的其他维度在年级之间并没有达到显著性差异，用LSD进一步检验，得到在受惩罚维度中，3~4年级学生的得分显著高于5~6年级学生的得分。

（三）农村留守儿童心理韧性与生活事件的关系研究

用Pearson相关分析法对心理韧性量表各因子得分及总分与生活事件量表各因子得分及总分进行两两相关比较，并计算相关系数，结果见表3-7。

表3-7 农村留守儿童心理韧性与生活事件相关分析

	人际关系	学习压力	受惩罚	丧失因子	健康因子	其他
目标专注	-0.156**	-0.192**	-0.221**	-0.077**	-0.174**	-0.238**
情绪控制	0.322**	0.218**	0.210**	0.185**	0.157**	0.231**
积极认知	-0.051	-0.143**	-0.120**	-0.032	-0.105**	-0.130**
家庭支持	0.115**	0.020	0.022	0.064	0.062	0.039
人际协助	0.279**	0.186**	0.194**	0.193**	0.154**	0.193**
总分	0.150**	0.022	0.019	0.099**	0.023	0.021

由表 3-7 可知，生活事件的人际关系与心理韧性的目标专注呈显著的负相关，与情绪控制、人际协助、家庭支持呈显著的正相关；学习压力与心理韧性的目标专注、积极认知呈显著的负相关，与情绪控制、人际协助呈显著的正相关；受惩罚因子与心理韧性的目标专注、积极认知呈显著的负相关，与情绪控制呈显著的正相关；丧失因子与目标专注呈显著的负相关，与情绪控制、人际协助呈显著的正相关；健康因子与心理韧性的目标专注、积极认知呈显著的负相关，与人际协助呈显著的正相关。还有其他因子与目标专注、积极认知呈显著的负相关，与情绪控制和人际协助呈显著的正相关。

三、对调查结果的讨论

（一）农村留守儿童心理韧性与生活事件总体讨论

农村留守儿童心理韧性 5 个因子得分中目标专注的得分最高，积极认知的得分最低，而情绪控制、家庭支持和人际协助都在 16 分左右，达到中等水平。周凯曾对初高中有留守经历的中学生的心理韧性及其因子得分进行独立样本 T 检验，发现两组学生在情绪控制和积极认知上因子差异非常显著。同时将心理韧性得分按高中低分组进行单因素方差分析，发现有留守经历的中学生主观幸福感以及三个因子的得分在高中低心理韧性得分水平上的差异均达到非常显著的水平。

农村留守儿童生活事件 6 个因子得分中受惩罚得分最高，丧失得分最低。研究结果显示，与非农村留守儿童相比，农村留守儿童经历了更多的负性生活事件。这一研究结果与诸多研究得出的结论基本一致，表明父母监护的缺失会使儿童经历更多的负性生活事件。农村留守儿童与非留守儿童在人际关系、学习压力、健康适应、其他因子上的得分差异极其显著。造成这一现象的原因可能是当留守儿童遇到人际、学习、适应等问题时，因为没有父母的及时帮助，使得这些生活事件的发展没有被及时遏制，对这些事件的应对超出了该阶段儿童的能力，或者因为缺少父母的支持，农村留守儿童在应对这些生活事件时采取了消极的应对方式，使得该生活事件对农村留守儿童的负面影响加重。已有研究表明，生活事件与焦虑、抑郁、心理健康及某些疾病都有较高程度的相关，因此，提示农村留守儿童的父母多关注留守儿童的生活、学习及同伴交往情况，及时帮助留守儿童解决一些他们面对的生活事件，以使这些生活事件对农村留守儿童造成的影响降到最低。

（二）对农村留守儿童心理韧性的差异情况的讨论

本研究结果显示，女生心理韧性与适应性得分比男生略高，但农村留守儿童心理韧性与适应性在性别上差异不显著（$P>0.05$），这与假设二不一致，与其他心理韧性实证研究的结果相互矛盾（骆鹏程，2007；李志凯，2009 等）。可能是由于样本的代表性不同，取样的差异性可能造成了研究结论的不一致。本研究样本过小可能导致研究结论的不一致。

心理韧性在各个年级间的差异在情绪控制这个维度上差异显著，进一步用 LSD 方法进行事后检验得出，3~4 年级的学生情绪控制显著大于 5~6 年级的学生。在其余的维度上并没有达到显著性差异，初中由于样本量过小（$N=6$）而不在考虑范围中。在情绪控制因子上，中年级农村留守儿童高于高年级留守儿童，高于低年级留守儿童，这说明中、高年级留守儿童虽然面临的压力和冲突增大，但由于年龄的增长和学习的积累和能力的发展，其情绪控制状况仍好于低年级留守儿童。

（三）对农村留守儿童生活事件差异情况的讨论

农村留守儿童生活事件在人际关系、学习压力、丧失、健康适应上并没有显示出显著的性别差异；而在受惩罚与其他因子上有显著的性别差异。留守男生受惩罚因子得分显著高于留守女生，这与王新香的研究结果是一致的。分析原因，可能有以下几点：第一，处于青春期的青少年，自我意识高涨，叛逆心理明显，在与同伴的交往中，男生更容易采取外部攻击，因此也更容易受到学校及家长的惩罚。在其他因子中，包括不喜欢上学、恋爱不顺或失恋、与人打架、遭父母打骂等四个项目，其中两项与受惩罚项目重合，因此，男生得分显著高于女生。第二，由于我国文化的大环境，学校在某些方面对男生的要求要比对女生严格，如果犯了同样的错误，学校或家长对男生的惩罚通常会更严厉些，因此留守男生在这两个因子上的得分显著高于留守女生。

我们可以从表中看到，除了受惩罚因子在年级之间有显著性的差异以外，生活事件的其他维度在年级之间并没有达到显著性差异，用 LSD 进一步检验，得到在受惩罚维度中，3~4 年级的学生得分显著高于 5~6 年级学生的得分。这可能是因为，一方面，高年级儿童学习生活经验的提升，对于受惩罚这一事件来说并不会比低年级看得更重；另一方面，教师和家长对高年级学生的惩罚行为可能更少，认为孩子长大了、懂事了。

（四）对农村留守儿童心理韧性与生活事件关系的讨论

生活事件的人际关系与心理韧性的目标专注呈显著的负相关，与情绪控制、人际协助、家庭支持呈显著的正相关；学习压力与心理韧性的目标专注、积极认知呈显著的负相关，与情绪控制、人际协助呈显著的正相关；受惩罚因子与心理韧性的目标专注、积极认知呈显著的负相关，与情绪控制呈显著的正相关；丧失因子与目标专注呈显著的负相关，与情绪控制、人际协助呈显著的正相关；健康因子与心理韧性的目标专注、积极认知呈显著的负相关，与人际协助呈显著的正相关。还有其他因子与目标专注、积极认知呈显著的负相关，与情绪控制和人际协助呈显著的正相关。这一研究结果与邓多林、李鹏的研究结果一致，而与李婷的研究结果不同。其原因可能在于，在李婷的研究中，对生活事件量表的计分分为六级评分，对未发生事件以零计分，而本研究则按照《心理卫生评定手册》对生活事件量表各题目进行五级评分，即未发生事件按无影响算，因此得出了与李婷的研究不同的结果。邓多林、李鹏的研究均以普通初、高中生为研究对象，而本研究以农村留守儿童为主要研究对象，但是不同的研究对象得出了相同的研究结果，说明无论对于普通青少年还是农村留守儿童，生活事件与心理韧性之间的关系是确定的，即二者的负相关关系不因研究对象的变化而改变。

第三节 农村留守儿童社会智力的发展特点

农村留守儿童问题在 20 世纪 90 年代初开始引起众多学者的关注，

是学术界讨论的热点问题。学者们对农村留守儿童的研究非常多,角度也各有不同。多数学者认为,农村留守儿童由于经历家庭的变故,造成了或多或少的心理创伤。也有部分研究数据表明,家庭的变故并未给农村留守儿童造成生活、安全和行为表现方面的问题,本研究的目的是综合考察农村留守儿童社会智力的特点。

一、研究对象和方法

(一)研究对象

本研究从四川省农村地区中小学校随机选取 728 名农村留守儿童发放调查问卷,其中男生 379 人,占总人数的 52.6%,女生 349 人,占总人数的 47.4%;1~2 年级 20 人,3~4 年级 218 人,5~6 年级 490 人;75.2%的被调查者年龄集中在 6~12 岁之间。

(二)研究工具

选用小学生社会智力量表测量农村留守儿童的社会智力状况,其结构包括社会焦虑、移情、社会洞察力、人际交往能力、人际问题解决能力五个部分。量表信效度较高,内部一致性系数、分半信度系数分别为 0.8671、0.8847。

(三)抽样研究方法与数据处理

本研究采用整群分层抽样的方法,要求被试者在理解题意的情况下如实回答,所有的测评全部采用现场填答的方式,当场收回问卷,测验不限时。测验结束后由主试汇总数据,通过 e-mail 统一汇集。所有数据采用 SPSS 17.0 处理数据。

二、调查结果与分析

(一)农村留守儿童社会智力总体水平

将留守儿童在儿童社会智力量表上的总分以及社会焦虑、移情、社会洞察力、人际交往能力、人际问题解决能力五个维度的得分进行描述统计分析,结果见表 3-8。

表 3-8　农村留守儿童社会智力总体水平描述统计（*N*=728）

	社会焦虑	移情	社会洞察力	人际交往能力	人际问题解决能力
M	8.756	35.607	14.835	35.136	32.298
SD	3.096	8.690	3.789	8.098	7.732

由表 3-8 可知，农村留守儿童社会智力在各个维度上的得分为社会焦虑 8.756 分，移情 35.607 分，社会洞察力 14.835 分，人际交往能力 35.136 分，人际问题解决能力 32.298 分。

（二）不同性别留守儿童社会智力发展的特点

将留守儿童在儿童社会智力量表上的总分以及社会焦虑、移情、社会洞察力、人际交往能力、人际问题解决能力五个维度上的得分进行性别差异分析，结果见表 3-9。

表 3-9　不同性别儿童社会智力差异

	男（*N*=379）		女（*N*=349）		*T*
	M	*SD*	*M*	*SD*	
社会焦虑	8.963	3.051	8.533	3.133	1.876
移情	35.076	8.641	36.183	8.721	-1.719
社会洞察力	14.651	3.867	15.034	3.699	-1.362
人际交往能力	34.741	8.286	35.564	7.878	-1.374
人际问题解决能力	31.675	7.839	32.974	7.566	-.2.271*

注：*表示在 0.05 水平上差异显著，**代表在 0.01 水平上差异显著，***表示在 0.001 水平上差异显著，以下同。

由上表可知，儿童社会智力在性别方面除了在人际问题解决能力上有显著的差异之外，在社会智力的其他维度上并没有显著性差异。在人际问题解决能力上，女生的能力水平显著高于男生。

（三）不同年级留守儿童社会智力发展的特点

将留守儿童在儿童社会智力量表上的总分以及社会焦虑、移情、社会洞察力、人际交往能力、人际问题解决能力五个维度的得分进行年级差异分析，结果见表 3-10。

表 3-10　不同年级留守儿童社会智力差异

	1~2 年级 (*N*=20)		3~4 年级 (*N*=218)		5~6 年级 (*N*=490)		*F*
	M	*SD*	*M*	*SD*	*M*	*SD*	
社会焦虑	9.050	3.170	8.899	3.157	8.868	3.069	0.464
移情	34.650	8.093	33.561	8.433	36.542	8.686	9.018***
社会洞察力	13.600	4.773	14.504	4.225	15.032	3.521	2.568
人际交往能力	32.950	11.486	34.651	8.812	35.136	8.098	1.468
人际问题解决能力	29.000	10.089	30.991	8.616	33.014	7.089	7.156***

　　由表 3-10 可以看出，社会智力的移情和人际问题解决能力在年级之间差异显著，进一步分析得出，中年级（3~4 年级）学生的移情水平显著低于高年级（5~6 年级）学生；在人际问题解决能力上高年级（5~6 年级）学生的能力水平显著大于中年级（3~4 年级）和低年级（1~2 年级）学生。

　　为了更直观地呈现上表的结果，我们利用折线图将上表的内容图示如下（图 3-1 至图 3-5），可更直观地观察留守儿童社会智力发展的主要趋势。

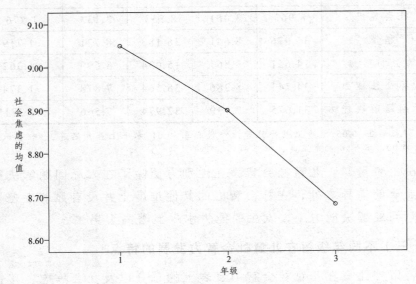

图 3-1　不同年级留守儿童社会焦虑发展情况

注：1 为 1~2 年级；2 为 3~4 年级；3 为 5~6 年级，下同。

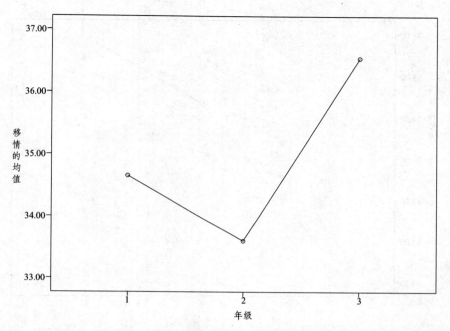

图 3-2　不同年级留守儿童移情发展情况

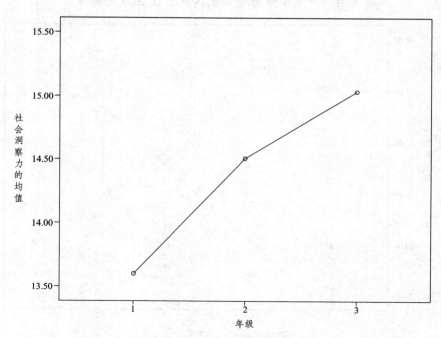

图 3-3　不同年级留守儿童社会洞察力发展情况

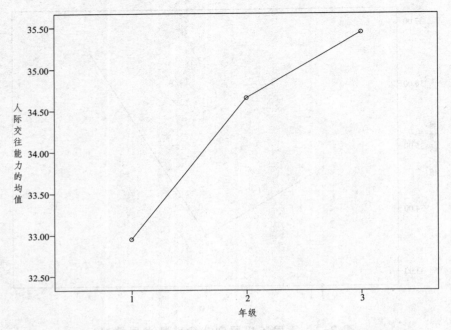

图 3-4　不同年级留守儿童人际交往能力发展情况

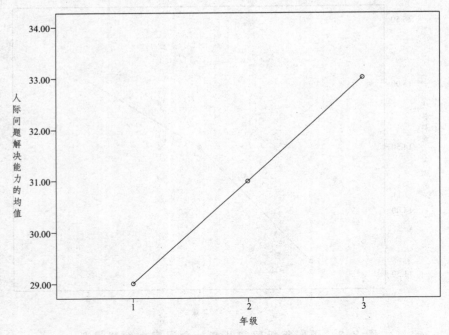

图 3-5　不同年级留守儿童人际问题解决能力发展情况

以上各图可以看出：社会智力各维度以及总体水平的得分基本上呈现渐进式发展的趋势，1~2 年级学生的得分最低，5~6 年级学生的得分最高，表明小学生的社会智力发展是一个不断提高的过程。其中，社会焦虑维度因为是反向记分的，所以得分越高，说明社会焦虑程度越低；低年级到高年级学生的社会焦虑得分是逐步上升的，但其实质上反应了小学生的社会焦虑程度是逐渐下降的，这表明了小学生调节和控制自己情绪的能力是逐渐增强的。值得注意的是，中年级小学生移情的发展水平却低于低年级，说明小学生的移情发展不是直线上升的，期间会有下降的时候，3~4 年级可能是小学生移情发展的停滞期，其原因尚待进一步研究。

三、调查研究小结

儿童的社会智力在性别方面除了人际问题解决能力上有显著的差异之外，在社会智力在其他维度上并没有显著性差异，在人际问题解决能力上女生显著高于男生。

社会智力的移情和人际问题解决能力在年级之间差异显著，进一步分析得出，中年级（3~4 年级）学生的移情水平显著低于高年级（5~6）学生；在人际问题的解决能力上，高年级（5~6 年级）学生的能力水平显著大于中年级（3~4 年级）和低年级（1~2 年级）学生。

小学生社会智力性别与年级之间的交互作用不显著。

第四节 农村留守儿童社会智力与心理韧性、
一般自我效能感的关系

儿童社会智力的研究对儿童的心理健康教育有着极其重要的意义，社会智力是一种正确认识自我与他人的能力，是一种与他人和谐相处的能力。国内外学者对社会智力的研究，主要是探讨个体与同伴关系、亲子关系、师生关系，而针对农村留守儿童的社会智力与心理韧性、一般自我效能感的相关研究十分少见。

农村留守儿童作为弱势的特殊群体，各种心理机能由于家庭的变故尚未稳定，孩子产生心理波动，如没有家长和老师的引导、朋友的陪伴，孩子的心理问题得不到疏导，则极有可能导致心理问题的发生。社会智力影响个体与他人相处的有效适应，国内外研究表明，提高社会智力的关键在于提高儿童的心理韧性与自我效能感，因此，开展非农村留守儿童的社会智力与心理韧性、自我效能感关系研究具有一定的理论意义和现实意义。本研究通过问卷调查法搜集数据，考察农村留守儿童的社会智力与心理韧性和一般自我效能感的关系。

一、研究对象与方法

（一）研究对象

本研究从四川省农村地区中小学校随机选取 728 名农村留守儿童发放调查问卷，其中男生 379 人，占总人数的 52.6%，女生 349 人，占总人数的 47.4%；1~2 年级 20 人，3~4 年级 218 人，5~6 年级 490 人；75.2%的被调查者年龄集中在 6~12 岁之间。

（二）研究工具

采用小学生社会智力量表测量留守儿童社会智力状况，其结构包括社会焦虑、移情、社会洞察力、人际交往能力、人际问题解决能力五个部分。量表信效度较高，内部一致性系数、分半信度系数分别为 0.8671、0.8847。

采用青少年心理韧性量表，该量表由北大胡月琴和甘怡群两人编制，共有 27 道题。该量表共有 2 个维度、5 个因子、27 个项目；目标专注分量表（a=0.81）由 5 个项目构成，指的是在困境中坚持目标、制定计划、集中精力解决问题的能力；情绪控制分量表（a=0.74）由 6 个项目构成，指的是在困境中对情绪波动和悲观念头的控制和调整；积极认知分量表（a=0.71）由 4 个项目构成，指的是对逆境的辩证性做法和乐观态度；人际协助分量表（a=0.71）由 6 个项目构成，指的是个体可以通过有意义的人际关系来获取帮助或宣泄不良情绪；家庭支持分量表（a=0.81）由 6 个项目构成，指的是家人的宽容、尊重和支持。本量表采用 5 点评分法，分数越高说明心理韧性水平越好（其中 1、2、5、6、9、16、17、21、26、27 是反向计分），表明青少年心理韧性量表在本研究中具有较好的结构效度。

自我效能感是班杜拉社会认知理论中的核心概念。自我效能感与结果期望不同，后者是指个体对自己行动后果的知觉，而自我效能感指的是人们对自己行动的控制或主导。一般自我效能感量表共 10 个项目，涉及个体遇到挫折或困难时的自信心。一般自我效能感量表采用李克特 4 点量表形式，各项目均为 1~4 评分。对于每个项目，被试者根据自己的实际情况回答"完全不正确""有点正确""多数正确"或"完全正确"。评分时，"完全不正确"记 1 分，"有点正确"记 2 分，"多数正确"记 3 分，"完全正确"记 4 分。

（三）抽样研究方法与数据处理

本研究采用整群分层抽样的方法，要求被试者在读懂题项的情况下如实回答，所有的测评全部采用现场填答的方式，当场收回问卷，测验不限时。测验结束后由主试汇总数据，通过 e-mail 统一汇集。所有数据采用 SPSS 17.0 处理数据。

二、调查结果与分析

（一）农村留守儿童心理韧性与社会智力的相关分析

将农村留守儿童心理韧性 5 个维度"目标专注""情绪控制""积极认知""家庭支持""人际协助"与儿童社会智力的 5 个维度"社会焦虑""移情""社会洞察力""人际交往能力""人际问题解决能力"以及社会智力总分进行相关分析，所得结果见表 3-11。

表 3-11 农村留守儿童社会智力与心理韧性相关分析

	社会焦虑	移情	社会洞察力	人际交往能力	人际问题解决能力	社会智力
目标专注	−0.070	0.56**	0.556**	0.618**	0.517**	0.619**
情绪控制	0.173**	−0.027	0.009	−0.025	−0.029	−0.003
积极认知	−0.058	0.517**	0.532**	0.505**	0.476**	0.550**
家庭支持	0.101	0.241**	0.147**	0.186**	0.200**	0.235**
人际协助	0.158**	0.070	0.014	0.011	0.014	0.058

注：*表示在 0.05 水平上差异显著，**代表在 0.01 水平上差异显著，***表示在 0.001 水平上差异显著，以下同。

由上述结果可以看出，目标专注、积极认知、家庭支持与社会焦虑的相关不显著外，三者与社会智力的其余四个维度：移情、社会洞察力、人际交往能力、人际问题解决能力以及社会智力总体水平的相关达到了显著性水平，而情绪控制、人际协助与社会焦虑是显著相关，与其余的四个维度并没有达到显著性相关。

（二）一般自我效能感与小学生社会智力的相关分析

将一般自我效能感总分与小学生社会智力的各个维度做相关分析，所得结果见表 3-12。

表 3-12　农村留守儿童一般自我效能感与社会智力的相关分析

	社会焦虑	移情	社会洞察力	人际交往能力	人际问题解决能力	社会智力
一般自我效能感	-0.092	0.488**	0.502**	0.591**	0.597**	0.593**

从表 3-12 可知，一般自我效能感与社会智力的四个维度：移情、社会洞察力、人际交往能力、人际问题解决能力以及社会智力总水平的相关均达到显著性水平；其中一般自我效能感与社会焦虑的相关为负相关，其他相关为正相关。这说明一般自我效能感越强，社会焦虑程度越低，移情、社会洞察力、人际交往能力、人际问题解决能力和社会智力的总体水平越高。

（三）不同心理韧性水平社会智力的比较分析

为了探讨具备不同心理韧性水平的农村留守儿童社会智力的差异，按心理韧性总得分分别取高分组和低分组各 27%的被试者（N=325）组成高心理韧性组和低心理韧性组，分别对这两组被试的社会智力进行 T 检验，具体结果见表 3-13。

表 3-13　不同心理韧性水平农村留守儿童社会智力的比较分析

	社会焦虑	移情	社会洞察力	人际交往能力	人际问题解决能力
高心理韧性组	9.27±3.38	39.31±6.71	16.29±2.95	37.48±7.65	35.03±6.46
低心理韧性组	8.64±3.73	32.93±10.25	13.85±4.40	32.99±8.44	31.61±7.25
T 值	-1.398	-4.960***	-4.414***	-3.764***	-3.358***

由上表可以看出，不同的心理韧性水平在移情、社会洞察力、人际交往能力、人际问题解决能力者四个维度上存在显著差异，心理韧性越好，社会智力水平在这四个方面的得分也就越高，而心理韧性高低分组在社会智力的社会焦虑这个维度上差异并不显著。

（四）农村留守儿童心理韧性、一般自我效能感、社会智力的回归分析

为了探讨非原生完整家庭儿童的心理韧性各维度和一般自我效能感对社会智力的预测作用，以心理韧性的五个维度、一般自我效能感为自变量，以社会智力作为因变量，进行逐步多元回归分析，具体结果见表 3-14。

表 3-14　农村留守儿童心理韧性、一般自我效能感与社会智力的回归分析

预测变量	B	标准误	Beta（β）	t 值
截距	65.122	5.893		11.051
目标专注	1.535	0.234	0.326	6.553***
人际协助	-0.146	0.248	-0.026	-0.588
家庭支持	-0.178	0.272	-0.030	-0.654
情绪控制	-0.169	0.238	-0.031	-0.709
积极认知	1.369	0.282	0.239	4.849***
一般自我效能感	1.138	0.141	0.357	8.059***
$R=0.722$　　$R^2=0.522$　　调整后 $R^2=0.513$　　$F=57.622***$				

由上表可以发现，"目标专注""人际协助""家庭支持""情绪控制""积极认知""一般自我效能感"6 个自变量与"社会智力"校标变量的多元相关系数为 0.722，多元相关系数的平方为 0.522，表示 6 个变量共可解释"社会智力"标量的 52% 的变异量。6 个变量的标准化回归系数中，"目标专注""积极认知""一般自我效能感"为正数，说明对校标变量的影响为正向，而"人际协助""家庭支持""情绪控制"为负数，说明对校标变量的影响为反向。在回归模型中，对"社会智力"有显著影响的变量有"目标专注""积极认知"和"一般自我效能感"这三个变量。从标准化回归系数上看，这三个变量的 β 系数的绝

对值较大，表示这三个变量对"社会智力"能有较高的解释力，而"人际协助""家庭支持""情绪控制"三个预测变量的回归系数均未达到显著水平，表示这两个预测变量对社会智力变量差异解释甚小。

三、对调查结果的讨论

（一）农村留守儿童心理韧性影响儿童社会智力

心理韧性（resilience）是个人面对生活逆境、创伤、悲剧、威胁或其他生活重大压力时的良好适应，它意味着面对生活压力和挫折的"反弹能力"。目前国外对心理韧性的概念界定主要存在三种看法：（1）心理韧性是个体经历高危后的积极结果；（2）心理韧性是压力、逆境等生活事件与保护性因素同时作用的动态过程；（3）心理韧性是个体应对压力、挫折、创伤等消极生活事件的能力或特质。国外对心理韧性的理论研究非常丰富。Olsson 等人的一篇综述整理了心理韧性影响因素的众多研究报告，将之归为三类：（1）个人能力和人格特质（individual level），其中能力包括体质、智力、社交等，特质包括自尊、自我效能感、控制感、幽默感等。（2）家庭支持系统（family level），包括父母的鼓励和帮助、亲密的关系、家庭内部的和谐、非责备的态度、物质支持等。（3）社会支持系统（social environment level），包括社会经济地位、学校经历等。

有研究表明，心理韧性目标专注、积极认知、家庭支持除与社会焦虑相关不显著外，三者与社会智力的其余四个维度：移情、社会洞察力、人际交往能力、人际问题解决能力以及社会智力总体水平的相关也达到显著性水平，而心理韧性的情绪控制、人际协助与社会焦虑相关显著，与其余的四个维度并没有达到显著性相关。心理韧性可以预测儿童的社会智力。心理韧性这个抗挫力，既包括主体方面也包括客体方面，对于留守小学生来说，与父母的情感与生活事件的疏离是他们遭遇生活压力的主要事件。心理韧性发展好的留守初中生能够自主规划生活和学习目标，独立能力和自立意识较强。面临与父母的分离，既有难以割舍的至亲血缘，也能有分寸地控制好情绪，能够对父母的外出作出积极的认知，了解到父母外出的无奈和艰辛。同时心理韧性的支持因素也可以使留守小学生缓解父母不在身边的压力，当他们遇到困难和突发状况时，可以拥有来自师长、同伴的帮助和支持，会减少独自面临学习和生活的不安处境，能够更好地适应留守生活。

（二）一般自我效能感影响小学生社会智力发展

自我效能感是儿童自我的一个重要组成部分，也是考察自我不可缺少的内容之一。它是指个体对自己面对环境中的挑战能否采取适应性的行为的知觉或信念，反映了个体对环境的控制感。班杜拉（Bandura）认为自我效能感不同的人，其感觉、思维和行动也不同。就感觉而言，自我效能感往往和抑郁、焦虑以及无助相联系。就思维而言，自我效能感能在各种场合提高人们的认知过程和成绩，包括决策质量、学业成就等。自我效能感能增强或削弱个体的动机水平。此外，自我效能感高的人会选择具有挑战性的任务，确立较高的个人目标。研究表明，一般自我效能感与社会焦虑存在显著的负相关，而与社会智力的其余四个维度：移情、社会洞察力、人际交往能力、人际问题解决能力以及社会智力总体水平的相关为显著的正相关；而且一般自我效能感能够显著预测儿童的社会智力水平。一般自我效能感为什么会影响小学生的社会智力发展呢？这可能是因为一般自我效能感作为一种总体性的自信心，不可避免地会影响到儿童对自我以及与人交往能力的看法，从而促使个体在人际交往的情景中能主动与他人进行交往。而当发生人际冲突时，个体也能积极寻求有效的解决办法，进而采取恰当的行为。这样，一般自我效能感影响儿童的社会智力发展也就比较容易理解了。

（三）农村留守儿童心理韧性、一般自我效能感、儿童社会智力的关系

多元回归分析显示了社会智力与心理韧性、一般自我效能感三者间的关系。6个变量的标准化回归系数中"目标专注""积极认知""一般自我效能感"为正数，说明对校标变量的影响为正向，而"人际协助""家庭支持""情绪控制"为负数，说明对校标变量的影响为反向。这表明，心理韧性中"目标专注""积极认知"以及一般自我效能感对社会智力有一定的预测能力。因此，对于农村留守儿童，家长和老师首先应加强心理辅导，提升农村留守儿童应对压力事件的能力从而提

升心理韧性和自我效能感。其次，家庭和学校要营造和谐的氛围，加强农村留守儿童的支持利用度。家庭和学校要为他们营造一种充满温暖、尊重和信任的环境，如有目的地组织一些活动，让他们与同伴、亲人多一些增强了解和加深感情的机会。同时，要鼓励农村留守儿童在遇到困难和压力时善于求助，及时排解心理压力。

第五节　农村留守儿童人格特征及其心理社会影响因素

随着城市化进程的加快，我国留守儿童的数量不断增加。中国人口宣教中心发布首份《中国留守儿童健康人格报告》（2012）表明，农村留守儿童隔代监护比例高达 75.4%，自己照顾自己的比例为 10.5%，哥哥姐姐监护的比例为 7.4%，亲友监护的比例为 6.7%。由于农村留守儿童父母回家的机会很少，弱化了孩子对父母的依赖感，减弱了亲子关系程度，留守儿童又容易把自己与有父母在身边的同伴进行比较，就会产生"没人管""被抛弃"的心理感受。该报告显示：留守儿童觉得是"被遗弃"的占 14.7%，觉得父母外出务工"是一段痛苦的经历"的占 26.4%，觉得"轻松、自由"的占 14%，觉得孤独无助的占 30.2%，觉得"无奈"的占 10.9%，其他感觉的占 3.8%。常青、夏绪仁研究表明农村留守儿童较之其他儿童更为内向，情绪更为消沉、淡漠，对事物更为冷淡，只对极为有限的事物和现象产生兴趣，更为渴望父母的关爱和亲情。因此，探讨农村留守儿童的人格特征与社会智力、心理韧性及生活事件的关系对了解农村留守儿童人格特征全貌，促进留守儿童健全人格发展具有重要意义。

一、研究对象和方法

（一）研究对象

本研究从四川省农村地区中小学校随机选取 728 名农村留守儿童发放调查问卷，其中男生 379 人，占总人数的 52.6%，女生 349 人，占总人数的 47.4%；1~2 年级 20 人，3~4 年级 218 人，5~6 年级 490 人；75.2%的被调查者年龄集中在 6~12 岁之间。

（二）研究工具

采用刘在花编制的儿童人格量表，该量表参照 David Lachar 儿童人格问卷（Personality Inventory for Children，PIC）编写，内容包括自控能力、社会适应、精神质、认知发展四个维度。该问卷总量表的内部一致性系数（Cronbach's α 系数）为 0.8972，分半信度系数为 0.8966；各维度的内部一致性系数在 0.6509~0.8634 之间，分半信度系数在 0.6427~0.8555 之间（刘在花，2004）。

采用小学生社会智力量表了解留守儿童的社会智力发展情况，其结构包括社会焦虑、移情、社会洞察力、人际交往能力、人际问题解决能力五个部分。量表信效度较高，内部一致性系数、分半信度系数分别为 0.8671、0.8847。

采用青少年心理韧性量表了解留守儿童心理韧性情况，改量表由胡月琴和甘怡群编制，共有 27 道题，该量表共有 2 个维度、5 个因子、27 个项目，目标专注分量表（a=0.81）由 5 个项目构成，指的是在困境中坚持目标、制定计划、集中精力解决问题的能力；情绪控制分量表（a=0.74）由 6 个项目构成，指的是困境中对情绪波动和悲观念头的控制和调整；积极认知分量表（a=0.71）由 4 个项目构成，指的是对逆境的辩证性做法和乐观态度；人际协助分量表（a=0.71）由 6 个项目构成，指的是个体可以通过有意义的人际关系来获取帮助或宣泄不良情绪；家庭支持分量表（a=0.81）由 6 个项目构成，指的是家人的宽容、尊重和支持，本量表采用 5 点评分法，分数越高说明心理韧性水平越好（其中 1、2、5、6、9、16、17、21、26、27 是反向计分），表明青少年心理韧性量表在本研究中具有较好的结构效度。

采用青少年生活事件量表（ASLEC）了解留守儿童生活事件发生的额度和应激强度，该量表为一自评问卷，由 27 项可能给青少年带来心理反应的负性生活事件构成。该量表包括 6 个因子：人际关系、学习压力、受惩罚、亲友与财产丧失、健康与适应问题及其他方面。受测者根据自己的实际情况进行自评，对每个条目进行 6 级评分。该量表的统计指标包括时间发生的总数和应激量两部分，事件未发生按无影响统计，累计对各事件的影响评分为总应激量，其范围是 0~108，完成该量表约需 5 分钟。ASLEC 具有以下特点：（1）简单易行，可自行测评；（2）评定期限依据研究目的而定，可以是 3、6、9 或 12 个月；（3）应激量根据事件发生后的心理感受进行评定；（4）ASLEC 具有良好的信效度；（5）各维度得分越高，说明被试者遇到该类事件越多，情况越严重。

二、调查结果与分析

（一）农村留守儿童人格发展基本情况

将农村留守儿童在儿童的人格问卷上的总量表分以及分量表分进行描述统计分析，结果见表 3-15。

表 3-15　农村留守儿童人格特征描述统计（ N=290 ）

	自控	社会适应	精神质	认知发展
M	25.538	48.293	46.617	30.383
SD	8.970	9.943	15.216	5.799

由表 3-15 可知，农村留守儿童的人格特征属于中等水平，社会适应良好，但自控力较差。农村留守儿童在人格特征的自控维度上得分 25.538，标准差为 8.970；社会适应维度上的平均分为 48.293，标准差为 9.943；在神经质维度上平均分数为 46.617，标准差为 15.216；在认知发展维度上平均分为 30.383，标准差为 5.799。

对农村留守儿童儿童人格问卷上的总量表分以及分量表分进行性别年级、是否独生、居住地等方面进行推论统计分析，结果见表 3-16。

表 3-16　农村留守儿童人格特征性别差异（ N=290 ）

	男（ N=142 ）		女（ N=148 ）		T
	M	SD	M	SD	
自控	36.782	8.387	34.344	9.369	2.331
社会适应	49.174	8.989	47.351	10.725	1.652
神经质	47.732	14.868	45.547	15.517	1.224
认知发展	30.690	5.353	30.087	6.201	.884

注：*表示在 0.05 水平上差异显著，**代表在 0.01 水平上差异显著，***表示在 0.001 水平上差异显著，以下同。

　　由表 3-16 可知，农村留守儿童在人格特征的四个维度上自控、社会适应、神经质、认知发展在男女性比上差异并不显著，虽然男生的人格特征在四个维度上的均分均高于女生，但是并没有统计学意义。

　　另外经比较后发现，农村留守儿童的人格特征在年级、是否独生、居住地等方面均无显著差异。

（二）农村留守儿童人格特征与社会智力、心理韧性、生活时间的关系研究

　　将农村留守儿童儿童人格问卷上的总量表分以及分量表分与社会智力总分及维度分进行相关分析，结果见表 3-17。

表 3-17　农村留守儿童人格特征与社会智力相关关系

	社会焦虑	移情	社会洞察力	人际交往能力	人际问题解决能力	社会智力
自控	-0.175**	-0.158**	-0.209**	-0.169**	-0.224**	-0.187**
社会适应	-0.213**	-0.248**	-0.244**	-0.237**	-0.250**	-0.248**
精神质	0.179**	-0.171**	-0.193**	-0.182**	-0.188**	-0.181**
认知发展	-0.133**	0.257**	0.249**	0.229**	0.319**	0.282**

　　由表 3-17 可以看出农村留守儿童人格特征的自控、社会适应、神经质在社会智力的五个维度上除了神经质与社会焦虑呈显著的正相关外，其他的维度在社会智力的得分上都是显著的负相关；认知发展除了在社会焦虑外，在其他维度上都呈现显著的正相关，与社会焦虑存在显著的负相关。

　　对农村留守儿童儿童人格问卷上的总量表分以及分量表分与心理韧性总分及维度分进行相关分析，结果见表 3-18。

表 3-18　农村留守儿童人格特征与心理韧性相关关系

	目标专注	情绪控制	积极认知	家庭支持	人际协助	心理韧性
自控	-0.037	0.259**	0.040	0.187**	0.210**	0.196**
社会适应	-0.184**	0.210**	-0.037	0.148*	0.238**	0.110
精神质	-0.051	0.276**	0.117*	0.252**	0.314**	0.268**
认知发展	0.171**	0.016	0.176**	0.063	0.061	0.142*

由表 3-18 可知，农村留守儿童人格特征的自控维度与心理韧性的情绪控制、人际协助和心理韧性总分呈显著的正相关；社会适应与心理韧性的情绪控制、家庭支持、人际协助呈显著的正相关，与目标专注呈显著的负相关；神经质与心理韧性中的情绪控制、积极认知、家庭支持、人际协助以及心理韧性总分呈显著的正相关；认知发展与心理韧性的目标专注、积极认知以及心理韧性总分呈显著性正相关。

对农村留守儿童人格问卷上的总量表分以及分量表分与生活事件总分及维度分进行相关分析，结果见表 3-19。

表 3-19　农村留守儿童人格特征与相关关系

	人际关系	学习压力	受惩罚	丧失	健康适应	其他
自控	-0.272**	0.280**	0.318**	0.226**	0.321**	0.333**
社会适应	0.204**	0.237**	0.297**	0.195**	0.238**	0.281**
精神质	0.258**	0.276**	0.327**	0.250**	0.350**	0.301**
认知发展	-0.080	-0.034	-0.121*	-0.180	-0.105*	-0.117*

由表 3-19 可知，农村留守儿童人格特征的三个维度：自控、社会适应、精神质，除了自控与人际关系呈显著性负相关以外，其余全部与生活事件的各个维度呈显著的正相关；而人格特征中的认知发展与生活事件中的受惩罚、健康适应和其他因子呈显著的正相关。

为了探讨农村留守儿童社会智力的各维度、心理韧性各维度和生活事件对人格特征的预测作用，以社会智力的五个维度、心理韧性的五个维度和生活事件为自变量，以人格特征作为因变量，进行逐步多元回归分析，具体结果见表 3-20。

表 3-20　农村留守儿童人格特征与社会智力、心理韧性、生活事件的回归分析

投入变量顺序	多元相关系数	决定系数 R^2	增加量 ΔR^2	净 F 值	B	Beta（β）
截距					98.834	
受惩罚	0.330	0.109	0.109	35.230***	1.648	0.182
人际协助	0.418	0.174	0.065	22.705***	1.441	0.208
健康适应	0.462	0.214	0.040	14.382***	2.988	0.181
移情	0.493	0.244	0.030	11.171***	-0.822	-0.213
情绪控制	0.522	0.273	0.029	11.418***	1.332	0.194

由上表可知，在社会智力、心理韧性和生活事件中，对人格特征有显著预测能力的变量一共有五个，依序为"受惩罚""人际协助""健康适应""移情""情绪控制"。这五个变量与"人格特征"的多元相关系数为 0.522、决定系数 R^2 为 0.273，因而这五个变量可以解释"人格特征"27.3%的变异量。从 β 值来看，除了移情以外其余的因子都为正数，表示对"人格特征"的影响为正向。而移情对"人格特征"的影响为负。

三、对调查结果的讨论

（一）对农村留守儿童人格发展基本情况的讨论

农村留守儿童的人格特征属于正常范围，说明他们社会适应力较为良好，但自控力还较差。在自控维度的平均分为 25.729，标准差为 9.931，社会适应的平均数为 48.302，标准差为 11.589，精神质的平均数为 46.218，标准差为 16.18，认知发展的平均数为 30.708，标准差为 7.266。非原生完整家庭儿童的人格特征在性别、年级、是否独生、居住地等方面不存在显著差异。农村留守儿童的人格特征属于正常范围，社会适应力良好，但自控力还较差。在自控维度的平均分为 36.782，标准差为 8.387，社会适应的平均数为 49.174，标准差为 8.989，精神质的平均数为 47.732，标准差为 14.868，认知发展的平均数为 30.690，标准差为 5.353。农村留守儿童的人格特征在性别、年级、是否独生、居住地等方面不存在显著差异。

（二）对农村留守儿童人格特性与社会智力关系的讨论

社会智力是指个体社会能力的有效性或适宜性，这是依据行为后果进行的界定，尽管行为要以一定的社会认知能力为重要前提条件。人格是个体内部比较稳定的心理结构和过程，理论探讨、实证研究和日常生活经验都表明人格对个体心理发展具有非常广泛、深远的影响。据此，我们假设小学生的社会智力对人格特征产生一定影响。

研究显示，农村留守儿童人格特征的自控、社会适应、神经质在社会智力的五个维度上除了神经质与社会焦虑是显著的正相关外，其他的维度在社会智力的得分上都是显著的负相关；认知发展与除了社会焦虑外在其他维度上都呈现显著的正相关，与社会焦虑存在显著的负相关。可见，农村留守儿童由于其特殊的成长环境，在社会焦虑、移情、社会洞察力、人际交往能力以及解决问题的能力上的不足会影响到他们人格特征中的自控能力和社会适应能力；而这些能力发展越好的儿童在人格特征中认知发展得也会越好。

（三）对农村留守儿童人格特征与心理韧性的相关分析的讨论

研究显示，农村留守儿童人格特征的自控维度与心理韧性的情绪控制、人际协助和心理韧性总分呈显著的正相关；社会适应与心理韧性的情绪控制、家庭支持、人际协助呈显著的正相关，与目标专注呈显著的负相关；神经质与心理韧性中的情绪控制、积极认知、家庭支持、人际协助以及心理韧性总分成显著的正相关；认知发展与心理韧性的目标专注、积极认知、以及心理韧性总分呈显著性正相关。可见，提高儿童的心理韧性有助于帮助儿童人格特征稳定与健康发展。

（四）对农村留守儿童人格特征与生活事件相关分析的讨论

研究显示，农村留守儿童的人格特征有三个维度：自控、社会适应、精神质，除了自控与人际关系呈显著性负相关以外，其余全部与生活事件的各个维度呈显著的正相关；而人格特征中的认知发展与生活事件中的受惩罚、健康适应和其他因子呈显著的正相关。生活事件对农村留守儿童人格特征的影响是不能忽视的，其中受惩罚有助于提高儿童的自控能力以及社会适应能力，同时也会对是儿童人格特征中的精神质有正面影响，但也对儿童的认知发展不利。所以提醒广大家长和学校要给儿童尤其是农村留守儿童一个适当轻松的学习和生活环境，这样有助于他们人格的完善形成。

（五）对农村留守儿童人格特征与社会智力、心理韧性、生活事件相关关系的讨论

为了探讨农村留守儿童社会智力各维度、心理韧性各维度和生活事件对人格特征的预测作用，以社会智力的五个维度、心理韧性的五个维度和生活事件为自变量，以人格特征作为因变量，进行逐步多元回归分析。在社会智力、心理韧性和生活事件中，对人格特征有显著预测能力的变量一共有五个，依序为"受惩罚""人际协助""健康适

应""移情""情绪控制"。这五个变量与"人格特征"的多元相关系数为 0.522、决定系数 R^2 为 0.273，因而五个变量可以解释"人格特征" 27.3% 的变异量。从 β 值来看，除了移情以外其余的因子都为正数，表示对"人格特征"的影响为正向。而移情对"人格特征"的影响为负。

综上所述，留守儿童年龄小，感知、思维等方面的能力以及知识经验都非常有限。作为家长和老师，要容忍、宽容学生在学习过程中出现的偏执，真正确立学生的主体地位，热爱、尊重、理解、相信每一个学生，建立民主、平等、和谐的关系。现基于以上研究，提出以下几点建议：

第一，要培养非原生完整家庭儿童自我控制的能力。培养自控能力首先要保持愉快的情绪。愉快是最有益于健康的情绪，愉快能使人在紧张中心情得到松弛，产生满意感和满足感，对外界产生亲切感，使人更容易与人相处。小学生在愉快的情绪状态下学习，会感到思维活跃，记忆敏捷，学习效率高。那么如何保持愉快的情绪呢？首先，要建立适当的需要。家长和老师要帮助小学生确定符合他们实际情况的奋斗目标，切忌期望过高。其次，要引导他们实事求是，不作非分之想，不苛求自己，尤其是优等生或争强好胜的小学生，不要为小事而过于自责，凡事要放宽心、想得开。最后，要学会自己寻找乐趣。家长和老师要让小学生保持儿童天真烂漫的个性，对各种活动都倾注热情，积极参与，享受生活的乐趣。低年段小学生还要培养自己广泛而稳定的兴趣，并从中获得快乐。

第二，要家校沟通，心理疏导。要健全人格必须要有健康的心理。心理健康是指旨在充分发挥个体潜能的内部心理协调与外部行为适应相统一的良好状态。而这又要依托心理健康教育来实现。所谓心理健康教育，是以心理学的理论和技术为主要依托，并结合学校日常教育、教学工作，根据学生心理、身理发展特点，有目的、有计划地培养（包括自我培养）学生良好的心理素质，开发心理潜能，进而促进学生身心和谐发展和素质全面提高的教育活动。但是这绝不仅仅是老师的职责，虽然老师是与学生接触时间最多的人，但当学生出现问题时，还应及时和家长取得联系，双管齐下，对孩子进行心理疏导，效果会事半功倍。

第六节 农村留守儿童心理韧性及其心理社会影响因素

农村留守儿童问题在 20 世纪 90 年代初开始引起众多学者的关注，是学术界讨论的热点问题。学者们对农村留守儿童的研究非常多，角度也各有不同。多数学者认为，农村留守儿童由于经历家庭变故，造成了或多或少的心理创伤。也有部分研究数据表明，家庭的变故并未给农村留守儿童造成生活、安全和行为表现方面的问题，因此本研究基于此，讨论农村留守儿童的心理韧性情况，及心理韧性与社会智力、社会支持、生活事件的关系。

一、研究对象与方法

（一）研究对象

本研究从四川省农村地区中小学校随机选取 728 名农村留守儿童发放调查问卷，其中男生 379 人，占总人数的 52.6%，女生 349 人，占总人数的 47.4%；1~2 年级 20 人，3~4 年级 218 人，5~6 年级 490 人；75.2%的被调查者年龄集中在 6~12 岁之间。

（二）研究工具

采用青少年心理韧性量表，该量表由北大胡月琴和甘怡群两人编制，共有 27 道题。该量表共有 2 个维度、5 个因子、27 个项目。目标专注分量表（a=0.81）由 5 个项目构成，指的是在困境中坚持目标、制定计划、集中精力解决问题的能力；情绪控制分量表（a=0.74）由 6 个项目构成，指的是困境中对情绪波动和悲观念头的控制和调整；积极认知分量表（a=0.71）由 4 个项目构成，指的是对逆境的辩证性做法和乐观态度；人际协助分量表（a=0.71）由 6 个项目构成，指的是个体可以通过有意义的人际关系来获取帮助或宣泄不良情绪；家庭支持分量表（a=0.81）由 6 个项目构成，指的是家人的宽容、尊重和支持。本量表采用 5 点评分法，分数越高说明心理韧性水平越好（其中 1、2、5、6、9、16、17、21、26、27 是反向计分），表明青少年心理韧性量表在本研究中具有较好的结构效度。

采用小学生社会智力量表了解留守儿童的社会智力状况，该量表的结构包括社会焦虑、移情、社会洞察力、人际交往能力、人际问题解决能力五个部分。量表信效度较高，内部一致性系数、分半信度系数分别为 0.8671、0.8847。

采用社会支持系统问卷（刘在花，2004），该量表共 24 个条目，每个条目分为母亲、父亲、朋友、老师四个维度，以考察小学生对重要他人所提供的社会支持的主观感觉。问卷采用五级计分，"从不"计 1 分，"很少"计 2 分，"有时"计 3 分，"很多"计 4 分，"几乎总是"计 5 分。对 3~6 年级小学生的研究显示，问卷可抽出工具性支持、情感支持、价值增进、陪伴娱乐支持、亲密感、冲突、惩罚等七个因子，各个分量表的内部一致性系数分别为母亲问卷 0.7448、父亲问卷 0.8907、朋友问卷 0.8124、老师问卷 0.8387，能较好测量小学生所得到的社会支持水平高低。

采用青少年生活事件量表了解留守儿童生活事件状况，青少年生活事件量表（ASLEC）适用于评定青少年尤其是中学生和大学生生活事件发生的额度和应激强度，该量表为一自评问卷，由 27 项可能给青少年带来心理反应的负性生活事件构成。该量表包括 6 个因子：人际关系、学习压力、受惩罚、亲友与财产丧失、健康与适应问题及其他方面。受测者根据自己的实际情况进行自评，对每个条目进行 6 级评分，该量表的统计指标包括时间发生的总数和应激量两部分，事件未发生按无影响统计，累计对各事件的影响评分为总应激量，其范围是 0~108，完成该量表约需要 5 分钟。ASLEC 具有以下特点：（1）简单易行，可自行测评；（2）评定期限依据研究目的而定，可以是 3、6、9 或 12 个月；（3）应激量根据事件发生后的心理感受进行评定；（4）ASLEC 具有良好的信效度；（5）各维度得分越高，说明被试者遇到该类事件越多，情况越严重。

二、调查结果与分析

（一）农村留守儿童心理韧性发展的基本情况

将农村留守儿童在心理韧性上的总分以及分量表分进行描述统计分析，结果见表 3-21。

表 3-21　农村留守儿童心理韧性的描述统计（N=177）

	目标专注	情绪控制	积极认知	家庭支持	人际协助	总分
M	16.401	16.570	12.327	17.101	16.192	78.593
SD	4.380	4.124	3.759	3.945	3.859	12.406

注：*表示在 0.05 水平上差异显著，**代表在 0.01 水平上差异显著，***表示在 0.001 水平上差异显著，以下同。

由表 3-21 可以看出，农村留守儿童心理韧性 5 个因子得分均在 16 分左右，都处在中等偏高水平，由此可见，非原生完整家庭少年儿童的心理韧性处在中等偏高水平。对农村留守儿童在心理韧性上的总分以及分量表分在性别上进行推论统计分析，结果见表 3-22。

表 3-22　农村留守儿童心理韧性的性别差异

	男（N=91）		女（N=86）		T
	M	SD	M	SD	
目标专注	16.055	4.451	16.767	4.299	-1.082
情绪控制	16.033	4.108	17.139	4.087	-1.795
积极认知	11.956	3.915	12.721	3.566	-1.356
家庭支持	16.648	4.334	17.581	3.448	-1.589
人际协助	15.538	3.587	16.883	4.033	-2.347**
总分	76.231	12.742	81.0930	11.596	-2.657***

由表 3-22 可知，男女生的心理韧性在目标专注、情绪控制、积极认知、家庭支持的得分上差异并不显著，但在人际协助和心理韧性总分上男女差异显著，差异具有统计学意义，女生得分显著高于男生。此结果部分证明了心理韧性在性别上存在显著差异。对农村留守儿童在心理韧性上的总分以及分量表分在年级上进行推论统计分析，结果见表 3-23。

由表 3-23 可以看出，心理韧性在各个年级间的差异并不显著，但是从各个年级的得分上来看，目标专注和积极认知 5~6 年级的得分最高；情绪控制、家庭支持和人际协助上的得分 3~4 年级最高。1~2 年级的学生在各个维度上的得分均最低。而初中由于样本量过小（N=4）不在考虑范围中。

表 3-23　农村留守儿童心理韧性的年级差异

	1~2 年级（N=11）		3~4 年级（N=34）		5~6 年级（N=128）		初中（N=4）		F
	M	SD	M	SD	M	SD	M	SD	
目标专注	16.545	4.156	15.382	3.618	16.695	4.604	15.250	2.986	0.900
情绪控制	15.363	1.433	16.941	3.700	16.711	4.321	12.000	3.741	2.139
积极认知	11.000	2.793	12.000	3.576	12.578	3.891	10.750	2.753	0.967
家庭支持	16.545	4.844	17.558	4.924	17.023	4.924	17.250	2.629	0.240
人际协助	14.818	4.214	16.500	4.069	16.265	3.813	15.000	2.581	0.676
总分	74.272	11.455	78.382	13.740	79.281	12.182	70.250	7.088	1.186

（二）农村留守儿童社会支持的基本情况

将农村留守儿童在社会支持量表上的总分以及分量表分进行描述统计分析，结果见表 3-24。

表 3-24　农村留守儿童社会支持情况描述

	母亲支持	父亲支持	朋友支持	老师支持
M	68.339	75.587	72.226	76.271
SD	13.845	12.262	11.145	13.847

由表 3-24 可以看出，农村留守儿童的社会支持情况，其中老师支持分数最高，其次是父亲支持、朋友支持和母亲支持。对农村留守儿童心理韧性与社会智力的关系进行皮尔逊积差相关系数分析，结果见 3-25。

表 3-25　农村留守儿童心理韧性与社会智力相关分析

	社会焦虑	移情	社会洞察力	人际交往能力	人际问题解决能力
目标专注	0.028	0.588**	0.439**	0.506**	0.544**
情绪控制	0.257**	0.049	0.86	0.085	0.007
积极认知	0.085	0.560**	0.484**	0.459**	0.459**
家庭支持	0.426**	0.423**	0.399**	0.409**	0.362**
人际协助	0.244**	0.094**	0.072	0.117	0.020
总分	0.333**	0.558**	0.479**	0512**	0.465**

由表 3-25 可知，心理韧性的总分与社会智力的各个维度之间都有显著的正相关；其中社会智力的移情与心理韧性中的目标专注、积极认知、家庭支持、人际协助均呈显著的正相关；社会洞察力、人际交往能力、人际问题解决能力与心理韧性的目标专注、积极认知、家庭支持呈显著的正相关。对农村留守儿童心理韧性与社会支持量表得分进行皮尔逊积差相关系数分析，结果见表 3-26。

表 3-26　农村留守儿童心理韧性与社会支持关系研究

	母亲支持	父亲支持	朋友支持	老师支持
目标专注	0.285**	0.196**	0.126	0.279**
情绪控制	-0.067	0.053	-0.059	-0.037
积极认知	0.274**	0.210**	0.027	0.153**
家庭支持	0.180*	0.222**	0.027	0.009
人际协助	0.044	0.142	0.036	-0.055
总分	0.232**	0.265**	0.053	0.134

由表 3-26 可知，社会支持的母亲支持和父亲支持与心理韧性的总分是显著的正相关关系，其中母亲支持和父亲支持与心理韧性中的目标专注、积极认知和家庭支持呈显著的正相关；老师支持与心理韧性中的目标专注、积极认知是显著的正相关关系；朋友支持与心理韧性的关系均未达到显著性水平。

（三）农村留守儿童心理韧性与生活事件的相互关系

表 3-27　农村留守儿童心理韧性与生活事件相关分析

	人际关系	学习压力	受惩罚	丧失因子	健康因子	其他
目标专注	-0.274**	-0.232**	-0.304**	-0.165*	-0.271**	-0.304**
情绪控制	0.208**	0.210**	0.254**	0.228**	0.117	0.248**
积极认知	-0.107	-0.233**	-0.168*	-0.098	-0.100	-0.153*
家庭支持	0.050	-0.072	-0.093	0.067	0.012	-0.042
人际协助	0.216**	0.248**	0.237**	0.222**	0.205**	0.187**
总分	0.023	-0.028	-0.030	0.078	-0.019	-0.028

由表 3-27 可知，生活事件的人际关系与心理韧性的目标专注呈显著的负相关，与情绪控制、人际协助呈显著的正相关；学习压力与心理韧性的目标专注、积极认知呈显著的负相关，与情绪控制、人际协助呈显著的正相关；受惩罚因子与心理韧性的目标专注、积极认知、家庭支持呈显著的负相关、与情绪控制呈显著的正相关；丧失因子与目标专注呈显著的负相关，与情绪控制、人际协助呈显著的正相关；健康因子与心理韧性的目标专注呈显著的负相关，与人际协助呈显著的正相关。

（四）农村留守儿童社会智力与社会支持关系研究

表 3-28　农村留守儿童社会智力与社会支持相关关系

	社会焦虑	移情	社会洞察力	人际交往能力	人际问题解决能力
母亲支持	0.044	0.302**	0.253**	0.289**	0.309**
父亲支持	0.151*	0.210**	0.205**	0.223**	0.237**
朋友支持	0.071	0.109	0.132	0.137	0.142
老师支持	-0.054	0.252**	0.160**	0.302**	0.263**

由表 3-28 可知，社会智力的移情、社会洞察力、人际交往能力、人际问题解决能力与社会支持的母亲支持、父亲支持、老师支持均存在显著的相关关系；而朋友支持与社会智力各个维度并不存在显著的相关关系。

（五）农村留守儿童心理韧性与社会智力、社会支持、生活事件的关系

为了探讨农村留守儿童社会智力的各维度、社会支持各维度和生活事件对心理韧性的预测作用，以社会智力的五个维度、社会支持的四个维度和生活事件为自变量，以人格特征作为因变量，进行逐步多元回归分析，具体结果见表 3-29。

由上表可知，在社会智力、社会支持和生活事件中，对心理韧性有显著预测能力的变量一共有四个，依序为"移情""这会焦虑""健康适应""父亲支持"。这四个变量与"心理韧性"的多元相关系数为0.636、决定系数为 0.405，因而这四个变量共可以解释"心理韧性"

40.5%的变异量。从 β 值来看，四个因子都是正数，表示对"心理韧性"的影响为正向。

表 3-29　农村留守儿童心理韧性与社会智力、社会支持、生活事件的
回归分析

投入变量顺序	多元相关系数	决定系数 R^2	增加量 ΔR^2	净 F 值	B	Beta（β）
截距					28.852	
移情	0.558	0.311	0.311	78.998***	0.752	0.540
社会焦虑	0.602	0.362	0.051	13.932***	0.922	0.218
健康适应	0.624	0.389	0.027	7.592**	0.923	0.172
父亲支持	0.636	0.405	0.016	4.616*	0.132	0.130

三、对调查结果的讨论

（一）对农村留守儿童心理韧性总体情况及其差异的讨论

从总体上来看，农村留守儿童的心理韧性各维度均分在 16 分左右，只有积极认知得分在 12 分多，符合当下社会研究的现状。由此我们可以看出，农村留守儿童也能很好的处理并积极地应对生活中的负性事件，父母的分离、家庭的破碎并没有让他们陷入苦海无法自拔，他们也能和完整家庭儿童一样勇敢面对生活中的挫折、困难、悲伤、逆境等负性事件。但还有个别儿童得分较低，值得我们重点关注。

从性别上看，男女生的心理韧性在目标专注、情绪控制、积极认知、家庭支持的得分上差异并不显著，但在人际协助和心理韧性总分上男女差异显著，差异具有统计学意义，女生得分显著高于男生。此结果部分证明了心理韧性在性别上存在显著差异。从以往的研究上来看，女生较男生更加感性，更能观察到周围人的变化，在人际关系中更具有亲和力，有助于人际协调；从年级上来看，心理韧性在各个年级间的差异并不显著，但是从各个年级得分上来看，目标专注和积极认知 5~6 年级得分最高；情绪控制、家庭支持和人际协助上的得分 3~4 年级最高。1~2 年级的学生在各个维度上的得分均最低。而初中由于样本量过小（$N=4$）不在考虑范围中。说明儿童的心理韧性呈现出随年龄

的增加而不断增强的趋势。

（二）农村留守儿童社会支持总体情况讨论

在农村留守儿童的社会支持中老师支持分数最高，其次是父亲支持、朋友支持和母亲支持。这是因为出生后我们大半以上时间都是在学校里学习知识，学校又是以师生关系和同伴关系为主的社会集体。老师的鼓励支持是学生前进的强大动力。俗话说："学生总是把老师的话当圣旨。"特别是低年级学生，他们以老师为榜样，模仿老师的行为动作，也间接证明了老师对儿童的支持力量。同伴关系是一种特殊的关系，是儿童在人际交往中逐渐形成的，同伴交往为儿童提供了一种平等的交往机会，具有无可替代的作用，而在小学阶段尤其是低年级阶段的朋友之间并没有那么亲密，大多数友谊都是因玩耍的目的而建立起来的，朋友对其的支持程度要远远低于老师和家长的作用，随着年龄的提升，朋友的支持作用会逐渐上升。而针对母亲对儿童支持作用最低这一结果，笔者认为可能是由于数据来源地域的差异，或可能是由于样本中非原生完整家庭的儿童大多没有与母亲生活在一起，受母亲的支持较少。

（三）农村留守儿童心理韧性与社会智力关系讨论

农村留守儿童心理韧性的总分与社会智力的各个维度之间都有显著的正相关；其中社会智力的移情与心理韧性中的目标专注、积极认知、家庭支持、人际协助均呈显著的正相关；社会洞察力、人际交往能力、人际问题解决能力与心理韧性的目标专注、积极认知、家庭支持呈显著的正相关。由此可见，心理韧性与社会智力联系密切，增强儿童的心理韧性水平，有利于儿童社会智力的发展。

（四）农村留守儿童心理韧性与社会支持的关系

农村留守儿童社会支持的母亲支持和父亲支持与心理韧性的总分呈显著的正相关，其中母亲支持和父亲支持与心理韧性中的目标专注、积极认知和家庭支持呈显著的正相关；老师支持与心理韧性中的目标专注、积极认知呈显著的正相关；朋友支持与心理韧性的关系均未达到显著性水平。从整体上来看，父母的支持是儿童心理韧性最大的保障，而教师支持在目标专注以及积极认知的方面也有显著的关系，说明学校教育在农村留守儿童心理韧性的建立过程中起着至关重要的作用，尤其是农村留守儿童大多父母不在身边，教师才是这些孩子最大的支持对象，因而我们教师应该给予这些孩子最大的支持和关爱，来提升孩子们的心理韧性，从而帮助孩子们健康的学习、成长。

（五）对农村留守儿童心理韧性与生活事件相关关系的讨论

农村留守儿童生活事件的人际关系与心理韧性的目标专注呈显著的负相关，与情绪控制、人际协助呈显著的正相关；学习压力与心理韧性的目标专注、积极认知呈显著的负相关，与情绪控制、人际协助呈显著的正相关；受惩罚因子与心理韧性的目标专注、积极认知、家庭支持呈显著的负相关，与情绪控制呈显著的正相关；丧失因子与目标专注呈显著的负相关，与情绪控制、人际协助呈显著的正相关；健康因子与心理韧性的目标专注呈显著的负相关，与人际协助呈显著的正相关。从结果中可以看出，惩罚学生一方面可以提高学生控制情绪的能力，但同时也会对孩子的目标专注、积极认知和家庭支持造成负面影响，所以我们说无论是家长还是教师，在与孩子的接触中应该以表扬和鼓励为主，这样有助于孩子心理韧性的建立。

（六）对农村留守儿童社会智力与社会支持关系的讨论

农村留守儿童社会智力的移情、社会洞察力、人际交往能力、人际问题解决能力与社会支持的母亲支持、父亲支持、老师支持均具有显著的相关关系；而朋友支持与社会智力各个维度并不存在显著的相关关系。说明儿童的社会智力，尤其是小学阶段的社会智力的发展离不开父母以及教师的支持，如果儿童得到父母和教师的足够支持，对社会焦虑的减少、移情能力的培养、社会洞察力、人际交往能力以及人际问题解决能力的提高方面都有显著的帮助。

（七）对农村留守儿童心理韧性与社会智力、社会支持、生活事件关系的讨论

通过多元逐步回归分析，我们发现在社会智力、社会支持和生活事件中，对心理韧性有显著预测能力的变量一共有四个，依序为"移情""社会焦虑""健康适应""父母支持"。这四个变量与"心理韧性"的多元相关系数为 0.636、决定系数为 0.405，因而，这四个变量可以解释"心理韧性"40.5%的变异量。从 β 值来看，四个因子都是正数，表示对"心理韧性"的影响为正向。可见儿童的社会智力、社会支持以及生活事件共同影响着儿童的心理韧性，而在这些因子中，对心理韧性起到最关键作用的还是父母亲的支持，可见父母亲的支持在儿童的发展当中的地位是不可忽视的，这也提醒我们，对于农村留守儿童这样的群体，常年面临父母不在身边的情况，更加需要我们学校和教师的支持。

第四章　非原生完整家庭儿童社会适应能力发展特点研究

第一节　非原生完整家庭少年儿童社会适应现状研究综述

　　非原生完整家庭包括离异家庭和再婚重组家庭。离异家庭是指父母婚姻关系破裂、家庭解体孩子跟随父亲或母亲一方生活；再婚重组家庭是指原有的家庭解体后，父亲或母亲带着子女与另外的人组成的新的家庭。近年来，我国的离婚率直线飙升。2013 年我国离婚率比上一年增加了 12.8%。这是自 2004 年以来，我国离婚率连续 10 年递增（民政部，《2013 年社会服务发展统计公报》）。离婚不再是父母双方的解脱，而是孩子痛苦生活的开始。儿童的社会功能包括儿童的生活自理能力、人格发展现状、应对挫折的能力以及情绪智力等。家庭环境对儿童的健康成长至关重要，是孩子掌握基本生活技能、形成正确的价值观、确定人生目标、实践社会角色的开始。有研究表明，离异家庭的儿童被检查出心理问题比率高达 50%以上，超过同类群体的 3~5 倍（宋昭德，2000）。这一现象逐渐受到社会以及广大研究者的关注。

一、非原生完整家庭儿童的社会适应能力

　　社会适应能力是指个体为完成某些事情而进行的心理和生理上的改变，承担相应的责任以达到社会对其所在年龄段期望的一种社会适应能力。简单说，儿童的社会适应能力就是指儿童的独立自理能力、解决问题的能力以及人际交往能力。当下绝大多数的研究者都在研究

家庭离异带给孩子的消极影响。与完整家庭相比，非原生完整家庭子女的人际交往能力低与父母的关系差；情绪波动大，易激惹；学习能力不如完整家庭的子女；更容易走上犯罪道路……但父母离异对孩子来说不全是坏处。虽然父母婚姻关系濒临破碎时少不了争吵打闹，使孩子在潜意识中形成一种解决问题的模式——打闹。孩子早期学习的特点是具有超强的模仿能力，父母的一言一行都会成为孩子模仿的对象。父母离异对孩子的益处表现在以下几个方面：（1）有利于孩子的身心发育，摆脱离婚前的纷扰状态，重回安静平和的生活环境。（2）有利于父母与子女的情感交流。单亲家庭的经济条件不如完整家庭，孩子更能理解父母的不容易，对父（母）亲更依赖。（3）部分子女的生活技能更强。在单亲家庭中，孩子会为父（母）亲分忧，做一些力所能及的事，他们比同龄人更早熟。（4）孩子的自立愿望得到加强。单亲家庭在社会上难免会遭到同龄人的歧视，缺乏双亲的保护，因而很多单亲家庭的孩子从小立志要改变这样的生活环境条件（王世军，2002）。（5）早期缺失父爱或母爱会让孩子对别人付出更多的爱，更懂得爱别人。在生活技能方面，有些子女却不如完整家庭子女。原因可能是因为：（1）父母觉得孩子可怜，为了弥补孩子而不愿让孩子做家务；（2）父母认为学习是孩子主要的任务，其余的都不用孩子操心；（3）父母为感情纠纷伤心，为工作奔波而没有时间教导孩子生活技能，认为孩子长大后一切自然水到渠成，都会学会（刘萍，2003）。

二、非原生完整家庭儿童的人格发展

人格是一个人思想、情感及行为的特有综合模式，人格的形成受先天遗传因素和后天环境共同影响，儿童的人格就是儿童将成为怎样的人。家庭是孩子出生最先接触到的环境，良好的家庭环境有利于儿童形成健康完整的良好人格。郭俊彦通过个案研究法对一名大三女学生进行访谈，探讨父母离异和儿童人格发展的关系。结果表明，父母离异后，家庭教养方式是造成儿童人格发展的主要原因（郭俊彦，2008）。早在1978年，美国心理学家戴安娜·鲍姆林德提出了家庭教养方式要求性和反应性两个维度。要求性是指家长是否对孩子的行为建立适当的标准，并要求孩子达到这些标准；反应性是指对孩子行为的接受程度和对孩子需要的敏感程度。根据这两个维度又将家庭教养方式分为权威型、专制型、溺爱型和忽视型四种。权威型是最好的教养方式，有利于树立父母在孩子心中的权威形象，从而有利于儿童人格的发展。但离异家庭的父母往往用金钱来弥补对孩子缺失的爱，而忽略了对孩子精神和身心的关心。从另一方面来说，无论哪种抚养方式，因为离开了亲生父母其中的一方，这样的孩子极易因性别教育缺失而产生性别错位，尤其如果男孩跟随母亲，女孩跟随父亲生活，就会使男孩女性化、女孩男性化（车平平，2006）。盖笑松等人采用计票式文献分析技术对国内 1994—2005 年有关离异家庭儿童特点的 35 篇文献进行分析、总结，发现在 EPQ 人格问卷中，离异家庭的孩子在神经质（N）和掩饰性（L）得分上高于完整家庭的孩子，也就是说，离异家庭儿童的情绪易变化不稳定、更易激动、冲动。笔者认为这可能由于家庭的不完整让孩子在多方面感到与其他完整家庭儿童的不同，受到同伴歧视，因而内心的难过转化为情绪的不稳定、冲动。有趣的是，离异家庭子女在内外倾方面更倾向于两极化，过分内向或过分外向，这可能是因为：（1）儿童原本过于外向或内向，父母离异但对孩子的关心和爱没有减少，孩子受离异的影响小；（2）孩子受到离异的影响极大，因为家庭的破碎而不愿与人交流而变得内向，但也可能孩子受此影响，开始不学无术混于社会（盖笑松、赵晓杰、张向葵，2007）。

三、非原生完整家庭儿童的情绪智力问题

情绪主要指情感过程，即个体需要与情景相互作用的过程。与情感不同，情绪具有短暂性、冲动性和明显的外显性。家庭瓦解、父母分开给孩子造成极大的情绪创伤，严重会导致孩子的情绪障碍。孩子不再拥有完整的家庭，表现出焦虑、忧郁、消沉甚至偏激等症状。研究表明，非原生完整家庭儿童的情绪问题主要有：（1）情绪不稳定，波动大。父母离婚前，由于夫妻意见不合常常产生分歧而导致家里气氛压抑沉闷，打打闹闹是家常便饭，孩子长期生活在这样的家庭氛围中，饱受折磨。父母离异后，孩子的伤痛也难以平复，此外，孩子也会因受到外人的歧视而变得压抑、偏激。从博安球等人所做的调查研

究（见表 4-1）可以看出，离异家庭与完整家庭的子女在情绪、情感方面存在差异，完整家庭子女的情绪大多是积极、稳定的，离异家庭子女情绪波动大，不稳定且极为低落（傅安球、史莉芳，1993）。（2）非原生完整家庭儿童消极情绪明显，易愤怒、恐惧、悲伤、抑郁等。有调查显示，大多非原生完整家庭的儿童都怨恨自己的父母。（3）离异家庭子女的情绪、情感适应过程更长。张铁成通过调查发现，来自离异家庭的儿童大致经历了 6 个共同的情绪过程：① 愤怒、痛苦阶段；② 盲目乐观阶段；③ 流动、出走阶段；④ 终日忙碌、闭不出门阶段；⑤ 渴望、思索阶段；⑥ 获得新生阶段。每个阶段因人而异，有些儿童需要依次经历所有的过程，有些儿童可能一次越过几个阶段；有些儿童则是具有较多的反复性；有些要过若干年后进入青年期时才能有更深刻体验（张铁成，1990）。

表 4-1　离婚头 6 个月儿童情绪发生率

情绪	完整家庭%	离异家庭%	Z
易发怒	5.15	17.02	7.731
易发燥	4.29	16.02	7.934
爱哭	13.25	24.20	5.977
情绪低落	3.07	23.43	11.696
经常发呆	2.70	24.31	12.870

除了情绪方面，人们还认为非原生完整家庭的儿童在成绩方面不如完整家庭的孩子。笔者认为学习成绩高低并不能说明智力高低，成绩好坏受多方面因素影响，除了本身的认真程度、对知识的接受程度和理解程度外，还受其他诸如学习动机、学习态度和学习环境等多种非认知因素的影响。严由伟用 WISC-CR 量表对赣州市随机抽取的 31 名少年儿童进行调查发现：家庭离异对少年男女的总智商没有显著影响，而对少年男女的言语理解与推理、知觉组织、动手操作及图形关系推理等因素的发展具有特别显著的影响（见表 4-2）（严由伟，1991）。

表 4-2 离异家庭少年男女智商样本情况（*N*=31）

	总智商	言语智商	操作智商
X	98.52	91.26	105.48
S	8.54	11.51	8.26
T	0.95	4.16	3.68

四、产生非原生完整家庭儿童问题的原因和措施

（一）家庭因素

家庭是孩子的第一所学校，父母是孩子的第一任老师。家庭因素对孩子的成长起着不可替代的作用。

（1）家庭中情感教育的缺失。父母离异后，孩子只跟随其中一方生活，缺乏父爱或母爱，因此导致孩子性别认同障碍，影响孩子性格的形成。

（2）父母极端的教养方式。由于忙于情感纠纷，处理自己的感情事业而对孩子采取放任自流的教养方式或过分满足孩子在经济上的需求来弥补对孩子缺失的爱，不利于孩子的成长。

对于父母来说，离异仅仅从法律上解除了夫妻之间的关系，并不能因此而减少对孩子的关心和爱，相反父母应该付出更多的爱、更多的关心，填补孩子心中的空缺。对孩子来说，父母二人缺一不可。

（二）学校因素

学校是孩子主要的活动场所，是儿童获得知识、同伴的主要来源地。教师对儿童的引导、教育和鼓励对孩子的健康成长具有不可忽视的作用。

（1）学校教育中的忽视。在传统教育中，一部分教师总是带着有色眼镜去看成绩落后的离异家庭儿童，认为他们一事无成、不学无术；对于同学对离异家庭儿童的歧视，也无动于衷，不管不顾。

（2）教师的教育态度。传统教育中的老师认为没有过分异常表现的非原生完整家庭的儿童与完整家庭儿童没有区别，因此不会花更多的时间和精力去单独关注他们；还有些老师认为管理孩子是家长在家的责任，学校只管教学，因而把教育的责任推到家长身上。

孩子从 3 岁开始绝大多数的时间都在学校中度过的，家长总是把老师的话当作圣旨，完全信任老师说的每一句话，学生在学校对老师

的话也是言听计从。因而，学校老师的态度和教育理念对孩子的成长不容忽视。教师应加强自身修养，多多关注儿童成长。

第二节　非原生完整家庭少年儿童心理韧性与生活事件的关系

纵观以往的研究成果，国内对非原生完整家庭少年儿童的心理韧性研究较少，尽管国内外的研究者进行了大量的研究，并取得了一定的成果，但仍然存在一些局限和不足。以往研究的对象以大学生和高中生居多，还有不少是特殊对象，如留守儿童、问题青年，以非原生完整家庭的儿童作为研究对象的较少。那么，非原生完整家庭儿童的心理韧性如何呢？非原生完整家庭儿童的心理韧性与哪些因素有关？我们该从心理韧性的哪些方面来对学生进行训练，才能有效地促进非原生完整家庭儿童在面临负性生活事件的时候能更好的应对呢？

基于上述原因，本研究主要是调查非原生完整家庭少年儿童心理韧性的现状及其与生活事件之间的关系，以了解当前非原生完整家庭儿童心理韧性的发展水平及相关影响因素，为塑造非原生完整家庭少年儿童良好的心理韧性，提高他们应对生活事件压力的能力，全面提高非原生完整家庭儿童的心理素质奠定基础。具体针对以下问题展开研究：非原生完整家庭少年儿童心理韧性的总体状况以及是否存在性别、是否独生、城乡、家庭收入水平高低的差异；非原生完整家庭少年生活事件与心理韧性之间的关系。本研究提出以下假设：非原生完整家庭少年儿童心理韧性的总体状况一般，并且在性别、是否独生、家庭收入水平高低上存在显著差异；非原生完整家庭少年儿童的生活事件与心理韧性呈正相关关系。

一、研究对象和方法

（一）研究对象

本研究从四川省成都市、宜宾市、凉山彝族自治州等地州市各中小学校选取被试者，共选取到 263 名非原生完整家庭少年儿童，其中

男生 137 人，女生 126 人；独生子女 122 人，非独生子女 140 人；75.2%
的被调查者年龄集中在 6-12 岁之间。

（二）研究工具

采用青少年心理韧性量表，该量表由北大胡月琴和甘怡群两人编
制，共有 27 道题。该量表共有 2 个维度、5 个因子、27 个项目，目标
专注分量表（a=0.81）由 5 个项目构成，指的是在困境中坚持目标、
制定计划、集中精力解决问题的能力；情绪控制分量表（a=0.74）由 6
个项目构成，指的是困境中对情绪波动和悲观念头的控制和调整；积
极认知分量表（a=0.71）由 4 个项目构成，指的是对逆境的辩证性做
法和乐观态度；人际协助分量表（a=0.71）由 6 个项目构成，指的是
个体可以通过有意义的人际关系来获取帮助或宣泄不良情绪；家庭支
持分量表（a=0.81）由 6 个项目构成，指的是家人的宽容、尊重和支
持，本量表采用 5 点评分法，分数越高说明心理韧性水平越好（其中 1、
2、5、6、9、16、17、21、26、27 是反向计分），表明青少年心理韧性
量表在本研究中具有较好的结构效度。

采用青少年生活事件量表（ASLEC），用于评定非原生完整家庭少
年儿童的生活事件发生的额度和应激强度，该量表为一自评问卷，由
27 项可能给青少年带来心理反应的负性生活事件构成。该量表包括 6
个因子：人际关系、学习压力、受惩罚、亲友与财产丧失、健康与适
应问题及其他方面。受测者根据自己的实际情况进行自评，对每个条
目进行 6 级评分。该量表的统计指标包括时间发生的总数和应激量两
部分，事件未发生按无影响统计，累计对各事件的影响评分为总应激
量，其范围是 0~108，完成该量表约需要 5 分钟。ASLEC 具有以下特
点：（1）简单易行，可自行测评；（2）评定期限依据研究目的而定，
可以是 3、6、9 或 12 个月；（3）应激量根据事件发生后的心理感受进
行评定；（4）ASLEC 具有良好的信效度；（5）各维度得分越高说明受
测者遇到该类事件越多，情况越严重。

二、调查结果与分析

（一）非原生完整家庭少年儿童心理韧性的现状

将非原生完整家庭少年儿童在心理韧性量表的总分及各维度上的

得分进行描述统计分析，结果见表 4-3。

表 4-3 非原生完整家庭少年儿童心理韧性描述统计（N=263）

	目标专注	情绪控制	积极认知	家庭支持	人际协助
M	3.92	2.29	2.57	3.84	3.45
SD	0.978	0.611	0.744	0.890	0.886

由表 4-3 可以看出，非原生完整家庭少年儿童心理韧性 5 个因子得分均在 3 分左右，都处在中等水平，由此可见，非原生完整家庭少年儿童的心理韧性处在中等水平。对非原生完整家庭少年儿童在心理韧性量表总分及各维度上得分进行性别差异的推论统计分析，结果见表 4-4。

表 4-4 非原生完整家庭少年儿童心理韧性的性别差异

	男（N=137）		女（N=126）		T
	M	SD	M	SD	
目标专注	3.66	0.931	3.81	0.872	-0.212**
情绪控制	3.69	.812	3.99	0.917	-1.75***
积极认知	2.89	0.973	2.23	0.862	1.292
家庭支持	3.16	0.917	3.49	0.959	1.326
人际协助	3.31	0.764	3.65	0.720	-0.507

注：*表示在 0.05 水平上差异显著，**代表在 0.01 水平上差异显著，***表示在 0.001 水平上差异显著，以下同。

由表 4-4 可知，男女生的心理韧性在积极认知、家庭支持、人际协助的得分上差异并不显著，但在目标专注和情绪控制上男女差异显著，差异具有统计学意义，女生得分显著高于男生。此结果部分证明了心理韧性在性别上存在显著差异。将是否为独生子女的非原生完整家庭少年儿童在心理韧性量表总分及各维度上的得分进行差异统计分析，结果见表 4-5。

表 4-5　是否独生在非原生完整家庭少年儿童心理韧性的差异

	独生（N=122）		非独生（N=140）		T
	M	SD	M	SD	
目标专注	3.98	0.306	3.90	0.700	0.135
情绪控制	3.38	0.625	3.22	0.630	0.271
积极认知	2.82	0.266	2.63	0.262	0.803
家庭支持	3.48	0.127	3.49	0.025	2.040
人际协助	3.66	0.555	3.60	0.455	0.264

　　是否为独生子女对非原生完整家庭少年儿童的心理韧性是否有差异影响见表 4-5。由表 4-5 可知，独生与非独生子女心理韧性的各维度得分不具有统计学差异。将非原生完整家庭少年儿童在心理韧性量表总分及各维度上的得分进行年级差异的推论统计分析，结果见表 4-6。

表 4-6　非原生完整家庭少年儿童心理韧性的年级差异

	1~2 年级（N=8）		3~4 年级（N=82）		5~6 年级（N=167）		F	组间比较
	M	SD	M	SD	M	SD		
目标专注	3.361	0.786	3.482	0.672	3.454	0.679	1.624	1<3<2
情绪控制	2.765	0.654	2.987	0.588	2.971	0.562	2.121	1<3<2
积极认知	3.385	0.798	3.574	0.676	3.354	0.587	2.025	1<3<2
家庭支持	2.816	0.586	2.849	0.459	2.832	0.478	0.121	3<1<2
人际协助	2.731	0.667	2.926	0.520	2.891	0.574	1.883	1<3<2

　　由表 4-6 可以看出，心理韧性在各年级间的差异并不显著，但可看出，除了家庭支持维度以外，在目标专注、情绪控制、积极认知、人际协助等方面的得分上都是 3~4 年级最高，5~6 年级其次，1~2 年级得分最低。

（二）非原生完整家庭少年儿童心理韧性与生活事件的关系

　　将非原生完整家庭少年儿童在心理韧性量表与生活事件量表上的得分进行相关分析，结果见表 4-7。

表 4-7　非原生完整家庭少年儿童心理韧性与生活事件的关系

	1	2	3	4	5	6
目标专注		0.083	0.553**	0.267**	0.150*	0.093
情绪控制			0.125*	0.309**	0.488**	0.433**
积极认知				0.395**	0.253**	0.047
家庭支持					0.329**	0.087
人际协助						0.365**
人际关系因子						
学习压力因子						
受惩罚因子						
丧失因子						
健康适应因子						
其他						

	7	8	9	10	11
目标专注	-0.118	-0.148*	-0.800	-0.212**	-0.153*
情绪控制	0.299**	0.311**	0.302**	0.290**	0.360**
积极认知	-0.016	0.008	-0.012	-0.042	0.016
家庭支持	0.022	0.016	0.034	0.125*	0.045
人际协助	0.304**	0.331**	0.258**	0.235**	0.333**
人际关系因子	0.600**	0.586**	0.522**	0.521**	0.554**
学习压力因子		0.659**	0.398**	0.537**	0.554**
受惩罚因子			0.601**	0.607**	0.793**
丧失因子				0.512**	0.588**
健康适应因子					0.588**
其他					

由表 4-7 可看出，生活事件的人际关系因子与心理韧性的情绪控制和人际协助呈正相关关系；生活事件的学习压力因子与心理韧性的目标专注呈负相关关系，与情绪控制、人际协助呈正相关关系；生活事件的受惩罚因子与心理韧性的情绪控制和人际协助呈正相关关系；生活事件的丧失因子与心理韧性的目标专注呈负相关关系，与情绪控制、家庭支持和人际协助呈正相关关系；生活事件的健康适应因子与心理韧性的目标专注呈负相关关系，与情绪控制、人际协助呈正相关关系。为了探讨不同心理韧性水平非原生完整家庭儿童感受到的压力事件的差异，按心理韧性总得分分别取高分组和低分组各 27% 的被试者（$N=263$）组成高心理韧性组和低心理韧性组，分别对这两组被试者

的心理韧性进行 T 检验，具体结果见表 4-8。

表 4-8　不同社会智力水平非原生完整家庭儿童心理韧性的比较分析

	人际关系	学习压力	受惩罚	丧失	健康适应	其他
高心理韧性组	1.312±.221	1.439±.360	1.176±.265	1.725±.783	1.345±.403	1.163±.218
低心理韧性组	1.969±.451	2.188±.552	1.427±.393	1.695±.907	1.853±.596	1.645±.477
T	-13.747***	-12.281***	-5.743***	-0.386	-7.344***	-9.952***

注：*表示在 0.05 水平上差异显著，**代表在 0.01 水平上差异显著，***表示在 0.001 水平上差异显著，以下同。

由表 4-8 可见，心理韧性水平不同，在人际关系、学习压力、受惩罚、健康适应和其他五个维度上存在显著差异，心理韧性水平越高，所感受到的事件压力越小。

三、对调查结果的讨论

（一）非原生完整家庭少年儿童心理韧性一般情况的讨论

（1）整体来看，非原生完整家庭儿童的心理韧性大多处于中等水平，这一研究结果符合现实的研究现状。当大多数非原生完整家庭少年儿童在面对负面生活事件时，能在一定程度上处理，并乐观面对生活中所遇到的逆境和心理创伤，而不是一味陷入困境中无法自拔。他们能在一定时间过后或是在家长、老师和同学的帮助下继续进行正常的学习和生活。但其中不乏个别孩子心理韧性水平较差，家长和老师应给予关心和帮助。

（2）从整个研究结果看，心理韧性的目标专注和情绪控制在性别上存在显著差异，女生得分显著高于男生，部分证明了心理韧性在性别上存在显著性差异，这个结论和以往研究在一定程度上契合，但也存在不相一致的地方。究其原因，我认为造成这一结果的原因主要有两方面：其一也许因为地区差异造成，其二也许是所选取样本中男女比例差异的问题所致。

（3）从是否为独生子女这一方面看，心理韧性各因子得分在独生与非独生上的差异并不显著，说明独生子女与非独生子女之间的心理韧性并不存在明显区别，这一现象也许是由于在注重儿童教育质量与重视心理关怀的大环境下，独生子女与非独生子女的差异并不那么显著，即使是非独生子女，也同样得到父母和老师的关注，因此在心理韧性上就没有存在显著差异。

（4）心理韧性各维度的得分在年级差异上并不显著，说明不同年级学生的心理韧性并没有显著差异，这种现象可能主要是因为年级跨度并不明显，小学前学生在年龄上不存在很大的差异，心理韧性的发展不存在质的跨度，因此心理韧性的年级差异并不显著。

（二）对非原生完整家庭生活事件与心理韧性关系讨论

从上面的研究结果来看，生活事件的人际关系因子与心理韧性的情绪控制和人际协助呈正相关关系；生活事件的学习压力因子与心理韧性的目标专注呈负相关关系，与情绪控制、人际协助呈正相关关系；生活事件的受惩罚因子与心理韧性的情绪控制和人际协助呈正相关关系；生活事件的丧失因子与心理韧性的目标专注呈负相关关系，与情绪控制、家庭支持和人际协助呈正相关关系；生活事件的健康适应因子与心理韧性的目标专注呈负相关关系，与情绪控制、人际协助呈正相关关系。整体看来，生活事件与心理韧性基本是呈正相关关系，这和以往的研究一致，也就是说，生活事件一般是在日常生活过程中所遇到的挫折，在经历这些挫折的过程中，如父母离异、父亲或母亲死亡有可能逐渐培养非原生完整家庭孩子的心理抗击能力，在这个时候，心理韧性就会逐渐增强，进而体现出生活事件和心理韧性的正相关关系。

第三节　非原生完整家庭少年儿童社会智力的发展特点

少年儿童是当下除了青少年之外另一庞大的群体，是孩子从稚嫩的幼儿期逐步走向成熟的开端。早在 1920 年桑代克在对智力分类时首先提出了社会智力，但在心理学上还没有一个完整的界定概念。纵观以往研究成果，国内的研究取得了一定成果但对象主要集中在对青少年、初中生以及大学生的社会智力的探索和研究方面，对少年儿童的研究还不够。那么，非原生家庭少年儿童的社会智力发展有什么样的特点呢？

在哪些方面存在差异？我们应该从哪些方面出发来提高儿童的社会智力，更好地适应社会的发展？本研究主要是从非原生完整家庭儿童社会智力出发来探索当前非原生完整家庭儿童的社会智力发展有什么特点，受哪些因素的制约，为促进非原生完整家庭儿童的社会智力健康发展奠定基础，从而使其更好的生活、学习。具体研究包括以下问题：非原生完整家庭儿童的社会智力是否存在性别、年级差异。针对本课题以往的研究提出假设：非原生完整家庭儿童社会智力存在性别和年级的差异。

一、研究对象和方法

（一）研究对象

本研究从四川省成都市、宜宾市、凉山彝族自治州等地州市各小学选取被试者，共选取到 263 名非原生完整家庭少年儿童，其中男生 137 人，女生 126 人；独生子女 122 人，非独生子女 140 人；75.2%的被调查者年龄集中在 6~12 岁之间。

（二）研究工具

本调查的研究上其是由刘在花等人自己编制的小学生社会智力量表。该量表为五点量表，由社会洞察力、社会焦虑、移情、人际交往能力、人际问题解决能力 5 个维度构成，共 127 个项目，具有较高的信效度。

二、调查结果与分析

（一）不同年级非原生完整家庭儿童社会智力发展的特点

将不同年级非原生完整家庭儿童在小学生社会智力量表上的得分进行描述统计分析，结果见表 4-9。

表 4-9　非原生完整家庭少年儿童社会智力总体情况

	人际问题解决能力	移情	人际交往能力	社会焦虑	社会洞察
M	32.2091	36.1787	35.2776	9.1939	14.9810
SD	7.6407	8.2667	8.1313	3.0934	3.9524

注：*表示在 0.05 水平上差异显著，**代表在 0.01 水平上差异显著，***表示在 0.001 水平上差异显著，以下同。

　　由表 4-9 可以看出，非原生完整家庭儿童的社会智力在 5 个维度上的均分都处于中等水平。由此可见，非原生完整家庭儿童的社会智力也处于中等水平。对不同年级非原生完整家庭儿童在小学生社会智力量表上的得分进行描述统计分析，结果见表 4-10。

　　通过多元方差分析，从表 4-10 可以看出，年级对社会智力每个维度均达到显著性水平，说明年级对社会智力的形成与发展起到主效应作用。通过单因素方差分析可以看出，1~2 年级非原生完整家庭儿童在人际问题解决能力和人际交往方面显著低于 3~4 年级和 5~6 年级，3~4 年级的儿童在移情和社会焦虑方面显著低于 5~6 年级，1~2 年级和 3~4 年级在社会洞察方面显著低于 5~6 年级。

表 4-10　不同年级非原生完整家庭儿童社会智力状况比较

		人际问题解决能力	移情	人际交往能力	社会焦虑	社会洞察
1~2 年级	M	24.5000^{bc}	33.6250	24.8750^{bc}	9.2500	13.0000^{c}
	SD	7.7828	10.9013	6.9578	4.2003	5.3184
3~4 年级	M	31.2561^{ac}	33.5854^{c}	34.5000^{ac}	9.0732^{c}	14.2073^{c}
	SD	7.5126	7.7155	8.6213	3.5409	4.7107
5~6 年级	M	34.4731^{ab}	37.4192^{b}	36.8862^{ab}	11.9461^{b}	15.9940^{ab}
	SD	5.5805	7.2139	5.5040	7.2770	3.4089
F 值		14.805**	7.624**	14.384**	6.109**	7.133**
P 值		0.000	0.001	0.000	0.003	0.001

　　为了更直观呈现上述结果，我们利用折线图将上表内容图示如下（图 4-1 至图 4-5），由此可见非原生完整家庭儿童的社会智力发展趋势：

　　从以下各图可以看出，非原生完整家庭儿童的社会智力各个维度基本呈上升趋势，1~2 年级得分最低，5~6 年级得分最高。表明非原生完整家庭儿童社会智力发展是一个不断提高的过程。其中，社会焦虑维度因为是反向记分的，得分越高，说明社会焦虑程度越低；虽然从图 4-4 中可以看出，3~4 年级儿童的焦虑得分下降但总体上基本仍呈上升趋势，5~6 年级儿童的焦虑程度逐步下降，表明儿童调节和控制情绪的能力是随着年龄增长而不断增强的。但 3~4 年级儿童分数下降的原因还值得研究。除此，图 4-2 中不难看出非原生完整家庭儿童的移情能力也不是呈直线上升趋势，3~4 年级可能是移情发展的停滞期，其原因值得我们进一步研究。

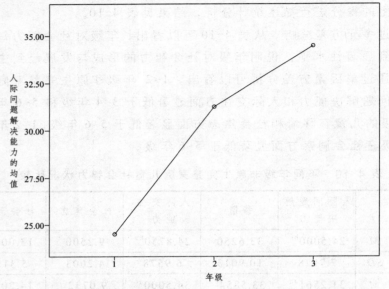

图 4-1 非原生完整家庭儿童人际问题解决能力发展趋势

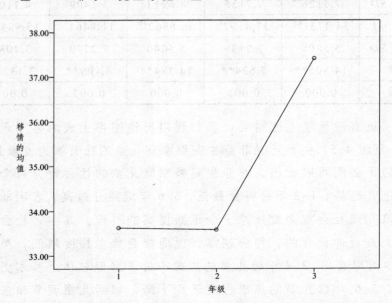

图 4-2 非原生完整家庭儿童移情的发展趋势

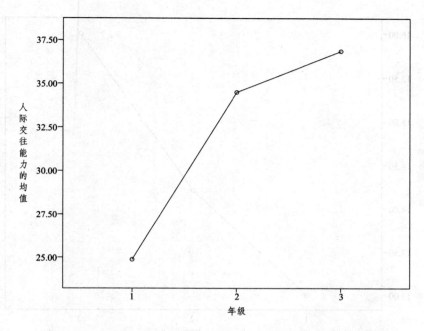

图 4-3　非原生完整家庭儿童人际交往能力的发展趋势

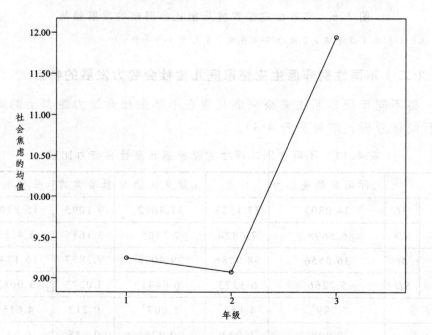

图 4-4　非原生完整家庭儿童社会焦虑的发展趋势

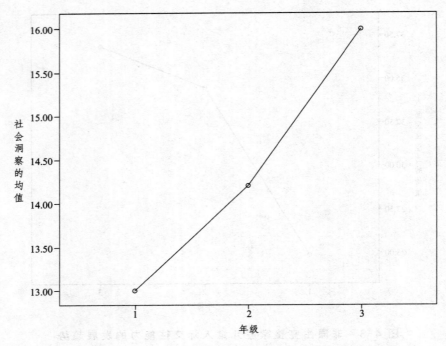

图 4-5　非原生完整家庭儿童社会洞察的发展趋势

（注：1 表示 1~2 年级，2 表示 3~4 年级，3 表示 5~6 年级。）

（二）不同性别非原生完整家庭儿童社会智力发展的特点

将不同年级非原生完整家庭儿童在小学生社会智力量表上的得分进行统计分析，结果见表 4-11。

表 4-11　不同性别非原生完整家庭儿童社会智力比较

		人际问题解决能力	移情	人际交往能力	社会焦虑	社会洞察
男生	*M*	34.0803	37.1533	37.4672	9.1095	15.2701
	SD	6.5698	7.6820	7.3405	3.1615	3.4289
女生	*M*	36.0556	38.9286	39.4048	9.2857	16.1349
	SD	5.2266	6.3273	6.6431	3.0275	3.0682
F 值		7.199**	4.143*	5.007*	0.212	4.616*
P 值		0.008	0.043	0.026	0.645	0.033

从表 4-11 可以看出，性别对社会智力每个维度均达到显著性水平，说明性别对社会智力的形成与发展起主效应作用。通过单因素方差分析可以看出，非原生完整家庭儿童中除社会焦虑外，社会智力的各维度均存在显著的性别差异，女生得分显著高于男生，从而说明女生的社会智力显著高于男生。

为了更直观地呈现上表的结果，我们利用柱形图将上表的内容图示如图 4-6，由此也可以看出男、女生社会智力发展的差异。

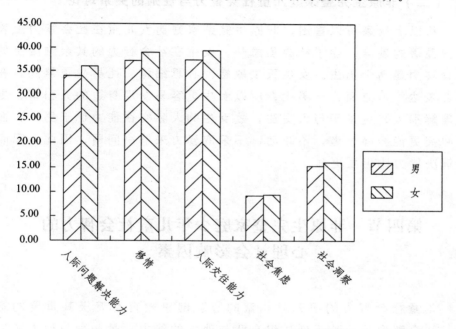

图 4-6　非原生家庭儿童社会智力性别差异比较柱形图

三、对调查结果的讨论

（一）非原生完整家庭儿童社会智力与年级的关系讨论

从研究结果可以看出，社会智力在不同的年级上表现差异显著。非原生完整家庭儿童的社会智力在人际问题解决能力、人际交往能力、社会焦虑以及社会洞察等维度基本呈现出随年龄的增加而不断增强的趋势，说明父母的分离对孩子在社会智力方面造成的影响是在随着年龄的增加而减弱。随着年龄的增长、年级的升高，儿童的心理韧性不断增强，认识能力和自我认知能力都不断发展，因而能更好地面对生活中的事件，恰当地处理生活中的人际关系，调控压力，社会智力也不断发展。值得我们注意的是，非原生完整家庭儿童的社会智力并不是呈直线上升的趋势，有平稳期、停滞期。在移情方面，在 3~4 年级出现停滞现象，可能是由于年级的跨度并不明显，儿童的思维意志仍然容易受他人的干扰，但其准确原因还值得我们进一步深究。

（二）非原生完整家庭儿童社会智力与性别的关系讨论

从以上结果可以看出，非原生完整家庭男女儿童在社会智力上表现出显著的差异。除了社会焦虑外，女生在社会智力的其余维度上的得分均明显高于男生。女生天生敏感、心思细腻，比男生更早熟，在语言表达能力方面优于男生，所以女生更容易发现身边的人和事，更能理解别人，更善于与人交往，故女生的人际交往能力优于男生，面对冲突更能冷静思考，不冲动，不采取暴力来解决问题，因此人际问题解决能力比男生更强。

第四节　非原生完整家庭少年儿童社会智力的心理社会影响因素

儿童社会智力的研究对儿童的心理健康教育有着极其重要的意义，社会智力是一种正确认识自我与他人的能力，是一种与他人和谐相处的能力。国内外学者对社会智力的研究，主要是探讨个体与同伴关系、亲子关系、师生关系，而针对非原生完整家庭儿童社会智力与心理韧性、一般自我效能感相关的研究十分少见。

非原生完整家庭的儿童作为特殊群体，各种心理机能由于家庭的变故尚未稳定，孩子易产生心理波动，如没有家长和老师的引导、朋友的陪伴，孩子的心理问题得不到疏导，则极有可能导致心理问题的发生。社会智力影响个体与他人相处的有效适应，国内外研究表明，提高社会智力的关键在于提高儿童的心理韧性与自我效能感，因此，开展非原生完整家庭儿童社会智力与心理韧性、自我效能感关系研究具有一定的理论意义和现实意义。本研究通过问卷调查法搜集数据，考察非原生完整家庭儿童社会智力与心理韧性和一般自我效能感的关系。

一、研究对象与方法

（一）研究对象

本研究从四川省成都市、宜宾市、凉山彝族自治州等地州市各小学选取被试者，共选取到 263 名非原生完整家庭少年儿童，其中男生 137 人，女生 126 人；独生子女 122 人，非独生子女 140 人；75.2%的被调查者年龄集中在 6~12 岁之间。

（二）研究工具

采用小学生社会智力量表，该量表的结构包括社会焦虑、移情、社会洞察力、人际交往能力、人际问题解决能力 5 个部分。量表信效度较高，内部一致性系数、分半信度系数分别为 0.8671、0.8847。

采用青少年心理韧性量表，该量表由北大胡月琴和甘怡群两人编制，共有 27 道题。该量表共有 2 个维度、5 个因子、27 个项目，目标专注分量表（$a=0.81$）由 5 个项目构成，指的是在困境中坚持目标、制定计划、集中精力解决问题的能力；情绪控制分量表（$a=0.74$）由 6 个项目构成，指的是在困境中对情绪波动和悲观念头的控制和调整；积极认知分量表（$a=0.71$）由 4 个项目构成，指的是对逆境的辩证性做法和乐观态度；人际协助分量表（$a=0.71$）由 6 个项目构成，指的是个体可以通过有意义的人际关系来获取帮助或宣泄不良情绪；家庭支持分量表（$a=0.81$）由 6 个项目构成，指的是家人的宽容、尊重和支持。本量表采用 5 点评分法，分数越高说明心理韧性水平越好（其中 1、2、5、6、9、16、17、21、26、27 是反向计分），表明青少年心理韧性量表在本研究中具有较好的结构效度。

自我效能感是班杜拉社会认知理论中的核心概念。自我效能感与结果期望不同，后者是指个体对自己行动后果的知觉，而自我效能感指的是人们对自己行动的控制或主导。一般自我效能感量表共包含 10 个项目，涉及个体遇到挫折或困难时的自信心。一般自我效能感量表采用李克特 4 点量表形式，各项目均为 1~4 评分。对于每个项目，被试者根据自己的实际情况回答"完全不正确""有点正确""多数正确"或"完全正确"。评分时,"完全不正确"记 1 分,"有点正确" 记 2 分,"多数正确"记 3 分,"完全正确"记 4 分。

二、调查结果与分析

（一）非原生完整家庭社会智力基本情况

将不同年级非原生完整家庭儿童在小学生社会智力量表上的得分进行统计分析,结果见表 4-12。

表 4-12　不同年级非原生完整家庭儿童社会智力比较

		人际问题解决能力	移情	人际交往能力	社会焦虑	社会洞察
1~2年级	M	24.5000[bc]	33.6250	24.8750[bc]	9.2500	13.0000[c]
	SD	7.7828	10.9013	6.9578	4.2003	5.3184
3~4年级	M	31.2561[ac]	33.5854[c]	34.5000[ac]	9.0732[c]	14.2073[c]
	SD	7.5126	7.7155	8.6213	3.5409	4.7107
5~6年级	M	34.4731[ab]	37.4192[b]	36.8862[ab]	11.9461[b]	15.9940[ab]
	SD	5.5805	7.2139	5.5040	7.2770	3.4089
F 值		14.805**	7.624**	14.384**	6.109**	7.133**
P 值		0.000	0.001	0.000	0.003	0.001

注:*表示在 0.05 水平上差异显著,**代表在 0.01 水平上差异显著,***表示在 0.001 水平上差异显著,以下同。

从表 4-12 可以看出,年级在社会智力的每个维度上均达到显著性水平,说明年级对社会智力的形成、发展起到主效应作用。通过单因素方差分析可以看出,1~2 年级非原生完整家庭儿童在人际问题解决能力和人际交往方面显著低于 3~4 年级和 5~6 年级,3~4 年级儿童在移情和社会焦虑方面显著低于 5~6 年级,1~2 年级和 3~4 年级儿童在社会洞察方面显著低于 5~6 年级。

为了更直观呈现上述结果,我们利用折线图将上表内容图示如下(图 4-7 至图 4-11),由此可见非原生完整家庭儿童的社会智力发展趋势。

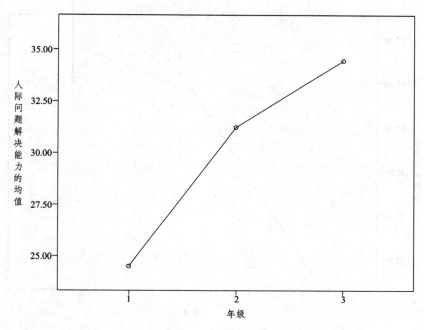

图 4-7　非原生完整家庭儿童人际问题解决能力发展趋势

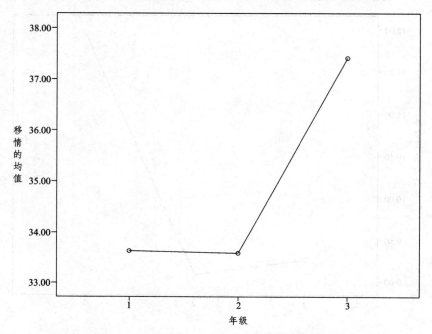

图 4-8　非原生完整家庭儿童移情的发展趋势

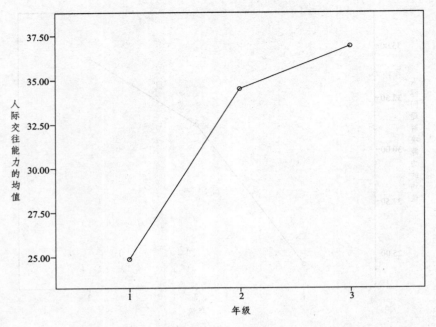

图 4-9　非原生完整家庭儿童人际交往能力的发展趋势

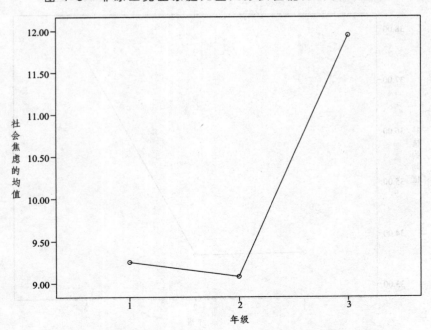

图 4-10　非原生完整家庭儿童社会焦虑的发展趋势

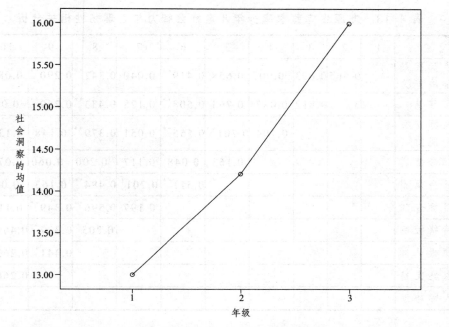

图 4-11 非原生完整家庭儿童社会洞察的发展趋势

（注：1 表示 1~2 年级，2 表示 3~4 年级，3 表示 5~6 年级）

从以上各图可以看出，非原生完整家庭儿童的社会智力在各个维度上基本呈上升趋势，1~2 年级儿童得分最低，5~6 年级儿童得分最高，表明非原生完整家庭儿童的社会智力发展是一个不断提高的过程。其中，社会焦虑维度因为是反向记分的，得分越高，说明社会焦虑程度越低；虽然从图 4 中看出，3~4 年级儿童的焦虑得分下降，但总体基本呈上升趋势，5~6 年级儿童的焦虑程度逐步下降，表明儿童调节和控制情绪的能力是随着年龄增长而不断增强的。但 3~4 年级儿童分数下降的原因还值得研究。除此，图 4-8 中不难看出非原生完整家庭儿童的移情能力也不是呈直线上升趋势，3~4 年级可能是移情发展的停滞期，其原因值得我们进一步探究。

（二）非原生完整家庭少年儿童社会智力与心理韧性、一般自我效能感的关系

将非原生完整家庭少年儿童在小学生社会智力量表与心理韧性量表上的得分进行皮尔逊积差相关系数分析，结果见表 4-13。

表 4-13　非原生完整家庭少年儿童社会智力与心理韧性相关分析

	1	2	3	4	5	6	7	8	9	10
人际问题解决能力		0.665	0.693	-0.007	0.658	0.419**	0.040	0.342**	0.290**	0.087
移情			0.812	0.087	0.763	0.508**	0.128	0.433**	0.269**	-0.033
人际交往能力				0.104	0.701**	0.555**	0.051	0.379**	0.148	0.139
社会焦虑					0.163	0.048	0.117	-0.200	-0.060	0.074
社会洞察						0.511**	0.201*	0.484**	0.163	-0.034
目标专注							0.197	0.596**	0.349**	0.119
情绪控制								0.205*	0.327**	0.469**
积极认知									0.441**	0.263**
家庭支持										0.266**
人际协助										

由表 4-13 可知，社会智力的人际问题解决能力与心理韧性的目标专注、积极认知、家庭支持呈正相关；社会智力的移情与心理韧性的目标专注、积极认知和家庭支持呈正相关关系；社会智力的人际交往能力与心理韧性的目标专注、积极认知呈正相关关系；社会智力的社会洞察力与心理韧性的目标专注、情绪控制、积极认知呈正相关关系。

为了探讨不同社会智力水平非原生完整家庭儿童心理韧性的差异，按社会智力总得分分别取高分组和低分组各 27%的被试者($N=263$)组成高社会智力组和低社会智力组，分别对这两组被试者的社会智力进行 T 检验，具体结果见表 4-14。

表 4-14　不同社会智力水平非原生完整家庭儿童心理韧性的比较分析

	目标专注	情绪控制	积极认知	家庭支持	人际协助
高社会智力组	12.312±.221	13.439±.360	11.76±.265	12.725±.783	11.63±.218
低社会智力组	11.969±.451	12.188±.552	10.427±.393	11.695±.907	10.853±.729
T	2.747***	2.281***	2.743**	2.386***	2.952**

由表 4-14 可见，社会智力水平不同，在目标专注、情绪控制、积极认知、家庭支持和人际协助五个维度上存在显著差异，社会智力水

平越高，心理韧性越好。

　　将非原生完整家庭儿童在小学生社会智力量表与一般效能感量表各维度得分做相关分析，所得结果见表 4-15。

表 4-15　非原生完整家庭儿童社会智力与一般效能感的相关分析

	人际问题解决能力	移情	人际交往能力	社会焦虑	社会洞察
一般自我效能感	0.489**	0.292**	0.378**	-0.059	0.338**

　　由表 4-15 可知，非原生完整家庭儿童社会智力的人际问题解决能力、移情、人际交往能力和社会洞察力与一般自我效能感呈显著的正相关关系。

　　为了探讨非原生完整家庭儿童心理韧性各维度和一般自我效能感对社会智力的预测作用，以心理韧性的五个维度、一般自我效能感为自变量，以社会智力作为因变量，进行逐步多元回归分析，具体结果见表 4-16。

表 4-16　非原生完整家庭儿童心理韧性、一般自我效能感与社会智力的
回归分析

因变量	预测变量	R	R^2	调整 R^2	F	β	T
社会智力	目标专注	0.648	0.42	0.381	10.729	0.823	4.54**
	情绪控制	0.525	0.315	0.243	11.974	0.418	0.898**
	人际协助	0.617	0.347	0.290	10.253.	0.721	-1.645**
	一般自我效能感	0.435	0.269	0.323	10.446	0.917	0.003**

　　由表 4-16 可知，进入社会智力回归方程的有 4 个因子，按作用大小依次为目标专注、情绪控制、人际协助和一般自我效能感。其中目标专注的预测力最大，是解释变异量的 38.1%。社会智力的回归方程为：Y（社会智力）=0.823（目标专注）+0.418（情绪控制）+0.721（人际协助）+0.971（一般自我效能感）。

　　以上结果表明，心理韧性各维度和一般自我效能感对非原生完整家庭儿童的社会智力有正向促进作用，并对社会智力有一定的预测作用。

三、对调查结果的讨论

非原生完整家庭儿童社会智力与心理韧性相关分析结果显示，社会智力的人际问题解决能力与心理韧性的目标专注、积极认知、家庭支持呈正相关；社会智力的移情与心理韧性的目标专注、积极认知和家庭支持呈正相关关系；社会智力的人际交往能力与心理韧性的目标专注、积极认知呈正相关关系；社会智力的社会洞察力与心理韧性的目标专注、情绪控制、积极认知呈正相关关系，这一结论验证了以往的研究成果。有研究表明，不良的社交行为会使人感觉无价值、无能、愤怒、挫败和罪恶，使他人远离自己，而良好的社交行为会使个体感觉有价值、有能力、被爱、被尊重和被欣赏，能吸引他人靠近自己。社会智力能减少冲突、促进合作，因理解他人而获得威信和支持，使人们能更快捷地实现目标，社会智力对于生活在这个世界中的人来说，是我们生活中最重要的部分。人际问题解决能力、移情、人际交往能力、社会焦虑与情绪控制的相关性不显著，可能是因为被试者年龄尚小，情绪控制能力不足，非原生完整家庭儿童社会智力的人际问题解决能力、移情、人际交往能力和社会洞察力与一般自我效能感呈显著的正相关关系，这与国内外相关研究结果一致。表明社会智力高的儿童一般自我效能感也较高，与社会智力低者相比，社会智力高的儿童更富有人际亲和力。

多元回归分析显示了社会智力与心理韧性、一般自我效能感三者间的关系。心理韧性各维度与一般自我效能感对社会智力有正向促进作用。这表明，心理韧性和一般效能感对社会智力有一定的预测能力。因此，对于非原生完整家庭的儿童，首先，家长和老师应加强心理辅导，提升非原生完整家庭儿童应对压力事件的能力，从而提升其心理韧性和自我效能感。其次，家庭和学校要营造和谐的氛围，加强对非原生完整家庭儿童的支持度。家庭和学校要为他们营造一种充满温暖、尊重和信任的环境，如有目的地组织一些活动，让他们与同伴、亲人多一些增进了解和加深感情的机会。同时，要鼓励非原生完整家庭的儿童在遇到困难和压力时善于求助，及时排解心理压力。

第五节　非原生完整家庭少年儿童人格特征
及其心理社会因素

随着社会的发展和家庭观念的变化，我国离婚率迅速上升，离异家庭子女以及通过再婚重组形成的家庭子女的教育问题越来越受到人们的关注。特殊的家庭结构使这些孩子缺少来自父母双方的关注，缺乏与父母的相互沟通。因此父母离异对子女的心理发展产生不可忽视的消极影响，他们容易出现躯体化、强迫、焦虑、敌对、自卑等心理健康问题，在人格倾向性方面存在过分内向或过分外向的两极化趋势，孤僻、退缩、抑郁、社交不良等行为问题发生率也高于普通孩子。因此，探讨非原生完整家庭少年儿童的人格特征与社会智力、心理韧性和生活事件的关系对指导非原生完整家庭儿童的教育，包括对他们进行的家庭、学校和社会的补充教育具有非常重要的现实意义。

一、研究对象与方法

（一）研究对象

本研究从四川省成都市、宜宾市、凉山彝族自治州等地市州各小学选取被试者，共选取到 96 名非原生完整家庭少年儿童，其中男生 47 人，女生 49 人；80%的被调查者年龄集中在 6~12 岁之间。

（二）研究工具

采用刘在花编制的儿童人格量表，该量表参照 David Lachar 儿童人格问卷（Personality Inventory for Children，PIC）编写，内容包括自控能力、社会适应、精神质、认知发展四个维度。该问卷总量表的内部一致性系数（Cronbach's α 系数）为 0.8972，分半信度系数为 0.8966；各维度的内部一致性系数在 0.6509~0.8634 之间，分半信度系数在 0.6427~0.8555 之间（刘在花，2004）。

采用小学生社会智力量表，该量表的结构包括社会焦虑、移情、社会洞察力、人际交往能力、人际问题解决能力五个部分。量表信效度较高，内部一致性系数、分半信度系数分别为 0.8671、0.8847。

采用青少年心理韧性量表，该量表由北大胡月琴和甘怡群两人编制，共有 27 道题。量表共有 2 个维度、5 个因子、27 个项目。目标专注分量表（a=0.81）由 5 个项目构成，指的是在困境中坚持目标、制定计划、集中精力解决问题的能力；情绪控制分量表（a=0.74）由 6 个项目构成，指的是困境中对情绪波动和悲观念头的控制和调整；积极认知分量表（a=0.71）由 4 个项目构成，指的是想对逆境的辩证性做法和乐观态度；人际协助分量表（a=0.71）由 6 个项目构成，指的是个体可以通过有意义的人际关系来获取帮助或宣泄不良情绪；家庭支持分量表（a=0.81）由 6 个项目构成，指的是家人的宽容、尊重和支持。本量表采用 5 点评分法，分数越高说明心理韧性水平越好（其中 1、2、5、6、9、16、17、21、26、27 是反向计分），表明青少年心理韧性量表在本研究中具有较好的结构效度。

采用青少年生活事件量表（ASLEC），主要用于评定非原生完整家庭儿童生活事件发生的额度和应激强度，该量表为自评问卷，由 27 项可能给青少年带来心理反应的负性生活事件构成。该量表包括 6 个因子：人际关系、学习压力、受惩罚、亲友与财产丧失、健康与适应问题及其他方面。受测者根据自己的实际情况进行自评，对每个条目进行 6 级评分，该量表的统计指标包括时间发生的总数和应激量两部分，事件未发生按无影响统计，累计对各事件的影响评分为总应激量，其范围是 0~108，完成该量表约需要 5 分钟。ASLEC 具有以下特点：（1）简单易行，可自行测评；（2）评定期限依据研究目的而定，可以是 3、6、9 或 12 个月；（3）应激量根据事件发生后的心理感受进行评定；（4）ASLEC 具有良好的信效度；（5）各维度得分越高，说明被试者遇到该类事件越多，情况越严重。

二、调查结果与分析

（一）非原生完整家庭少年儿童人格特征基本情况

将非原生完整家庭少年儿童在儿童人格量表上的总分以及各个维度得分进行描述统计分析，结果见表 4-17。

表 4-17 非原生完整家庭少年儿童人格特征描述统计（N=96）

	自控	社会适应	精神质	认知发展
M	25.729	48.302	46.218	30.708
SD	9.931	11.589	16.18	7.266

由表 4-17 可知，非原生完整家庭的孩子各人格特征属于中等水平，社会适应力良好，但自控力还较差。在自控维度的平均分为 25.729，标准差为 9.931，社会适应的平均数为 48.302，标准差为 11.589，精神质的平均数为 46.218，标准差为 16.18，认知发展的平均数为 30.708，标准差为 7.266。将非原生完整家庭少年儿童在儿童人格量表上的总分以及各个维度得分进行性别差异分析，结果见表 4-18。

表 4-18 非原生完整家庭少年儿童人格特征性别差异（N=96）

	男（N=47）		女（N=49）		T
	M	SD	M	SD	
自控	26.979	7.825	24.531	11.556	1.210
社会适应	49.872	9.059	46.796	13.507	1.305
精神质	47.893	13.895	44.612	18.103	.993
认知发展	32.127	5.976	29.347	8.148	1.900

注：*表示在 0.05 水平上差异显著，**代表在 0.01 水平上差异显著，***表示在 0.001 水平上差异显著，以下同。

由表 4-18 可知，非原生完整家庭少年儿童在男女性别差异上不显著，虽然男生在自控、社会适应、精神质和认知发展维度上得分均高于女生，但无统计学差异意义。经统计发现，非原生完整家庭儿童的人格特征发展在年级、是否独生、居住地方面均无显著差异。

（二）非原生完整家庭少年儿童人格特征与社会智力、心理韧性、生活事件的关系

将非原生完整家庭少年儿童在儿童人格量表与社会智力量表上的得分进行皮尔逊积差相关分析，结果见表 4-19。

表 4-19　非原生完整家庭少年儿童人格特征与社会智力相关分析

	人际问题解决能力	移情	人际交往能力	社会焦虑	社会洞察力
自控					
社会适应	0.249**	0.282**	0.237**		
精神质		0.221**			
认知发展	0.267**	0.225**			0.235**

由表 4-19 可知，非原生完整家庭少年儿童人格特征的社会适应与社会智力的人际问题解决能力、移情、人际交往能力呈正相关关系，人格特征的精神质与社会智力的移情呈正相关关系，人格特征的认知发展与社会智力的人际问题解决能力、移情、社会洞察力呈正相关关系。将非原生完整家庭少年儿童在儿童人格量表与心理韧性量表上的得分进行皮尔逊积差相关分析，结果见表 4-20。

表 4-20　非原生完整家庭少年儿童人格特征与心理韧性相关分析

	目标专注	情绪控制	积极认知	家庭支持	人际协助
自控		0.250*			.239*
社会适应	0.221*				
精神质		0.284**	0.230*	0.251*	0.331**
认知发展	0.247*		0.270**		

由表 4-20 可知，非原生完整家庭儿童人格特征的自控维度与心理韧性的情绪控制、人际协助呈正相关关系，人格特征的社会适应与心理韧性的目标专注呈正相关关系，人格特征的精神质与心理韧性的情绪控制、积极认知、家庭支持、人际协助呈正相关关系，人格特征的认知发展与心理韧性的目标专注、积极认知呈正相关关系。将非原生完整家庭少年儿童在儿童人格量表与生活事件量表上的得分进行皮尔逊积差相关分析，结果见表 4-21。

表 4-21　非原生完整家庭少年儿童人格特征与生活事件相关关系

	学习压力因子	受惩罚因子	丧失因子	健康适应因子	其他因子
自控	0.399**	0.388**		0.412**	0.317**
社会适应	0.344**	0.416**		0.318**	0.308**
精神质	0.391**	0.384**	0.220*	0.387**	0.318**
认知发展					

　　由表 4-21 可知，非原生完整家庭少年儿童人格特征的自控维度与生活事件的学习压力因子、受惩罚因子、健康适应因子、其他因子呈正相关关系，社会适应维度与生活事件的学习压力因子、受惩罚因子、健康适应因子、其他因子呈正相关关系，精神质维度与生活事件的学习压力因子、受惩罚因子、丧失因子、健康适应因子、其他因子呈正相关关系。为了探讨非原生完整家庭儿童社会智力的各维度、心理韧性各维度和生活事件对人格特征的预测作用，以社会智力的五个维度、心理韧性的五个维度和生活事件为自变量，以人格特征作为因变量，进行逐步多元回归分析，具体结果见表 4-22。

表 4-22　非原生完整家庭人格特征与社会智力、心理韧性、生活事件的
回归分析

因变量	预测变量	R	R^2	调整 R^2	F	β	T
人格特征	受惩罚因子	0.392	0.154	0.145	17.108	3.322	4.134**
	情绪控制	0.452	0.204	0.187	11.914	2.011	2.633**
	移情	0.495	0.245	0.220	9.945	0.921	2.233**

　　由表 4-22 可知，进入人格特征回归方程的有 3 个因子，按作用大小依次为受惩罚因子、情绪控制和移情。人格特征的回归方程为：Y（人格特征）=3.322 受惩罚因子+2.011 情绪控制+0.921 移情。

　　以上结果表明，社会智力的移情、心理韧性的情绪控制和生活事件的受惩罚因子对非原生完整家庭儿童的人格特征有正向促进作用，并对人格特征有一定的预测作用。

三、对调查结果的结论与建议

（一）对研究结果基本情况的简要讨论

非原生完整家庭的孩子各人格特征属于正常范围，社会适应力良好，但自控力还比较差。在自控维度的平均分为 25.729，标准差为 9.931，社会适应的平均数为 48.302，标准差为 11.589，精神质的平均数为 46.218，标准差为 16.18，认知发展的平均数为 30.708，标准差为 7.266。非原生完整家庭儿童的人格特征在性别、年级、是否独生、居住地等方面不存在显著差异。

非原生完整家庭少年儿童人格特征的社会适应与社会智力的人际问题解决能力、移情、人际交往能力呈正相关关系，人格特征的精神质与社会智力的移情呈正相关关系，人格特征的认知发展与社会智力的人际问题解决能力、移情、社会洞察力呈正相关关系。

非原生完整家庭儿童人格特征的自控维度与心理韧性的情绪控制、人际协助呈正相关关系，人格特征的社会适应与心理韧性的目标专注呈正相关关系，人格特征的精神质与心理韧性的情绪控制、积极认知、家庭支持、人际协助呈正相关关系，人格特征的认知发展与心理韧性的目标专注、积极认知呈正相关关系。

非原生完整家庭少年儿童人格特征的自控维度与生活事件的学习压力因子、受惩罚因子、健康适应因子、其他因子呈正相关关系，社会适应维度与生活事件的学习压力因子、受惩罚因子、健康适应因子、其他因子呈正相关关系，精神质维度与生活事件的学习压力因子、受惩罚因子、丧失因子、健康适应因子、其他因子呈正相关关系。

为了探讨非原生完整家庭儿童社会智力的各维度、心理韧性各维度和生活事件对人格特征的预测作用，以社会智力的五个维度、心理韧性的五个维度和生活事件为自变量，以人格特征作为因变量，进行逐步多元回归分析，进入人格特征回归方程的有 3 个因子，按作用大小依次为受惩罚因子、情绪控制和移情。人格特征的回归方程为：Y（人格特征）=3.322 受惩罚因子+2.011 情绪控制+0.921 移情。

（二）对非原生完整家庭少年儿童教育问题的建议

非原生完整家庭少年儿童年龄小，感知、思维等方面的能力以及知识经验都非常有限。作为家长和老师，要容忍、宽容学生在学习过程中出现的偏执，真正确立学生的主体地位，热爱、尊重、理解、相信每一个学生，建立民主、平等、和谐的关系。

第一，要培养非原生完整家庭儿童自我控制的能力。培养自控能力首先要保持愉快的情绪。愉快是最有益于健康的情绪，愉快能使人在紧张中心情得到松弛，产生满意感和满足感，对外界产生亲切感，更容易与人相处。小学生在愉快的情绪状态下学习，会感到思维活跃、记忆敏捷、学习效率高。那么如何保持愉快的情绪呢?首先，要建立适当的需要。家长和老师要帮助小学生确定符合他们实际情况的奋斗目标，切忌期望过高。其次，要引导他们实事求是，不作非分之想，不苛求自己，尤其是优等生或争强好胜的小学生，不要为小事而过于自责，凡事要放宽心、想得开。最后，要学会自己寻找乐趣。家长和老师要让小学生保持儿童天真烂漫的个性，对各种活动都倾注热情，积极参与，享受生活的乐趣。低年段小学生还要培养自己广泛而稳定的兴趣，从中获得快乐。

第二，要家校沟通，心理疏导。要健全人格必须要有健康的心理。心理健康是指旨在充分发挥个体潜能的内部心理协调与外部行为适应相统一的良好状态（Susanne Weis，Heinz-Martin，2007）。而这又要依托心理健康教育来实现，所谓心理健康教育，是以心理学的理论和技术为主要依托，并结合学校日常教育、教学工作，根据学生的心理、身理发展特点，有目的、有计划地培养（包括自我培养）学生良好的心理素质，开发心理潜能，进而促进学生身心和谐发展和素质全面提高的教育活动（郭本禹，2004）。但是这绝不仅仅是老师的职责，老师是与学生接触时间最多的人，这也给老师管理班级、教育学生提供了有利的条件。但当学生出现问题时，还应及时和家长取得联系，双管齐下，对孩子进行心理疏导，这样效果会事半功倍。

第六节　非原生完整家庭少年儿童心理韧性
及其心理社会因素

非原生完整家庭儿童问题在 20 世纪 90 年代初开始引起众多学者

的关注，是学术界讨论的热点问题。学者们对非原生完整家庭儿童的研究非常多，角度也各有不同。多数学者认为，非原生完整家庭儿童由于经历家庭变故，造成了或多或少的心理创伤。也有部分研究数据表明，家庭的变故并未造成非原生完整家庭少年儿童生活、安全和行为表现方面的问题，因此讨论非原生完整家庭儿童的心理韧性情况，及心理韧性与社会智力、社会支持、生活事件的关系对加强非原生完整家庭儿童的心理社会抚慰、重建其社会适应体系具有十分重要的意义。

一、研究对象与方法

（一）研究被试

本研究从四川省成都市、宜宾市、凉山彝族自治州等地州市各小学选取被试者，共选取 263 名非原生完整家庭少年儿童，其中男生 137人，女生 126 人；80%的被调查者年龄集中在 6~12 岁之间。

（二）研究工具

采用青少年心理韧性量表，该量表由北大胡月琴和甘怡群两人编制，共有 27 道题。量表共有 2 个维度、5 个因子、27 个项目。目标专注分量表（a=0.81）由 5 个项目构成，指的是在困境中坚持目标、制定计划、集中精力解决问题的能力；情绪控制分量表（a=0.74）由 6个项目构成，指的是在困境中对情绪波动和悲观念头的控制和调整；积极认知分量表（a=0.71）由 4 个项目构成，指的是对逆境的辩证性的做法和乐观态度；人际协助分量表（a=0.71）由 6 个项目构成，指的是个体可以通过有意义的人际关系来获取帮助或宣泄不良情绪；家庭支持分量表（a=0.81）由 6 个项目构成，指的是家人的宽容、尊重和支持。本量表采用 5 点评分法，分数越高说明心理韧性水平越好（其中 1、2、5、6、9、16、17、21、26、27 是反向计分），表明青少年心理韧性量表在本研究中具有较好的结构效度。

采用小学生社会智力量表，该量表的结构包括社会焦虑、移情、社会洞察力、人际交往能力、人际问题解决能力五个部分。量表信效度较高，内部一致性系数、分半信度系数分别为 0.8671、0.8847。

采用社会支持系统问卷（刘在花，2004），该量表共 24 个条目，每个条目分为母亲、父亲、朋友、老师四个维度，以考察小学生对重要他人所提供的社会支持的主观感觉。问卷采用五级计分，"从不"计1分，"很少"计2分，"有时"计3分，"很多"计4分，"几乎总是"计5分。对3~6年级小学生的研究显示，问卷可抽出工具性支持、情感支持、价值增进、陪伴娱乐支持、亲密感、冲突、惩罚等七个因子，各个分量表的内部一致性系数分别为母亲问卷0.7448、父亲问卷0.8907、朋友问卷0.8124、老师问卷0.8387，能较好测量小学生所得到的社会支持水平高低。

采用青少年生活事件量表（ASLEC），主要用于评定非原生完整家庭少年儿童生活事件发生的额度和应激强度，该量表为一自评问卷，由27项可能给青少年带来心理反应的负性生活事件构成。该量表包括6个因子：人际关系、学习压力、受惩罚、亲友与财产丧失、健康与适应问题及其他方面。受测者根据自己的实际情况进行自评，对每个条目进行6级评分，该量表的统计指标包括时间发生的总数和应激量两部分，事件未发生按无影响统计，累计对各事件的影响评分为总应激量，其范围是0~108，完成该量表约需要5分钟。ASLEC具有以下特点：（1）简单易行，可自行测评；（2）评定期限依据研究目的而定，可以是3、6、9或12个月；（3）应激量根据事件发生后的心理感受进行评定；（4）ASLEC具有良好的信效度；（5）各维度得分越高，说明被试者遇到该类事件越多，情况越严重。

二、调查结果与分析

（一）非原生完整家庭少年儿童心理韧性总体情况

将非原生完整家庭少年儿童在心理韧性量表上的总分以及各个维度得分进行描述统计分析，结果见表4-23。

表4-23　非原生完整家庭少年儿童心理韧性描述统计（N=263）

	目标专注	情绪控制	积极认知	家庭支持	人际协助
M	3.92	2.29	2.57	3.84	3.45
SD	0.978	0611	0.744	0.890	0.886

由表 4-23 以看出，非原生完整家庭少年儿童心理韧性 5 个因子得分均在 3 分左右，都处在中等水平，由此可见，非原生完整家庭少年儿童的心理韧性处在中等水平。将非原生完整家庭少年儿童在心理韧性量表上的总分以及各个维度得分进行性别差异统计分析，结果见表 4-24。

由表 4-24 可知，男女生的心理韧性在积极认知、家庭支持、人际协助等方面得分上差异并不显著，但在目标专注和情绪控制上男女差异显著，差异具有统计学意义，女生得分显著高于男生。此结果部分证明了心理韧性在性别上存在显著差异。将是否为独生的非原生完整家庭少年儿童在心理韧性量表上的总分以及各个维度得分进行差异统计分析，结果见表 4-25。

表 4-24 非原生完整家庭少年儿童心理韧性的性别差异

	男（N=137）		女（N=126）		T
	M	SD	M	SD	
目标专注	3.66	0.931	3.81	0.872	-0.212**
情绪控制	3.69	0.812	3.99	0.917	-1.75***
积极认知	2.89	0.973	2.23	0.862	1.292
家庭支持	3.16	0.917	3.49	0.959	1.326
人际协助	3.31	0.764	3.65	0.720	-0.507

注：*表示在 0.05 水平上差异显著，**代表在 0.01 水平上差异显著，***表示在 0.001 水平上差异显著，以下同。

表 4-25 是否独生在非原生完整家庭少年儿童心理韧性的差异

	独生（N=122）		非独生（N=140）		T
	M	SD	M	SD	
目标专注	3.98	0.306	3.90	0.700	0.135
情绪控制	3.38	0.625	3.22	0.630	0.271
积极认知	2.82	0.266	2.63	0.262	0.803
家庭支持	3.48	0.127	3.49	0.025	2.040
人际协助	3.66	0.555	3.60	0.455	0.264

是否为独生子女在非原生完整家庭少年儿童的心理韧性上是否具有差异见表 1-25。由表 4-25 可知，独生与非独生子女心理韧性的各维度得分不具有统计学差异。将非原生完整家庭少年儿童在心理韧性量表上的总分以及各个维度得分进行年级差异统计分析，结果见表 4-26。

表 4-26 非原生完整家庭少年儿童心理韧性的年级差异

	1~2 年级 (N=8)		3~4 年级 (N=82)		5~6 年级 (N=167)		F	组间比较
	M	SD	M	SD	M	SD		
目标专注	3.361	0.786	3.482	0.672	3.454	0.679	1.624	1<3<2
情绪控制	2.765	0.654	2.987	0.588	2.971	0.562	2.121	1<3<2
积极认知	3.385	0.798	3.574	0.676	3.354	0.587	2.025	1<3<2
家庭支持	2.816	0.586	2.849	0.459	2.832	0.478	0.121	3<1<2
人际协助	2.731	0.667	2.926	0.520	2.891	0.574	1.883	1<3<2

由表 4-26 可以看出，心理韧性在各年级间的差异并不显著，但可看出，除了家庭支持维度以外，在目标专注、情绪控制、积极认知、人际协助的得分上都是 3~4 年级儿童得分最高，5~6 年级其次，1~2 年级得分最低。将非原生完整家庭少年儿童在社会支持量表上的总分以及各个维度得分进行描述统计分析，结果见表 4-276。

表 4-27 非原生完整家庭儿童社会支持总体情况（N=71）

	母亲支持	父亲支持	朋友支持	老师支持
M	67.647	76.154	71.126	76.774
SD	13.562	12.131	12.188	14.551

由表 4-27 可以看出，在非原生完整家庭儿童的社会支持情况中，老师支持分数最高，其次是父亲支持、朋友支持和母亲支持。

（二）非原生完整家庭儿童心理韧性与社会智力的关系

将非原生完整家庭少年儿童在心理韧性量表与社会智力量表上的得分进行相关分析，结果见表 4-28。

表 4-28　非原生完整家庭少年儿童心理韧性与社会智力相关分析

	1	2	3	4	5	6	7	8	9	10
人际问题解决能力		0.665	0.693	-0.007	0.658	0.419**	0.040	0.342**	0.290**	0.087
移情			0.812	0.087	0.763	0.508**	0.128	0.433**	0.269**	-0.033
人际交往能力				0.104	0.701**	0.555**	0.051	0.379**	0.148	0.139
社会焦虑					0.163	0.048	0.117	-0.200	-0.060	0.074
社会洞察						0.511**	0.201*	0.484**	0.163	-0.034
目标专注							0.197	0.596**	0.349**	0.119
情绪控制								0.205*	0.327**	0.469**
积极认知									0.441**	0.263**
家庭支持										0.266**
人际协助										

　　由表 4-28 可知，社会智力的人际问题解决能力与心理韧性的目标专注、积极认知、家庭支持呈正相关；社会智力的移情与心理韧性的目标专注、积极认知和家庭支持呈正相关关系；社会智力的人际交往能力与心理韧性的目标专注、积极认知呈正相关关系；社会智力的社会洞察力与心理韧性的目标专注、情绪控制、积极认知呈正相关关系。为了探讨不同心理韧性水平对非原生完整家庭儿童社会智力影响的差异，按社会智力总得分分别取高分组和低分组各 27%的被试者（$N=71$）组成高社会智力组和低社会智力组，分别对这两组被试者的社会智力进行 T 检验，具体结果见表 4-29。

表 4-29　不同社会智力水平非原生完整家庭儿童心理韧性的比较分析

	社会洞察力	社会焦虑	移情	人际交往能力	问题解决能力
高心理韧性组	12.312±.221	13.439±.360	11.76±.265	12.725±.783	11.63±.218
低心理韧性组	11.969±.451	12.188±.552	10.427±.393	11.695±.907	10.853±.729
T	2.747***	2.281***	2.743**	2.386***	2.952**

　　由表 4-29 可见，心理韧性水平不同，在社会洞察力、社会焦虑、

移情、人际交往能力和问题解决能力五个维度上存在显著差异，心理韧性水平越高，社会智力水平越好。

（三）非原生完整家庭儿童心理韧性与社会支持的关系

将非原生完整家庭少年儿童在心理韧性量表与社会支持量表上的得分进行相关分析，结果见表 4-30。

表 4-30　非原生完整家庭儿童心理韧性与社会支持关系研究

	母亲支持	父亲支持	朋友支持	老师支持
目标专注	0.133	0.033	0.122	0.146
情绪控制	-0.139	0.082	-0.108	-0.058
积极认知	0.169	0.095	0.029	0.043
家庭支持	0.057	0.072	0.033	0.069
人际协助	0.066	0.083	0.127	0.020

由表 4-30 可知，非原生完整家庭儿童的心理韧性与社会支持之间的关系不显著。

（四）非原生完整家庭儿童心理韧性与生活事件的关系

将非原生完整家庭少年儿童在心理韧性量表与生活事件量表上的得分进行相关分析，结果见表 4-31。

由表 4-31 可看出，生活事件的人际关系因子与心理韧性的情绪控制和人际协助因子呈正相关关系；生活事件的学习压力因子与心理韧性的目标专注因子呈负相关关系，与情绪控制、人际协助因子呈正相关关系；生活事件的受惩罚因子与心理韧性的情绪控制和人际协助因子呈正相关关系；生活事件的丧失因子与心理韧性的目标专注因子呈负相关关系，与情绪控制、家庭支持和人际协助因子呈正相关关系；生活事件的健康适应因子与心理韧性的目标专注因子呈负相关关系，与情绪控制、人际协助因子呈正相关关系。

为了探讨不同心理韧性水平对非原生完整家庭儿童感受到的压力事件的影响差异，按心理韧性总得分分别取高分组和低分组各 15%的被试者（$N=71$）组成高心理韧性组和低心理韧性组，分别对这两组被试者的心理韧性进行 T 检验，具体结果见表 4-32。

表 4-31　非原生完整家庭少年儿童的心理韧性与生活事件的关系

	1	2	3	4	5	6	7	8	9	10	11
目标专注		0.083	0.553**	0.267**	0.150*	0.093	-0.118	-0.148*	-0.800	-0.212**	-0153*
情绪控制			0.125*	0.309**	0.488**	0.433**	0.299**	0.311**	0.302**	0.290**	0.360**
积极认知				0.395**	0.253**	0.047	-0.016	0.008	-0.012	-0.042	0.016
家庭支持					0.329**	0.087	0.022	0.016	0.034	0.125*	0.045
人际协助						0.365**	0.304**	0.331**	0.258**	0.235**	0.333**
人际关系因子							0.600**	0.586**	0.522**	0.521**	0.554**
学习压力因子								0.659**	0.398**	0.537**	0.554**
受惩罚因子									0.601**	0.607**	0.793**
丧失因子										0.512**	0.588**
健康适应因子											0.588**
其他											

表 4-32　不同社会智力水平非原生完整家庭儿童心理韧性的比较分析

	人际关系	学习压力	受惩罚	丧失	健康适应	其他
高心理韧性组	1.312±.221	1.439 ±.360	1.176 ±.265	1.725 ±.783	1.345 ±.403	1.163 ±.218
低心理韧性组	1.969±.451	2.188 ±.552	1.427 ±.393	1.695 ±.907	1.853 ±.596	1.645 ±.477
T	-13.747***	-12.281***	-5.743***	-0.386	-7.344***	-9.952***

由表 4-32 可见，心理韧性水平不同，在人际关系、学习压力、受惩罚、健康适应和其他五个维度上存在显著差异，心理韧性水平越高，所感受到的事件压力越小。

（五）非原生完整家庭儿童社会智力与社会支持的关系

将非原生完整家庭少年儿童在心理韧性量表与社会支持量表上的得分进行相关分析，结果见表 4-33。

表 4-33　非原生完整家庭儿童社会智力与社会支持的相关关系

	人际问题解决能力	移情	人际交往能力	社会焦虑	社会洞察力
母亲支持	0.326**	0.263*	0.280*	0.230	0.139
父亲支持	0.183	0.123	0.121	0.018	0.202
朋友支持	0.173	0.118	0.153	0.029	0.145
老师支持	0.187	0.041	0.144	-0.033	0.079

由表 4-33 可知，非原生完整家庭儿童社会智力的人际问题解决能力、移情与人际交往能力与社会支持中的母亲支持呈正相关关系。

三、对调查结果的讨论

（一）对非原生完整家庭儿童心理韧性总体状况的讨论

从总体上来看，非原生完整家庭儿童的心理韧性各维度均分几乎在 3 分左右，符合当下社会研究的现状。由此我们可以看出，非原生完整家庭的儿童也能很好的处理日常生活中遇到的各种问题，并积极地应对生活中的负性事件，父母的分离、家庭的破碎并没有让他们陷入苦海无法自拔，他们也能和完整家庭的儿童一样，勇敢面对生活中的挫折、困难、悲伤、逆境等负性事件。但还有个别儿童得分较低，值得我们重点关注。

在非原生完整家庭儿童的社会支持中老师支持分数最高，其次是父亲支持、朋友支持和母亲支持。造成这种现象可能的原因是：出生后我们大半以上时间都是在学校学习知识，学校又是以师生关系和同伴关系为主的社会集体。老师的鼓励支持是学生前进的强大动力。俗话说："学生总是把老师的话当圣旨。"特别是低年级学生，他们以老师为榜样，模仿老师行为动作，也间接证明了老师对儿童的支持力量。同伴关系是一种特殊的关系，是儿童在人际交往中形成的，同伴交往为儿童提供了一种平等的交往机会，具有无可替代的作用。而母亲对儿童的支持关系度最低，笔者认为这一现象可能是由于数据来源地域的差异，可能是由于样本中非原生完整家庭的儿童大多没有与母亲生活在一起，受母亲的支持较少。

（二）对非原生完整家庭儿童心理韧性发展差异的讨论

（1）从性别上看，男女生的心理韧性在积极认知、家庭支持、人际协助等方面的得分上差异并不显著，但在目标专注和情绪控制上男女差异显著，差异具有统计学意义，女生得分显著高于男生。从以往研究可以看出，女生较男生更具敏感性，更能观察到周围人的变换，因此更能抑制管理自己的情绪。但这与以往研究既有相似性，又有不同。造成这一现象的我认为可能是我们选取的样本中男女比例不均，也可能是地域差异造成的。

（2）从是否为独生子女来看，独生与非独生子女心理韧性的各维度得分不具有统计学差异，说明独生子女与非独生子女之间的心理韧性并不存在明显区别。这一现象可能是由于当下对儿童教育的重视，对儿童心理健康成长的关注，独生子女与非独生子女之间的差异并不显著。教师特别是家长都能同等对待独生子女与非独生子女，因此他们之间的心理韧性不存在明显区别。

（3）从年级差异来看，心理韧性在各年级间的差异不显著，说明不同年级儿童的心理韧性并不存在显著差异。这种现象可能是由于儿童年级跨度不大，年龄差距不大因而心理韧性差异不显著。但可看出，除了家庭支持维度以外，在目标专注、情绪控制、积极认知、人际协助的得分上都是3~4年级得分最高，5~6年级次之，1~2年级得分最低。说明儿童的心理韧性呈现出随年龄的增加而不断增强的趋势。

（三）对非原生完整家庭少年儿童心理韧性与社会智力关系的讨论

社会智力的人际问题解决能力与心理韧性的目标专注、积极认知、家庭支持呈正相关；社会智力的移情与心理韧性的目标专注、积极认知和家庭支持呈正相关关系；社会智力的人际交往能力与心理韧性的目标专注、积极认知呈正相关关系；社会智力的社会洞察力与心理韧性的目标专注、情绪控制、积极认知呈正相关关系。由此可见，心理韧性与社会智力联系密切，增强儿童心理韧性水平有利于儿童社会智力的发展。

按社会智力总得分分别取高分组和低分组各 27% 的被试（N=71）组成高社会智力组和低社会智力组，分别对这两组被试者的社会智力进行 T 检验，结果发现两组被试者的心理韧性水平不同，在社会洞察力、社会焦虑、移情、人际交往能力和问题解决能力五个维度上存在显著差异，心理韧性水平越高，社会智力水平越好。对于此，我们可以从增强儿童心理韧性水平入手进而提高儿童的社会智力水平。

（四）对非原生完整家庭少年儿童心理韧性与生活事件关系的讨论

（1）非原生完整家庭少年儿童心理韧性与生活事件的关系。

生活事件的人际关系因子与心理韧性的情绪控制和人际协助呈正相关关系；生活事件的学习压力因子与心理韧性的目标专注呈负相关关系，与情绪控制、人际协助呈正相关关系；生活事件的受惩罚因子与心理韧性的情绪控制和人际协助呈正相关关系；生活事件的丧失因子与心理韧性的目标专注呈负相关关系，与情绪控制、家庭支持和人际协助呈正相关关系；生活事件的健康适应因子与心理韧性的目标专注呈负相关关系，与情绪控制、人际协助呈正相关关系。从整体来看，心理韧性与生活事件大多呈正相关关系，说明非原生完整家庭儿童在经历负性事件中不断成长，不断培养自己的抗压能力，从而心理韧性增强。但学习压力、生活事件丧失因子以及生活事件健康适应因子与心理韧性的目标专注呈负相关关系，出现这一现象可能是因为儿童年龄太小，不能完全适应负性事件带来的压力。这是一个逐渐成长的过程，我们应该重视儿童在面对这几类负性事件时的应对状态，引导儿童健康成长。

（2）不同心理韧性非原生完整家庭少年儿童遭受压力事件的讨论。

按心理韧性总得分分别取高分组和低分组各 15% 的被试者（N=71）组成高心理韧性组和低心理韧性组，分别对这两组被试者的心理韧性进行 T 检验，结果发现心理韧性水平不同，在人际关系、学习压力、受惩罚、健康适应和其他五个维度上存在显著差异，心理韧性水平越高，所感受到的事件压力越小。鉴于此，我们可以通过提高儿童的心理韧性水平来增强儿童面对负性事件的抗压能力。

（3）对非原生完整家庭儿童的社会智力与社会支持关系的讨论。

非原生完整家庭儿童社会智力中的人际问题解决能力、移情与人际交往能力与社会支持中的母亲支持呈正相关关系。在儿童成长的早期直至青少年时期，母亲都是教养和关心他们的主要支持源，多数儿童都认为母亲是其主要支持者，为他们提供各类支持。母亲在孩子成长期所给予的支持是其他人无法替代的。

第五章　边远山区少年儿童社会适应能力研究

第一节　边远山区少年儿童社会适应现状研究综述

伴随着我国市场经济的发展及城市化进程的推进，边远山区发展的步伐进一步加快。文化的碰撞、社会适应等问题成为了进一步推进其发展不得不面对的问题。越来越多的人将目光集中在了边远山区少年儿童的各方面发展上。本文以边远山区少年儿童为调查对象，着重探讨边远山区少年儿童的社会适应，旨在发掘边远山区少年儿童的潜在特质，以期帮助他们更好地完成社会适应，健康快乐的成长。

一、概念界定

根据世界卫生组织（WHO）对健康的定义："健康是一种在躯体上、心理上和社会适应上的完美状态，而不仅仅是没有疾病和虚弱的状态。"这说明除了身体健康和心理健康之外，社会适应也是完整健康概念一个重要方面。WHO 所指的社会适应良好，是指一个人的外显行为和内在行为都能适应复杂的社会环境变化，能为他人所理解，为社会所接受，行为符合社会身份，与他人保持正常协调的人际关系。无独有偶，与 WHO 相一致，Ware 等人（1980）将健康分为身体健康、心理健康和社会健康，社会健康就是我们所指的社会适应的完好程度。他们强调社会参与，把社会健康定义为与社会参与有关的人际交流和活动，通过客观报告（如朋友的数量）和主观评定（如与他人相处的程度）来评估。Blazer（2000）认为社会适应即社会交往的性质和范围，强调社会角色和社会网络是社会适应的重要组成部分，社会适应可以通过对社会角色的丧失程度和社会支持网络（主要指亲属和朋友）的满意度来评估。社会适应的另一个层面反映了个体生活适应等状况，社会适应越完善的个体，社会适应状况越好。社会适应是指社会环境发生变化时，个体的观念、行为方式随之而改变，适应所处的社会环境的过程。

WHO 现已针对成年人编制了针对筛选社会适应能力存在问题的个体问卷。从现目前关于"社会适应能力"的研究来看，已有研究大部分是针对老年人和病人展开的。关于少年儿童社会适应能力的研究很少，但少年儿童的社会适应能力的发展需要得到更多的关注。社会性作为人的本质属性，决定了少年儿童时期是对个体社会适应能力的发展奠定基础的时期。这一时期个体适应能力的发展可以得到正确的引导及适当的干预。个体从进入小学开始便从以家庭生活为主转变为以校园生活为主的一个新阶段，从这一阶段个体开始适应家庭生活之外的社会。由于社会环境较为复杂，会对少年儿童的社会适应带来较大的阻碍。严峻的社会条件无形中将少年儿童分割成了一些小群体，边远山区少年儿童便是其中之一。相较一般少年儿童，边远山区少年儿童的社会适应经历着更大的阻碍。

二、边远山区少年儿童社会适应研究现状

已有研究表明，目前学界对社会适应、融入的测量指标体系仍缺乏统一的界定，现有的测量指标体系普遍包含经济融入、行为融入以及心理融入三个方面。在此基础上，社会融入测量指标又可以分为客观性融入指标和主观性融入指标。要了解边远山区少年儿童的社会适应状况，我们需要先从以上几个方面了解边远山区少年儿童在社会适应的过程中所经历和面临的生活事件。

边远山区少年儿童相较其他地区少年儿童在生活中会遇到更多的困难。伴随着我国市场经济的发展及城市化进程的推进，边远山区人口走出家门进入城市，随之而来的是一定数量的边远山区少年儿童跟随父母来到城市生活学习，而不同的生活习惯给这群边远山区少年儿童带来了社会适应过程中的阻碍。城市生活的快节奏、城市恶劣的自然环境，从衣食住行到课业学习方方面面对于边远山区少年儿童而言

都是新的挑战。也许边远山区少年有着独特的体貌特征、与我们相异的语言文字、与我们不同的生活习惯，这些原本自然的一切都可能成为他们适应新生活的阻碍。而另一批边远山区少年儿童仍生活在自己的家乡，传承着文化赋予他们的特殊使命。边远山区少年儿童的家乡常常是风景优美，各有特色，是祖国大好河山中一道独特的风景线。但由于自然条件、历史发展、社会环境等各方面原因，我国大部分边远山区经济发展相对落后。边远山区少年儿童在相对闭塞的环境中成长，当面临环境的变化时在对新形势的适应中可能会存在很大的问题。不同类型的边远山区少年儿童在社会适应过程中将会或正在经历的适应问题主要来自以下几个方面：

（1）课业学习的适应问题。尽管边远山区少年儿童怀揣着强烈的学习新知的要求，但是由于基础教育的差距，其在学习融入方面出现了较为严重的问题，主要表现为课业基础薄弱和缺乏良好的学习习惯。就学年龄结构失衡也是边远山区流动少年儿童在城市学校接受义务教育时出现的一个问题，突出表现在适龄入学率低与超龄就学方面。适龄入学率低和超龄就读的现象在兰州市接受流动人口子女义务教育的学校中较为普遍（汤夺先，2010）。频繁流动而造成的频繁转学和失学、辍学问题致使学生学习和学校教学双向不适应（李媚宇、王平，2012）。这种频繁流动，使边远山区少年儿童一方面没有稳定的教育环境，另一方面也难以适应不断更换的生活和教育环境，无法保证接受教育的连续性和有效性。

（2）家庭教育的适应问题。已有研究显示物质层面主要影响到子女教育用品的拥有量、学业期望值、交往心理及课外学习时间等。一些边远山区学生的父母文化水平普遍较低，从事收入较低的职业，而且家庭经济较为拮据，致使部分子女家庭教育环境十分简陋。据调查问卷的数据显示，有90.8%的学生没有课外书籍，71.1%的学生没有书桌，69.8%的学生无自己独立的学习空间，至于拥有电脑、学习机等较为奢侈的学习用品的人就寥寥无几了。学生对自身学业的期望值受到家庭经济因素的影响。在被问及"将来对学业的期望"时，希望能够大学毕业和高中毕业的各占1/3，但前提是"如果家庭能供得起，不想让父母借钱"。家庭经济条件也会给边远山区流动人口的子女与同龄人交往造成心理上的影响。另外，在某些边远山区父母的心目中，存在着相对落后的教育观念。由于他们的文化程度相对较低，收入低，因此对孩子的教育往往心有余而力不足，没有办法很好地辅导孩子的学习。

由此我们了解到，现如今边远山区少年儿童在社会变迁的今天面临着许多社会适应的问题，以上呈现的这些问题普遍来自于外部环境。外在的客观困境在短时期内难以得到立竿见影的改善，但克服困境的主因来自于个体内部，研究旨在激发个体内部潜质，帮助个体提升社会适应，更好地融入社会。

三、边远山区少年儿童心理韧性的研究现状

众所周知，边远山区少年儿童在社会适应的过程中承受了比同龄儿童更多的心理压力和生活变故，这些压力对他们的成长造成了严重的影响。心理学家从大量的心理实验中得出结论：适应是少年儿童心理发展的重要问题（李辉、胡金连、方晓义、蔺秀云，2009）。

面临这些压力，边远山区少年儿童的身心发展受到很大影响。已有研究显示：延边地区边远山区儿童仅有 10.6%、12.4%的儿童处于良好水平的营养知识和营养态度（申香丹，2014）。许多边远山区少年儿童在入学前并没能在家长的引导下做好入学的准备，甘肃民族地区儿童认知能力较低，儿童自我效能感能力较低，儿童元认知能力较低，表现出了一种与实际情况不符的"乐观主义"现象（华立，2011）。

20 世纪 80 年代以前，研究者普遍认为，处境不利一定导致发展不良，处境不利的少年儿童日后的成就水平、适应能力必定低于正常少年儿童，其发展轨迹遵循着"处境不利（高危）—压力—适应不良"的直线模型。80 年代后，研究者逐渐意识到，并不是所有处于高危环境下的个体都会产生适应不良现象，于是心理韧性的存在得以证实。心理韧性表示一系列能力和特征通过动态交互作用而使个体在遭受重大压力和危险时，能迅速恢复和成功应对的现象（Robert Henley，2010）。在适应生活环境的过程中，边远山区少年儿童在适应的过程中可能会遇到挫折，但挫折和压力并不意味着消极的结果。已有研究显示：贵州省边远山区儿童的心理资本与上海地区儿童的心理资本不存在显著性差异。他们都拥有足够的资源来应对他们所面临的困境（韦

泽珺，2014）。同时已有研究证实侗族青少年的心理韧性发展良好，心理韧性各维度均处于中上水平（唐先勇，2014）。

"故天将降大任于斯人也，必先苦其心志，劳其筋骨，饿其体肤，空乏其身，行拂乱其所为，所以动心忍性，曾益其所不能。"这段文字出自于中国著名儒家典籍《孟子》中的一篇名叫《生于忧患，死于安乐》的文章，上述文字的意思是：上天将要选拔人才落以大事时，一定要先使他的内心痛苦、身体疲惫、贫困潦倒、饥寒交迫，以至瘦骨嶙峋，使他做事毫无章法可寻，总不如意，通过经历这些挫折来使他的内心警觉，性格坚定，增加他不具备的才能。最终能够做到从挫折中蜕变的人才是所谓的成大事者。这段话不仅仅揭示了"生于忧患，死于安乐"的道理，同时它呈现了一个事实：经历挫折的个体仍然能够发展良好。其实在日常生活中，人们总是在经受着种种挫折考验，面对这些考验人们的反应不同，最终发展的结果也不同，心理学研究者针对经历困境仍能"动心忍性，曾益其所不能"的个体进行了研究，并提出了"resilience"这一概念，即心理韧性。

四、边远山区少年儿童社会智力的研究现状

在大力倡导素质教育的今天，学生的社会智力作为影响少年儿童社会适应的重要能力越来越受到家长、学校和社会的重视。为深入探讨小学生的社会适应发展的现状，进一步分析其影响因素，找出存在的问题，为学校开展素质教育提供可靠的科学依据，提高小学生的综合素质，本研究针对边远山区少年儿童的社会智力发展状况进行了解。Thorndike（1920）最早提出社会智力的概念，但学术界对社会智力的认识仍然处于莫衷一是的状态，心理学家们从行为表现、社会认知等角度对社会智力进行了定义。在对社会智力的概念分析的过程中，我们发现社会智力与我们通常所说的智力（传统智力）是两个不同的概念。社会智力具有情境性，是个体对社会情境的认知反应，主要解决日常生活问题，而传统智力主要解决学业、认知问题（刘在花、许燕，2005）。同时，社会智力是一个非常复杂的概念，我们在对已有概念进行分析、综合的基础上选择了以下社会智力的定义，作为本研究中对社会智力的操作型定义：社会智力是个体在人际情境中正确理解社会

信息，恰当管理情绪，采取有效的社会行为的能力。它由对人际情景中社会信息（人际信息）的认知、自我情绪的调节和控制能力、设身处地为他人着想的能力、人际交往能力、人际问题解决能力构成（刘在花，2004）。

已有研究中鲜有专门针对边远山区少年儿童社会智力的研究，本研究旨在通过分析同龄少年儿童的社会智力发展特点，并结合边远山区少年儿童社会智力在不同维度的特殊性进行分析，力求达到了解边远山区少年儿童社会智力现状的目的。

有研究指出，小学生社会智力结构包括社会洞察力、社会焦虑、移情、人际交往能力和人际问题解决能力（刘在花，2004）。社会洞察力，指个体对自我和社会情景正确认识的能力。个体自我认识的形成很大程度上是通过社会比较过程和他人的反馈来实现的，在与他人长期的交往和人际互动中获得"镜像自我"，得到关于自我的真实性信息，从而形成我自己的认知和自我价值，感受自己的身体状况、地位、权力、声誉、成败经历与已有成就，对自己能力与潜力的现实性评价、亲人与朋友对待自己的方式及他人的尊重等众多因素的影响，正是由于上述几方面共同的交互作用及自我概念系统本身的复杂性，形成了多维度、多层次的自我价值感。已有研究证实朋友关系和受奖励情况对各民族在自我价值感的形成存在重要的影响作用（周爱保、高学德、刘燕华，2005）但由于边远山区少年儿童在社会适应的过程中交友和获得奖励都需要经历一定的过程，可能会对边远山区少年儿童的自我认识造成不同程度的影响。社会焦虑，指个体在人际情境中缺乏自信心，高度焦虑，反映了个体调节和控制自己情绪的能力。部分边远山区少年儿童较自卑，尤其是在学习成绩和容貌方面，由于与其他同龄孩子存在一些差距使他们格外敏感。受学习环境、语言认知过程、母语与目的语之间差异等因素的影响，新疆边远边远山区学生学习汉语存在着程度不同的焦虑（马小玲，2005）。甚至部分身处极端环境的个体会形成一种易焦虑的人格特质，有研究表明边远山区边远山区儿童虐待发生率较高，受虐儿童特别是女性和农村受虐儿童社交焦虑严重（漆光紫、袁李阳、袁廖建、庞雅琴，2015）。近年来，情绪智力以及应对效能受到了越来越多学者的重视和研究。美国心理学家 Salovey

和 Mayer 认为，情绪智力（Emotional Intelligence）是指为监控自己和他人的情绪和情感，对其加以识别并用以指导自己的思维和行为的能力。边远山区少年儿童的智力结构受到许多方面的影响，各个学校应该多开展培养自信心、交往能力、表达能力的活动，注重培养学生调节情绪的能力、对应激情或困难的能力，从而提高贫困生、边远山区学生，乃至所有学生的情绪智力和应对效能，进而促进大学生身心健康发展（李小红、王彤，2013）。以上研究结果均从不同角度证实了边远山区少年儿童社会智力发展的状况。

已有研究认为小学生的社会智力发展随年龄的增长而提高，这与认知能力的提高和自我认识及情绪智力的发展有着紧密联系，小学生各方面发展有着极强的可塑性，因此教育者应重视关键年龄段边远山区少年儿童的社会智力发展。女生社会敏感性较高、表达能力较强、身心成熟较早，这些特点使得小学女生的社会智力要略高于男生（刘在花、许燕，2005），但这也有可能造成女生更易移情。针对边远山区少年儿童所存在的学习成绩不理想、学校生活适应困难等问题，研究者指出学习困难儿童经常伴有消极的学业自我概念，并以消极的自我概念这样一副有色眼镜认识身处的环境，进而进入恶性循环。社会智力的研究为理解边远山区少年儿童的心理及行为特点提供了全新的视角。将知、情、意相结合，帮助边远山区少年儿童正确理解社会信息，以积极的心态管理情绪，采用合理的行为应对生活事件，这样更利于其社会适应性的提升。

第二节　边远山区少年儿童所经历生活事件研究

2009 年以来，我国农村义务教育进入了区域布局战略调整阶段。四川省和全国一样，随着集中办学步伐的不断加快，农村中小学数量越来越少，但寄宿制学生却不断增多，越来越多的农村中小学生在很小年龄阶段，就要离开自己熟悉的环境，离开父母，独自到离家很远的地方上学、寄宿。从村到乡镇，从乡镇到县城，随着学习环境的改变，学生的生活事件也在不断发生着新的变化。对中小学区域布局调整背景下学生生活事件的发生及其对学生的影响进行研究，其结果能够对教育主管部门的决策以及相关政策的调整，对学校教育的引导和调整，对认识特殊环境下的青少年成长成才有着积极意义。

一、研究对象与研究方法

（一）研究对象

本研究的研究对象为四川省阿坝州、甘孜州边远山区的 4 所小学的 317 名学生，从小学四年级到五年级。与此同时，我们针对 300 名来自成都市周边区县的 3~6 年级小学生开展了同样的调查，对不同地区儿童社会适应的发展状况进行比较研究。边远山区少年儿童男生 184 人，占总人数的 58%，女生 133 人，占总人数的 42%；3~4 年级学生 129 人，占总人数的 40.7%，5~6 年级学生 188 人，占总人数的 59.3%；独生子女 184 人，占总人数的 58%，非独生子女 133 人，占总人数的 42%；居住在城镇的边远山区少年儿童 49 人，占总人数的 15.5%，居住在乡村的边远山区少年儿童 268 人，占总人数的 84.5%；跟随父母进城务工的边远山区少年儿童 157 人，占总人数的 49.5%，未跟随父母进城务工的边远山区少年儿童 50.5%；来自双亲家庭的 230 人，占总人数的 72.6%，来自单亲家庭 56 人，占总人数的 17.7%，来自重组家庭 31 人，占总人数的 9.8%；父母外出务工的具体情况来讲，父母都外出务工的人数为 80 人，占总人数的 25.2%，父亲外出务工的人数为 112 人，占总人数的 35.3%，母亲外出务工的人数为 35 人，占总人数的 11%，都没有外出务工的人数为 90 人，占总人数的 28.5%；家庭年收入 1000 元以下的人数为 44 人，占总人数的 13.9%，家庭年收入 2000 元~5000 元的人数为 227 人，占总人数的 71.6%，家庭年收入 5000 元~10000 元的人数为 27 人，占总人数的 8.5%，家庭年收入为 10000 元以上的为 19 人，占总人数的 6%；家庭收入主要来源以农业为主的人数为 44 人，占总人数的 13.9%，家庭收入主要来源以经商为主的人数为 41 人，占总人数的 12.9%，家庭收入主要来源以外出打工为主的人数为 183 人，占总人数的 57.7%，家庭收入主要来源以其他来源为主的人数为 49 人，占总人数的 15.5%。

（二）研究工具

对个体应激性生活事件的了解是对个体身体和心理上的障碍进行诊断和预测的一个信息来源。本研究采用我国 1987 年编制的《青少年生活事件量表》（ASLEC），该量表适合青少年生活事件发生频度和应急强度的评定，共有 27 个可能给青少年带来的负性生活事件构成，测验期限为最近 12 个月，主要从"人际关系""学习压力""受惩罚""丧失""健康适应"和"其他"六个方面进行，评定等级为：未发生（0~1）、没有影响（1~2）、轻度影响（2~3）、中度影响（3~4）、重度影响（4~5）、极重影响（5~6）六级。本研究主要从学生所处地域、性别、民族、年级等方面，针对青少年生活事件应激强度进行研究，试图探寻影响规律。使用 SPSS13.0 对问卷进行数据处理及分析。中国青少年生活事件检查表有较好的信效度。该量表的内部一致性信度：分别计算出 α 系数为 0.82（P<0.01），分半信度为 0.76（P<0.01）。中国青少年生活事件检查表用主观加权记分得到的结果为 0.54，与 Kale 和 Stenmark 所比较的四种量表中结果最好的 LEQ（Life Events Questionnaire）。

（三）研究过程及数据处理

以随机抽样的方式发放纸制问卷，要求被调查者在明确指导语后逐一填写问卷得到原始数据。删除不合格及带有极端值的问卷，将所搜集数据采用 SPSS20.0 统计软件包进行平均数差异性检验、方差分析、皮尔逊方差分析等整理分析。

二、调查结果与分析

为考察边远山区少年儿童所经历生活事件的基本状况，我们对参加本次调查的 317 名被试者的生活事件量表各因素上的平均数和标准差进行了统计。量表采用 5 点计分，最高分为 5 分，最低分为 1 分，中等临界值为 3 分。具体结果见表 5-1。

从表 5-1 中可以看出，边远山区少年儿童应激压力源相关的生活事件与普通少年儿童存在共性，同时也存在着自身的特点。总体而言，边远山区少年儿童被试者在青少年生活事件量表的每个因子的得分在中间水平 2.5 分上下浮动，边远山区少年儿童并没有影响特别大的应

表 5-1 边远山区少年儿童生活事件各因子及总分描述性统计结果

变量	人际关系因子	学习压力因子	受惩罚因子	丧失因子	健康适应因子	其他因子	总应激量
M	2.69	2.65	2.41	2.49	2.30	2.29	2.47
SD	0.56	0.58	0.42	0.61	0.45	0.42	0.40

激压力源，总体的应激压力水平处于中等水平。从边远山区少年儿童青少年生活事件量表的各因素来看，发展较为均衡，其中困境积极认知均分最高（M=2.29），困境应对最低（M=2.69）。各因素均值大小依次为：人际因子>学习因子>丧失因子>受惩罚因子>健康适应因子>其他因子。从中我们可以更加直观地看到边远山区少年儿童所经历的生活事件及应激来源的总体状况。

表 5-2 边远山区少年儿童青少年生活事件各维度均分的相关分析（r）

	人际关系因子	学习压力因子	受惩罚因子	丧失因子	健康适应因子	其他因子
人际因子	1					
学业因子	T=1.31 P=0.191	1				
受惩罚因子	T=11.53 P=0.000***	T=10.61 P=0.000	1			
丧失因子	T=6.40 P=0.000***	T=4.68 P=0.000	T=-3.02 P=0.003	1		
健康适应因子	T=14.52 P=0.000***	T=12.26 P=0.000	T=4.80 P=0.000	T=7.34 P=0.000	1	
其他	T=15.84 P=0.000***	T=13.39 P=0.000	T=8.94 P=0.000	T=7.27 P=0.000	T=0.232 P=0.817	1

注：*表示在 0.05 水平上差异显著，**代表在 0.01 水平上差异显著，***表示在 0.001 水平上差异显著，以下同。

为了和 5 点量尺相对应，使分数的含义更加明了，本研究采用每个维度的总分除以这个维度的题目数得到的题目均分，并进行进一步的统计分析。独立样本 T 检验发现学业因子、受惩罚因子及其他因子的性别差异显著。不同年级边远山区少年儿童生活事件的人际因子、丧失因子、健康因子及总应激量不存在差异显著（$P < 0.05$），具体结果见表5-3。

表5-3 边远山区少年儿童生活事件量表性别差异检验结果

	变量	人际关系因子	学习压力因子	受惩罚因子	丧失因子	健康适应因子	其他因子	总应激量
男生	M	1.71	1.71	1.45	1.52	1.30	1.36	1.51
	SD	0.51	0.57	0.38	0.61	0.44	0.43	0.37
女生	M	1.66	1.58	1.36	1.46	1.31	1.21	1.43
	SD	0.62	0.58	0.47	0.61	0.60	0.39	0.42
	T	0.983	2.296	1.951	1.007	-0.331	3.569	1.953
	P	0.326	0.02*	0.05*	0.315	0.741	0.000***	0.819

不同年级边远山区少年儿童生活事件量表各因素和总问卷的均值和标准差见表5-4。以年级为自变量生活事件量表各因素和总问卷的均值为因变量，通过独立样本T检验发现，人际因子及健康因子维度在年级变量上存在显著差异。

表5-4 边远山区少年儿童生活事件量表年级差异检验结果

	变量	人际关系因子	学习压力因子	受惩罚因子	丧失因子	健康适应因子	其他因子	总应激量
3~4年级	M	1.57	1.60	1.47	1.46	1.20	1.39	1.43
	SD	0.53	0.62	0.61	0.67	0.53	0.52	0.51
5~6年级	M	1.73	1.67	1.39	1.50	1.34	1.30	1.49
	SD	0.56	0.56	0.35	0.59	0.42	0.39	0.36
	T	-2.188	-0.881	1.140	-0.508	-2.58	-0.226	-1.112
	P	0.029*	0.379	0.257	0.612	0.010**	0.822	0.267

不同家庭类型各因素和总问卷的均值和标准差见表5-5。通过单因素方差分析发现青少年生活事件量表的每一个维度及总分上均存在显著差异。经进一步的事后检验发现，边远山区少年儿童生活事件量表的人际

因子得分从大到小排列，依次的顺序是：单亲家庭＞重组家庭＞完整家庭，其中单亲家庭的人际因子得分显著大于完整家庭（$P=0.004$），单亲家庭学习因子得分显著大于完整家庭（$P=0.003$），单亲家庭受惩罚因子得分显著大于完整家庭（$P=0.006$），单亲家庭丧失因子得分显著大于完整家庭（$P=0.001$），重组家庭丧失因子得分显著大于完整家庭（$P=0.027$）。单亲家庭健康适应因子得分显著大于完整家庭（$P=0.000$），单亲家庭其他因子得分显著高于完整家庭得分（$P=0.01$），单亲家庭总应激量显著高于完整家庭（$P=0.000$）。边远山区少年儿童在青少年生活事件量表各因子的得分及总分从大到小排列，依次的顺序均呈现：单亲家庭＞重组家庭＞完整家庭。

表 5-5　边远山区少年儿童生活事件量表家庭类型差异检验结果

	变量	人际关系因子	学习压力因子	受惩罚因子	丧失因子	健康适应因子	其他因子	总应激量
完整家庭	M	1.64	1.60	1.38	1.42	1.28	1.27	1.43
	SD	0.504	0.556	0.380	0.506	0.415	0.389	0.351
单亲家庭	M	1.86	1.84	1.54	1.69	1.49	1.42	1.64
	SD	0.696	0.645	0.591	0.861	0.592	0.562	0.551
重组家庭	M	1.79	1.72	1.46	1.68	1.30	1.24	1.50
	SD	0.658	0.521	0.304	0.723	0.449	0.299	0.308
F		4.88	4.76	4.01	6.99	9.43	3.66	7.74
P		0.008^{**}	0.009^{**}	0.019^{*}	0.001^{***}	0.000^{***}	0.027^{**}	0.001^{***}
事后检验		单亲家庭＞完整家庭**	单亲家庭＞完整家庭**	单亲家庭＞完整家庭*	单亲家庭＞完整家庭*** 重组家庭＞完整家庭***	单亲家庭＞完整家庭*** 单亲家庭＞完整家庭***	单亲家庭＞完整家庭**	单亲家庭＞完整家庭***

　　是否跟随父母进城务工的边远山区少年儿童生活事件量表各因素和总问卷的均值和标准差见表 5-6。以是否跟随父母进城务工为自变量，生活事件量表各因素和总问卷的均值为因变量，通过独立样本 T 检验发现，人际因子、其他因子及总应激量在是否跟随父母进城务工变量上存在显著差异。

表 5-6　边远山区少年儿童生活事件量表是否跟随父母进城务工

差异检验结果

	变量	人际关系因子	学习压力因子	受惩罚因子	丧失因子	健康适应因子	其他	总应激量
是	M	1.76	1.75	1.44	1.55	1.33	1.35	1.53
	SD	0.587	0.614	0.365	0.632	0.447	0.403	0.390
否	M	1.62	1.57	1.39	1.44	1.27	1.25	1.42
	SD	0.529	0.528	0.467	0.589	0.449	0.432	0.397
	T	2.44	2.92	1.27	1.70	1.29	2.49	2.63
	P	0.015*	0.004	0.205	0.089	0.196	0.013*	0.009**

　　以家庭收入的主要来源为自变量，本研究将家庭收入的来源简要区分为：农业、经商、外出打工及其他。以此为自变量进行方差分析结果见表 5-7 显示：以家长外出务工为家庭经济来源的其他因子得分显著大于以其他作为家庭经济收入来源的边远山区少年儿童（P=0.004）。

表 5-7　边远山区少年儿童生活事件量表不同家庭收入来源差异检验结果

	变量	人际关系因子	学习压力因子	受惩罚因子	丧失因子	健康适应因子	其他因子	总应激量
农业	M	1.61	1.67	1.41	1.48	1.26	1.29	1.45
	SD	0.469	0.547	0.381	0.734	0.431	0.402	0.381
经商	M	1.60	1.56	1.45	1.46	1.25	1.26	1.43
	SD	0.553	0.594	0.689	0.756	0.562	0.550	0.557
外出打工	M	1.73	1.68	1.43	1.54	1.35	1.35	1.51
	SD	0.566	0.591	0.367	0.566	0.449	0.421	0.377
其他	M	1.71	1.62	1.32	1.36	1.24	1.45	1.40
	SD	0.636	0.535	0.293	0.438	0.325	0.231	0.278
	F	1.168	0.721	1.265	1.356	1.553	3.513	1.582
	P	0.322	0.540	0.286	0.256	0.200	0.015*	0.193
事后检验							外出打工>其他**	

本研究将边远山区少年儿童家庭年收入水平分成了四类，水平一1000 元以下、水平二 2000 元~5000 元、水平三 5000 元~10000 元、水平四 10000 元以上，不同家庭收入水平边远山区少年儿童在青少年生活事件量表各因素和总问卷的均值和标准差见表 5-8。通过单因素方差分析发现，边远山区少年儿童在青少年生活事件量表中除了丧失因子得分之外，每一个维度及总分上均存在显著差异。经进一步的事后检验发现，边远山区少年儿童在青少年生活事件量表的人际因子得分从大到小依次的顺序是：水平四＞水平一＞水平二>水平三，其中水平二人际因子得分显著大于水平四（$P=0.03$），水平三人际因子得分显著大于水平四（$P=0.012$）；水平一学习因子得分显著高于水平二（$P=0.037$），水平一学习因子得分显著高于水平三（$P=0.023$）；水平一受惩罚因子得分显著高于水平二（$P=0.014$），水平一受惩罚因子得分显著高于水平三（$P=0.009$）；水平一健康适应因子得分显著高于水平三（$P=0.049$）；水平一其他因子得分显著高于水平二（$P=0.033$），水平一其他因子得分显著高于水平三（$P=0.014$），水平四因子得分显著高于水平三（$P=0.024$）；水平一应激总量显著高于水平二（$P=0.026$），水平一应激总量显著高于水平三（$P=0.014$）。边远山区少年儿童在青少年生活事件量表总应激量得分从大到小依次排列，顺序为：水平一＞水平四＞水平三>水平二。

表 5-8　边远山区少年儿童生活事件量表不同家庭年收入水平差异检验结果

	变量	人际关系因子	学习压力因子	受惩罚因子	丧失因子	健康适应因子	其他因子	总应激量
1000 元以下	M	1.78	1.83	1.55	1.59	1.39	1.41	1.59
	SD	0.715	0.779	0.665	0.858	0.639	0.585	0.595
2000 元~ 5000 元	M	1.67	1.64	1.39	1.46	1.29	1.27	1.46
	SD	0.514	0.530	0.323	0.541	0.402	0.357	0.325
5000 元~ 10000 元	M	1.56	1.55	1.31	1.48	1.19	1.19	1.38
	SD	0.512	0.623	0.562	0.623	0.412	0.518	0.479
10000 元以上	M	1.89	1.58	1.48	1.60	1.37	1.42	1.56
	SD	0.655	0.424	0.393	0.658	0.469	0.420	0.386
	F	2.69	2.19	3.11	0.95	1.59	3.23	2.86

续表

变量	人际关系因子	学习压力因子	受惩罚因子	丧失因子	健康适应因子	其他因子	总应激量
P	0.046*	0.088	0.026*	0.414	0.191	0.023*	0.037*
事后检验	2000 元~5000 元<10000 元以上，5000 元~10000 元<1000 元以上	1000 元>2000 元~5000 元，1000 元>5000 元~10000 元	1000 元>2000 元~5000 元，1000 元>5000 元-10000 元		1000 元>5000 元~10000 元	1000 元>2000 元-5000 元，1000 元>5000 元-10000 元，5000 元~10000 元<1000 元以上	1000 元>2000 元-5000 元，1000 元>5000 元-10000 元

　　将不同性别留守儿童与边远山区少年儿童分别进行独立样本 T 检验发现：除边远山区少年儿童男生与留守儿童在其他因子维度上存在显著差异之外，其余维度及青少年生活事件量表在不同性别的留守儿童与边远山区少年儿童之间不存在显著差异。结果见表 5-9。

表 5-9　少年儿童生活事件边远山区与非边远山区差异检验结果

	变量	人际关系因子	学习压力因子	受惩罚因子	丧失因子	健康适应因子	其他因子	总应激量
边远山区少年儿童（女）	M	1.66	1.58	1.36	1.46	1.31	1.21	1.43
	SD	0.62	0.58	0.47	0.61	0.60	0.39	0.42
非边远山区少年儿童（女）	M	1.71	1.68	1.42	1.48	1.08	1.32	1.36
	SD	0.53	0.51	0.325	0.52	0.37	0.38	0.48
	T	0.038	0.029	-0.078	0.064	-0.109	0.058	0.099
	P	0.969	0.977	0.938	0.949	0.914	0.954	0.921
边远山区少年儿童（男）	M	1.71	1.71	1.45	1.52	1.30	1.36	1.51
	SD	0.51	0.57	0.38	0.61	0.44	0.43	0.37
非边远山区少年儿童（男）	M	1.73	1.70	1.48	1.55	1.07	1.30	1.51
	SD	0.51	0.53	0.37	0.63	0.39	0.44	0.501
	T	-0.903	1.571	0.995	-0.098	-0.065	-2.329	0.081
	P	0.368	0.118	0.322	0.922	0.948	0.021*	0.935

三、对调查结果的讨论与结论

（一）边远山区少年儿童经历生活事件的一般分布

总体上，边远山区少年儿童所经历的生活事件带来的压力处于中等偏下水平，且各维度的发展水平不平衡。具体表现为：人际关系因子的得分最高，其他因子的得分最低，且边远山区少年儿童所经历的来自生活事件不同维度的应激水平存在显著差异。这一结果产生的原因可能在于我们调查的对象大部分仍生活在边远山区的边远山区聚居地，鲜有因环境的变迁而感受到较大的压力，但从分析的结果中我们可以总结出边远山区少年儿童压力应激原的特点。本研究被试者的年龄为 7~12 岁，该年龄阶段的个体正经历着社会性发展的重要阶段，他们逐渐走出家庭，适应着他们社会化发展的第一个课堂——学校。学习是该年龄段个体生活的重要组成部分，所以来自学习因子的生活事件得分相对较高；社会性作为人类个体的本质属性导致人际因子无论对哪个年龄阶段的个体而言，都在生活事件应激源中占了较大的比重；亲人的离去与所属重要物品的遗失对任何个体来讲均是难以接受的压力来源，但对于成年人来说，他们已经具备了相对成熟的人生观及对于"丧失"的认识，而少年儿童在面对类似压力事件时仍不具备应对此类应激事件的能力，所以丧失因子分数偏高，符合该年龄段个体的特征。但边远山区少年儿童可能会以宗教信仰的力量将丧失带来的压力得以良好的排解；从这一阶段个体道德认知发展的特点来讲，是否受到惩罚是衡量道德性的重要标准，少年儿童会因为担心受到惩罚而感受到一定的压力。近年来，国家政策的扶持，减少了边远山区在社会适应的过程中遇到的困难与阻碍。边远山区少年儿童中等偏下的压力证明了这一点。但由于边远山区少年儿童的语言、生活习惯有其自身的特点，部分边远山区因民族文化的影响（如摩梭人母系氏族的文化背景）在人际交往中会面临一定程度的阻碍，因此边远山区少年儿童在生活事件量表的人际交往因子上的得分略高于其他因子。

（二）边远山区少年儿童生活事件在性别变量上存在显著差异

在差异性上，边远山区少年儿童所经历生活事件在性别、年级、家庭类型、是否跟随进城务工父母进城生活、家庭收入来源和家庭收入水平等变量上存在显著的差异。具体表现为：学习压力因子、受惩罚因子和其他因子存在显著的性别差异，男生的学习压力显著高于女生、男生受惩罚因子的得分显著高于女生、男生其他因子的得分显著高于女生，总体而言虽然不同性别的边远山区少年儿童总体的应激源不存在显著差异，但男生所经历的生活事件压力高于女生。已有研究证实在适应行为方面，教师认为女孩比男孩适应更佳，这一方面可能表示在相同的压力情况下，女孩由于发展较超前的缘故，较男孩更能调适压力带来的影响；另一方面也可能是由于在目前的社会教育观下，倾向认为安静、乖巧的孩子适应能力较好，而那种活动量较大、浮躁不安的孩子（这些通常是男孩），被认为有较多的问题行为（俞国良、陈诗芳，2001），部分教育者对不同性别学生先入为主的印象会使得男生比女生面临更大的学业压力与困境，从而影响着学生的适应。

（三）边远山区少年儿童生活事件在年级变量上存在显著差异

人际关系因子、健康适应因子存在显著的年级差异，且表现为 5~6 年级的学生在这几个维度上的得分均显著高于 3~4 年级。5~6 年级的学生正处在进入青春期的前期，这一年龄阶段是个体身心发展速度加块的阶段，也是个体成长过程中的重要转折。首先这一阶段个体的认知发展正逐步展露辩证思维的特征，个体开始全面、深入的思考问题，理性的认识事物。对于真正友谊的思考可能会在这一阶段发生，导致人际关系的变化，再加上这一阶段个体情绪发展具有"疾风暴雨"的特点。部分青春期的少男少女缺乏情绪控制的能力，易与他人发生冲突与矛盾，导致人际关系紧张。

（四）边远山区少年儿童生活事件在家庭结构变量上存在显著差异

人际关系因子、学习压力因子、受惩罚因子、丧失因子、健康适应因子、其他因子及总应激量存在显著的家庭结构差异，经进一步的事后检验发现边远山区少年儿童人际关系因子得分从大到小依次的顺序是：单亲家庭＞重组家庭＞完整家庭，其中单亲家庭少年儿童在人际关系因子方面的得分显著高于完整家庭（$P=0.004$）。已有研究发现，单亲家庭的儿童性格存在一定缺陷，普遍表现为情绪低落、心情浮躁、抑郁悲观、性格孤僻、好走极端等，这种情况即为心理失衡（焦晓玲，

2005），使得人际交往、社会适应面临危机。不同家庭结构边远山区少年儿童学习压力因子得分从大到小依次的顺序是：单亲家庭＞重组家庭＞完整家庭，其中单亲家庭显著高于完整家庭（$P=0.003$）。不同家庭结构受惩罚因子得分从大到小依次是：单亲家庭＞重组家庭＞完整家庭，其中单亲家庭显著高于完整家庭（$P=0.006$）。不同家庭结构边远山区少年儿童丧失因子的得分从大到小依次的顺序是：单亲家庭＞重组家庭＞完整家庭，其中单亲家庭显著大于完整家庭（$P=0.001$）、单亲家庭显著大于重组家庭（$P=0.027$）。不同家庭结构边远山区少年儿童健康适应因子的得分从大到小依次的顺序是：单亲家庭＞重组家庭＞完整家庭，其中单亲家庭显著大于完整家庭（$P=0.000$）。不同家庭结构边远山区少年儿童其他因子的得分从大到小依次的顺序是：单亲家庭＞完整家庭＞重组家庭，其中单亲家庭显著大于完整家庭（$P=0.000$）。不同家庭结构边远山区少年儿童总应激量的得分从大到小依次的顺序是：单亲家庭＞重组家庭＞完整家庭，其中单亲家庭显著大于完整家庭（$P=0.01$）。单亲家庭又称缺损家庭，原是指夫妻双方因离婚、丧偶而有一方同未婚子女生活在一起的家庭。如今随着社会的发展，婚姻观念、家庭结构的变化，非婚生子女也成为单亲家庭中的成员。调查结果显示：离异家庭的小学生在同伴交往中的人际认知、情感体验和行为特征等方面的情况均显著差于完整家庭的儿童（刘黎微、马建青，2010）。学习作为少年儿童的重要生活事件，占据着他们的大部分时间与精力，也是他们的主要压力来源。作为单亲家庭的少年儿童，本身就承担着比非单亲家庭少年儿童更多的压力，在面临学习压力的情况下却又得不到来自父母双方的社会支持，导致社会支持不足，学习压力增加。心理学研究证实，丧失是导致个体自杀的重要原因，对于单亲家庭的少年儿童而言，他们面临着同龄人不曾经历的丧失。例如因丧偶而形成的单亲家庭，父亲或母亲的离世是此类家庭少年儿童的重大丧失。因离异而形成单亲家庭的少年儿童，因父母亲其中一方的离开也经历了父爱或母爱的缺失给他们带来的伤痛，导致单亲家庭少年儿童丧失因子的得分显著高于完整家庭少年儿童。单亲家庭少年儿童因缺失父母其中一方的悉心照料而出现健康问题的例子在实际生活中比比皆是，使其经受着来自健康的压力。单亲家庭少年儿童心理健康问题层出不穷，是潜在的心理、行为障碍高危人群（张志群、郭兰婷，2004）。单亲家庭边远山区少年儿童经历着同龄人不曾经历的压力事件，但压力是一个主观的概念，来自于个体对压力的评估及对自身应对压力能力的评估做衡量，当自身应对压力的水平高于压力本身时，压力便不复存在。但单亲家庭少年儿童自身的身心健康因环境变故受到了严重影响，内忧外患的状态加重了压力的主观体验，使他们感受到巨大的压力。

（五）边远山区少年儿童生活事件在是否跟随父母进城务工变量上存在显著差异

是否跟随进城务工父母进城生活在人际关系因子、学习压力因子、其他因子及总应激量等方面的得分存在显著差异，各维度得分均显示"跟随"的边远山区少年儿童显著高于"未跟随的"边远山区少年儿童，其主要原因在于跟随父母进城的边远山区少年儿童因为更换了生活、学习环境，需要重新适应，因此承受着更多的压力。而进城务工的父母也因为工作繁忙无暇顾及随他们进城的孩子的衣食住行，再加上经济、住房等压力无形中也增加了随父母进城的边远山区少年儿童的适应压力。

（六）边远山区少年儿童生活事件在家庭收入来源及收入水平变量上存在显著差异

家庭不同收入来源的边远山区少年儿童在其他因子上的得分存在显著差异，不同家庭收入来源的边远山区儿童在其他因子上的得分从大到小的顺序依次是：其他>外出打工>农业>经商，其中以外出打工为收入来源的家庭在其他因子上的得分显著大于以其他为主要收入来源的家庭。不同家庭年收入水平的边远山区少年儿童在青少年生活事件量表除丧失因子之外的其他因子上均存在显著差异。事后检验的结果显示：人际关系因子的得分从大到小依次是：10000元以上>1000元以下>2000元>5000元>5000元~10000元，其中家庭年收入为2000元~5000元水平的边远山区少年儿童人际关系因子的得分显著小于10000元以上、家庭收入水平为5000元~10000元水平边远山区少年儿童人际关系因子的得分显著小于1000元以下；学习压力因子的得分从大到小依次是：1000元以下>2000元~5000元>5000元~10000元>10000元以上，其中家庭年收入为1000元

以下水平的边远山区少年儿童学习压力因子的得分显著大于 2000 元
~5000 元、家庭年收入水平为 1000 元以下水平边远山区少年儿童学习压
力因子的得分显著大于 2000 元~5000 元；受惩罚因子的得分从大到小依
次是：1000 元以下>10000 元以上>2000 元~5000 元>5000 元~10000 元，
其中家庭年收入为 1000 元以下水平的边远山区少年儿童受惩罚因子的得
分显著大于 2000 元~5000 元、家庭年收入水平为 1000 元以下水平的边远
山区少年儿童受惩罚因子的得分显著大于 5000 元~10000 元。健康适应因
子的得分从大到小依次是：1000 元以下>2000 元~5000 元>5000 元~10000
元>10000 元以上，其中家庭年收入水平为 1000 元以下水平的边远山区少
年儿童健康适应因子的得分显著大于 5000 元~10000 元。其他因子的得分
从大到小依次是：1000 元以下>10000 元以下>2000 元~5000 元>5000 元
~10000 元，其中家庭年收入为 1000 元的边远山区少年儿童人际关系因子
的得分显著大于 2000 元~5000 元、家庭收入水平为 5000 元~10000 元水
平的边远山区少年儿童人际关系因子的得分显著小于 1000 元以下。总应
激量得分从大到小依次是：1000 元以下>10000 元以下>2000 元~5000
元>5000 元~10000 元，其中家庭年收入为 1000 元以下的边远山区少年儿
童人际关系因子的得分显著大于 2000 元~5000 元、家庭年收入为 5000
元~10000 元的边远山区少年儿童人际关系因子的得分显著小于 1000 元
以下。所谓经济基础决定上层建筑，许多已有的心理学研究证实经济收
入影响着个体的幸福感、心理健康。经济收入的稳定性及多少直接影响
着个体应对压力的能力水平。经济收入不稳定的个体更容易体验到压力
的存在。

　　将不同性别边远山区少年儿童与非边远山区少年儿童生活事件量
表各维度得分及总分进行对比，显示出不同性别边远山区与非边远山
区少年儿童生活压力来源存在各自的特点。就女生而言，非边远山区
少年儿童除健康适应因子外，其他各因子及总分均高于边远山区少年
儿童。非边远山区女生人际关系因子与学习压力因子的得分显著高于
边远山区女生，产生这一结果的主要原因可能是边远山区小学女生的
人际关系交流圈主要由本民族个体组成，故人际关系的压力相对较低。
至于学习压力存在显著差异的原因在于边远山区学生本身的发展不
足，同学与师长给予他们足够的理解与宽容，再加之国家给予这一群

体相对宽松的政策，导致边远山区小学女生来自学习的压力较低。边远山区男生的其他因子的得分显著大于非边远山区男生，主要原因在于生活环境的转变必定在许多方面给边远山区的少年儿童一定的压力。再加之边远山区男生的情绪控制、人格特征存在自身的缺陷，导致边远山区男生的其他因子的得分显著高于非边远山区。

第三节　边远山区弱势少年儿童心理韧性发展现状

心理韧性（resilience，又称作心理弹性）是指个体的心理发展并未受到曾经历或正在经历的压力或逆境的负面影响，甚至出现愈挫弥坚的现象（Rutter，2000）。诸多代表性的研究揭示了心理韧性发展的普遍性与平常性。经历过或正在经历艰难困苦的人，其身心功能良好的例子比比皆是（Cederblad，1996；Fergusson & Lynskey，1996；Parnas et al.，1993；Werner，1995）。这一心理发展现象挑战了研究界对高危环境之于人的成长消极影响的传统认识，引起了对发展成因多重性和发展结果多样性的广泛探讨，促使学界关注个体心理韧性的发展，关注逆境健康发展的动力及原因。（Goldstein & Brooks，2005；Masten，2001；Rutter，2000）。随着研究的不断深入，研究者发现了一系列具有保护作用的因子，涉及儿童特征（如儿童乐群、良好问题解决技能、有效情绪与行为调控等）、家庭特征（如稳定和支持性的家庭环境、社会经济状况好和父母积极的子女教育等）、社区特征（如高质量社区、学校办学条件好、良好的公共医疗保健体系等）及文化社会特征（如儿童保护政策、重视儿童青少年教育、保护儿童免受社会冲突与暴力伤害等）诸领域（M.O.Wright & Masten，2005），并推测这些保护性因子在心理韧性发展中的可能作用与机制。

一、研究对象与方法

（一）研究对象

在本研究的研究对象为四川省阿坝州、甘孜州边远山区的 317 名学生。对他们心理韧性量表各因素上的平均数和标准差进行了统计，其中男生 184 人，占总人数的 58%，女生 133 人，占总人数的 42%；3~4 年级学生 129 人，占总人数的 40.7%，5~6 年级学生 188 人，占总人数的 59.3%；独生子女 184 人，占总人数的 58%，非独生子女 133 人，占总人数的 42%；居住在城镇的边远山区少年儿童 49 人，占总人数的 15.5%，居住在乡村的边远山区少年儿童 268 人，占总人数的 84.5%；跟随父母进城务工的边远山区少年儿童 157 人，占总人数的 49.5%。

（二）研究工具

青少年心理韧性量表（27 题）初测确定的青少年心理韧性量表共 27 题，包括目标专注、人际协助、家庭支持、情绪控制和积极认知五个维度，采用 5 点评价。在复测中该量表的内部一致性为 0.83。量表的五个维度分别是：F1-目标专注，指的是在困境中坚持目标、制订计划、集中精力解决问题；F2-人际协助，指的是个体可以通过有意义的人际关系获取帮助或宣泄情绪；F3-家庭支持，指的是家人的宽容、尊重和支持性态度；F4-情绪控制，指在是困境中对情绪波动和悲观的控制和调整；F5-积极认知，指的是对逆境的辩证看法和乐观态度。五个维度反映了逆境情境下，青少年的认知、情绪、行为及所处环境帮助其抵御逆境、获得良好适应的有效性。

（三）研究过程及数据处理

以随机抽样的方式发放纸质问卷，要求被调查者在明确指导语后逐一填写问卷得到原始数据。删除不合格及带有极端值的问卷，将所搜集数据采用 SPSS20.0 统计软件包进行平均数差异性检验、方差分析、皮尔逊积差相关等整理分析。

二、调查结果与分析

本研究为考察边远山区少年儿童心理韧性发展的基本状况，对参加本次调查的 317 名被试儿童的心理韧性量表各因素上的平均数和标准差进行了统计。问卷采用 5 点计分，最高分为 5 分，最低分为 1 分，中等临界值为 3 分。具体结果见表 5-10。

表 5-10 边远山区少年儿童心理韧性各因子及总分描述性统计结果

变量	目标专注	情绪控制	积极认知	家庭支持	人际协助	心理韧性
M	3.8	2.65	3，57	2.78	2.58	15.89
SD	0.978	0.764	1.053	0.693	0.719	2.782

从表 5-10 中可以看出，边远山区少年儿童心理韧性的总平均分为 3.18，高于中等临界值，这说明我国边远山区少年儿童心理韧性处于中等偏上的水平。从边远山区少年儿童心理韧性的各因素得分来看，发展不均衡，其中目标专注均分最高（$M=3.80$），人际协助因子分数最低（$M=2.58$）。各因素均值大小依次为：目标专注>积极认知>家庭支持>情绪控制>人际协助。从表 5-10 中我们可以直观地看到边远山区少年儿童心理韧性及其各维度的总体状况。

表 5-11 边远山区少年儿童心理韧性各维度均分的差异检验结果

	目标专注	情绪控制	积极认知	家庭支持	人际协助
目标专注	1				
情绪控制	$T=18.64$ $P=0.000$	1			
积极认知	$T=4.630$ $P=0.000$	$T=-14.900$ $P=0.000$	1		
家庭支持	$T=19.257$ $P=0.000$	$T=-3.344$ $P=0.001$	$T=14.215$ $P=0.000$	1	
人际协助	$T=20.319$ $P=0.000$	$T=1.665$ $P=0.097$	$T=-16.545$ $P=0.000$	$T=5.035$ $P=0.000$	1

注：*表示在 0.05 水平上差异显著，**代表在 0.01 水平上差异显著，***表示在 0.001 水平上差异显著，以下同。

本研究针对边远山区 3~6 年级学生展开调查。为了和 5 点量尺相对应，使分数的含义更加明了，本研究采用每个维度的总分除以这个维度的题目数得到题目均分，并进行进一步的统计分析。独立样本 T 检验发现，边远山区少年儿童心理韧性各维度得分及总分的性别差异显著。不同年级边远山区少年儿童心理韧性的目标专注、情绪控制、积极认知、家庭支持、人际协助及心理韧性总分存在显著差异（P<0.05），且除家庭支持与人际协助之外，其余维度得分及总分均显示 3~4 年级显著高于 5~6 年级，具体结果见表 5-12。

表 5-12　不同年级边远山区少年儿童心理韧性差异检验结果

	变量	目标专注	情绪控制	积极认知	家庭支持	人际协助	心理韧性总分
3~4 年级	M	3.96	3.00	4.04	3.04	2.73	16.77
	SD	1.014	0.808	1.006	0.861	0.743	3.187
5~6 年级	M	3.76	2.54	3.44	2.70	2.54	14.99
	SD	0.966	0.722	1.029	0.614	0.708	2.523
T		1.60	4.96	4.71	4.12	2.17	5.37
P		0.110	0.000	0.000	0.000	0.030	0.000

不同年级边远山区少年儿童青少年心理韧性各因素和总问卷的均值和标准差见表 5-13。以居住地为自变量青少年心理韧性量表各因素和总问卷的均值为因变量通过独立样本 T 检验发现人际协助因子在年级变量上存在显著差异。

表 5-13　不同居住地边远山区少年儿童心理韧性差异检验结果

	变量	目标专注	情绪专注	积极认知	家庭支持	人际协助	心理韧性总分
城市	M	3.76	2.66	3.67	2.85	2.41	15.34
	SD	1.015	0.877	1.078	0.842	0.826	3.306
农村	M	3.81	2.65	3.55	2.77	2.62	15.40
	SD	0.972	0.742	1.049	0.661	0.693	2.676
T		-0.382	0.075	0.762	0.764	-2.053	-0.163
P		0.702	0.94	0.447	0.446	0.041	0.371

以是否独生子女为自变量，边远山区少年儿童青少年心理韧性量表各因素和总问卷的均值和标准差见表 5-14。以是否为独生子女为自变量，青少年心理韧性量表各因素和总问卷的均值为因变量，通过独立样本 T 检验发现家庭支持、人际协助和心理韧性总分在是否为独生子女的变量上存在显著差异。

表 5-14　是否为独生子女边远山区少年儿童心理韧性差异检验结果

	变量	目标专注	情绪控制	积极认知	家庭支持	人际协助	心理韧性总分
独生子女	M	3.85	2.67	2.67	2.89	2.51	15.75
	SD	0.980	0.740	1.038	0.647	0.756	2.636
非独生子女	M	3.77	2.63	3.49	2.70	2.67	15.08
	SD	0.977	0.786	1.061	0.720	0.678	2.874
T		0.834	0.533	1.640	2.684	-2.217	2.305
P		0.405	0.595	0.102	0.008**	0.027*	0.022

不同家庭类型青少年心理韧性量表各因素和总问卷的均值和标准差见表 5-15。通过单因素方差分析发现，青少年心理韧性量表的目标专注、人际协助维度上存在显著差异。经进一步的事后检验发现，边远山区少年儿童心理韧性量表的目标专注因子的得分从大到小依次的顺序是：完整家庭＞重组家庭＞单亲家庭，其中完整家庭的目标专注因子的得分显著大于单亲家庭（P=0.017）。完整家庭人际因子的得分显著小于单亲家庭（P=0.01）。边远山区少年儿童在青少年心理韧性量表上总分从大到小依次的顺序均呈现：完整家庭＞单亲家庭＞重组家庭。

表 5-15　不同家庭结构边远山区少年儿童心理韧性各维度及总分差异检验结果

	变量	目标专注	情绪控制	积极认知	家庭支持	人际协助	心理韧性总分
完整家庭	M	3.86	2.68	3.605	2.784	2.538	15.465
	SD	0.943	0.763	1.025	0.705	0.694	2.699
单亲家庭	M	3.54	2.621	3.52	2.83	2.79	15.306
	SD	1.138	0.765	1.118	0.520	0.805	2.978
重组家庭	M	3.83	2.47	3.38	2.69	2.54	14.92
	SD	0.857	0.774	1.165	0.889	0.691	3.124
F		2.883	1.028	0.723	0.365	3.403	0.568
P		0.57	0.359	0.486	0.695	0.034	0.567
事后检验		完整家庭＞单亲家庭				完整家庭＜单亲家庭	

以父母外出打工情况作为自变量，本研究将父母亲外出打工情况区分为都外出打工、父亲外出打工、母亲外出打工、都没外出打工。以此为自变量进行方差分析结果见表5-16显示：目标专注、积极认知、家庭支持和人际协助因子均存在不同类型父母外出打工的差异。具体显示：都没外出打工的目标专注得分显著大于都外出打工（$P=0.025$），都没外出打工的目标专注得分显著大于父亲外出打工（$P=0.011$），都没外出打工的目标专注得分显著大于母亲外出打工（$P=0.017$）。母亲外出打工的积极认知得分显著大于都外出打工（$P=0.002$），都没外出打工的积极认知得分显著大于都外出打工（$P=0.002$），母亲外出打工的积极认知得分显著大于父亲外出打工（$P=0.013$），都没外出打工的积极认知得分显著大于父亲外出打工（$P=0.023$）。都没外出打工的家庭支持得分显著大于父亲外出打工（$P=0.041$）。母亲外出打工的人际协助得分显著大于父亲外出打工（$P=0.019$）。

表5-16　不同外出情况边远山区少年儿童心理韧性各维度及总分差异检验结果

	变量	目标专注	情绪控制	积极认知	家庭支持	人际协助	心理韧性总分
都外出打工	M	3.55	2.66	3.32	2.91	2.64	15.09
	SD	1.053	0.823	1.046	0.729	0.741	3.072
父亲外出打工	M	3.99	2.61	3.47	2.72	2.49	15.19
	SD	0.948	0.729	1.070	0.697	0.741	2.82
母亲外出打工	M	3.89	2.66	3.94	2.69	2.79	16.08
	SD	1.034	0.767	0.942	0.640	0.652	2.14
都没外出打工	M	3.86	2.68	3.78	2.78	2.56	15.66
	SD	0.891	0.759	1.013	0.664	0.682	2.625
	F	3.064	0.146	5.365	1.720	2.130	1.748
	P	0.028	0.932	0.001	0.162	0.096	0.157
事后检验		都没外出打工>都外出打工、都没外出打工>母亲外出打工、都没外出打工>父亲外出打工		母亲外出打工>都外出打工、都没外出打工>都外出打工、母亲外出打工>父亲外出打工、都没外出打工>父亲外出打工	都没外出打工>父亲外出打工	母亲外出打工>父亲外出打工	

　　本研究将边远山区少年儿童家庭年收入水平分成了四类，水平一1000 元以下、水平二 2000 元~5000 元、水平三 5000 元~10000 元、水平四 10000 元以上，不同家庭收入水平的边远山区少年儿童在青少年心理韧性量表各因素和总问卷的均值和标准差见表 5-17。通过单因素方差分析发现，边远山区少年儿童在青少年心理韧性量表中除了家庭支持得分与心理韧性总分之外，在每一个维度上均存在显著差异。经进一步的事后检验发现边远山区少年儿童在青少年心理韧性量表的目标专注因子的得分从大到小依次的顺序是：水平二＞水平三＞水平四>水平一，其中水平二人际因子的得分显著大于水平一（P=0.001）；情绪控制得分从大到小的顺序是：水平四＞水平三＞水平一>水平二，水平四情绪控制因子的得分显著高于水平二（P=0.005）；边远山区少年儿童积极认知得分从大到小的顺序依次是：水平二＞水平三＞水平四>水平一，水平二积极认知因子的得分显著高于水平一（P=0.003）；边远山区少年儿童人际协助得分从大到小的顺序：水平四＞水平三＞水平一>水平二，水平三人际协助因子的得分显著高于水平二（P=0.031），水平四人际协助因子的得分显著高于水平二（P=0.041）。边远山区少年儿童在青少年心理韧性总得分从大到小依次的顺序为：水平四＞水平三＞水平二>水平一。

表 5-17　不同家庭年收入水平的边远山区少年儿童心理韧性各维度及总分差异检验结果

变量		目标专注	情绪控制	积极认知	家庭支持	人际协助	心理韧性总分
1000 元以下	M	3.42	2.68	3.18	2.78	2.66	14.72
	SD	1.27	0.793	1.171	0.711	0.843	3.151
2000 元~5000 元	M	3.92	2.59	3.66	2.75	2.51	15.43
	SD	0.892	0.739	1.017	0.667	0.676	2.581
5000 元~10000 元	M	3.71	2.73	3.55	2.95	2.78	15.71
	SD	0.863	0.845	0.981	0.779	0.675	2.845
10000 元以上	M	3.62	2.99	3.51	2.88	2.79	15.78
	SD	1.146	0.752	1.205	0.753	0.824	3.526
F		4.34	2.861	3.13	1.097	2.89	1.39
P		0.005	0.037	0.026	0.35	0.351	0.243
事后检验		2>1	4>2	2>1		3>2、4>2	

一般自我效能感与心理韧性的 5 个因子及总分的相关分析结果见表 5-18。一般自我效能感除了与情绪控制、人际协助相关不显著外，与心理韧性的目标专注因子、积极认知因子、家庭支持因子及心理韧性总分呈显著的正相关。

表 5-18　边远山区少年儿童心理韧性各因子及总分与
一般自我效能感相关（r）

变量	目标专注	情绪控制	积极认知	家庭支持	人际协助	心理韧性
一般自我效能感	0.469	-0.004	0.361	0.224	-0.031	0.348

由相关分析结果可知，心理韧性的大部分维度与一般自我效能感关系密切。为进一步探索其因果关系，本研究以心理韧性的五个维度为自变量，一般自我效能感为因变量，通过 stepwise 方法进行回归分析，回归分析结果见表 5-19。

表 5-19　边远山区少年儿童心理韧性对一般自我效能感的回归分析

依次纳入的变量	R	R2	B	非标准化 β	标准化 β	T 值
常量			11.770			6.102
目标专注	0.469	0.220	2.843	0.428	0.361	6.639
积极认知	0.485	0.236	1.108	0.401	0.152	2.762
家庭支持	0.495	0.245	-1.537	0.527	-0.144	-2.917
人际协助	0.508	0.258	1.451	0.570	0.131	2.544

以心理韧性的各因子为自变量，一般自我效能感为因变量。运用多元线性逐步回归法进行分析，心理韧性的目标专注、积极认知、家庭支持、人际协助四个因子均进入回归方程 $Y=11.77+0.469X1+0.485X2+0.495X3+0.508X4$，多元相关系数为 0.538，联合解释变异量为 0.258，即心理韧性各因素能联合预测一般自我效能感 25.8% 的变异量。

三、对调查结果的讨论

（一）边远山区少年儿童心理韧性发展处于中等水平

边远山区少年儿童心理韧性的发展状况。心理韧性是个体生理、心理暂时适应外界环境的平衡状态，它受到个体内外各种保护因素和危险因素的共同作用。已有研究综合前人的研究认为（叶艳胜，2010），依据平均数和标准差可以将人群分为 3 种类型"心理韧性评分≦平均分-1 个标准差为低等水平，心理韧性评分≧平均分+1 个标准差为高等水平，其余为中等水平。本研究心理韧性均分为（3.178±0.56），比平均值高一个标准差的人数为 33 人，比平均值低一个标准差的人数为 61 人，其余 223 人的心理韧性均处于中等水平。由此可见，边远山区少年儿童现阶段心理韧性的发展水平并不乐观，这与现阶段这些孩子正在经历的压力与困境有着不可分割的关系。但心理韧性作为个体成长过程中可以被激发的一种潜能，通过正确的引导与帮助，经历困境之后这些孩子的挫折应对能力会得到相应的提升。在挫折的洗礼下，现阶段这些孩子还不具备抵御挫折的能力。

（二）边远山区少年儿童心理韧性出现逆增长趋势

边远山区少年儿童的发展在部分人口学变量的差异检验中存在自身的特点。首先，心理韧性的研究者普遍认为随着年龄的增长（曾守锤、李其维，2003），个体所经历的事件越多，离真实的世界越来越近。而经历可以促进个体心理韧性不断发展。单本研究发现，5~6年级边远山区少年儿童低于 3~4 年级边远山区少年儿童心理韧性的各维度得分，即此阶段出现心理韧性发展逆增长的现象。根据本研究出现的这一现象进行推测，笔者认为青少年心理韧性的发展并非呈直线上升的趋势，在青少年即将进入青春期之前可能存在个体心理韧性发展的短暂下降。众所周知，心理韧性是由一系列来自外在及内部的保护性因素构成（杨欣，2010），其中包含目标专注，指的是在困境中坚持目标、制订计划、集中精力解决问题；人际协助，指的是个体可以通过有意义的人际关系获取帮助或宣泄情绪；家庭支持，指的是家人的宽容、尊重和支持性态度；情绪控制，指的是在困境中对情绪波动和悲观的控制和调整；积极认知，指的是对逆境的辩证看法和乐观态度。而在进入青春期之前的个体以上保护性因子都会出现不同程度的浮动。青春期是个体人生中自我意识膨胀的又一个阶段，这一时期的个体注重自我的存在感，对于关注及尊重有着极度的需求，这些特点导致个体对自我的认识存在一定程度的偏颇，自负和自卑是这一年龄段儿童常见的心理缺陷。而对自我失去正确的评估会使目标专注受到很大的影响，放弃原来的目标、出现不切实际的愿望、浮躁导致解决问题能力下降均是青春期或即将进入青春期的少年儿童会出现的问题；这一年龄阶段被赋予"疾风骤雨"的称号，即形容的是这一阶段个体的情绪特征，大部分青春期个体难以控制自身的情绪，导致与朋友、师长的人际关系紧张。根据皮亚杰的认知发展阶段理论，我们得知个体"辩证思维"的出现起步于个体发展的青春期阶段，而进入青春期之前辩证思维随之初现端倪但并不稳定，个体难以积极的态度及观点认知事物。综上所述，青春期及进入青春期之前个体在心理韧性上出现短暂的下降是正常现象。笔者认为如果研究所针对的对象扩大，跨越整个青春期，我们可以观察到个体的心理韧性发展有所回升。

（三）边远山区少年儿童心理韧性在是否为独生子女变量上存在显著差异

独生子女与非独生子女心理韧性的发展在家庭支持及人际协助维度上存在着显著差异。独生子女的家庭支持得分显著高于非独生子女，而独生子女的人际协助得分显著低于非独生子女。此处的家庭支持是指家人的宽容、尊重和支持性态度。由于独生子女是家中唯一的孩子，来自父母家人的家庭支持相对充足，而非独生子女并非家中唯一的孩子，假如来自每个家庭的家庭支持是恒定的，那么非独生子女的家庭支持不得不与兄弟姐妹分享。所以，独生子女的家庭支持得分显著高于非独生子女，属于正常现象。但独生子女的人际适应能力不及非独生子女的研究结果比比皆是，可知非独生子女的人际适应优于独生子女，他们可以得到更多的人际协助。

（四）边远山区少年儿童心理韧性在家庭结构变量上存在显著差异

一般情况下，当问及完整家庭孩子的发展状况与非完整家庭孩子的发展状况进行比较的问题时，绝大部分人会认为完整家庭孩子各方面的发展优于非完整家庭的孩子。但本研究结果显示：完整家庭边远山区少年儿童的人际协助能力发展显著低于单亲家庭边远山区少年儿童的人际协助能力。乍一看这是一个令人咋舌的结果，但仔细思考会发现其中的道理。心理韧性的人际协助因子指的是个体可以通过有意义的人际关系获取帮助或宣泄情绪。社会性作为人类的本质属性，注定了个体不论处于哪个年龄阶段都不能另开人际交往的渠道，在进入幼儿园之前我们的人际交往局限于家庭，随着年龄的增长，个体的人际交往逐步复杂化。随着独生子女政策的实行，孩子在家中受到越来越多的关注，减少了家庭之外的人际交往。但非完整家庭对于孩子的关注本身就是缺失的，大部分完整家庭无法满足孩子人际交往的需要，因此来自非完整家庭的孩子提早就将人际交往的对象指向了家庭之外，这反而激发了他们人际交往的潜能使他们拥有比完整家庭孩子更多的人际协助。

（五）边远山区少年儿童心理韧性在父母进城务工情况上存在显著差异

欠发达地区农村的"留守儿童"问题已经成为现阶段我国基础教育面临的严峻问题（范方、桑标，2005）。然而，到目前为止偏远地区的边远山区留守儿童很少引起人们的关注。研究结果发现，随着父母进城务工，边远山区少年儿童心理韧性的发展会受到不同程度的影响。父母都外出打工的边远山区少年儿童个体心理韧性水平最低，父亲进城打工者次之，接着是均未外出打工，而母亲外出打工个体的心理韧性得分最高。父母均外出打工的边远山区少年儿童心理韧性发展滞后，其原因非常明显，因为缺乏来自父母的支持，使他们的身心发展受到一定程度的影响。但为何父亲的离开会使边远山区少年儿童心理韧性的发展受到如此大的影响呢？因为孩子常常模仿父亲的行为方式与性格特点。心理学家麦克·闵尼的研究资料表示：一天与父亲接触不少于8小时的男孩比起那些一星期接触不到6小时的男孩人际关系融洽，能从事的活动风格更开放，更具有进取精神甚至冒险性，更富有男子汉气概。美国医学专家海兹灵顿等人的报告指出，与父亲接触时间较少的孩子，其情感障碍尤为突出，普遍存在焦虑、自尊心低下与自制力弱等缺点，并有攻击性行为，甚至成年后会有许多不良的生活习惯。因此，孩子常与父亲接触，往往社会交往能力会更强，伙伴关系会更融洽。精神分析的客体关系理论认为，个体身心的健康发展与父母的关系状况总是起源于母亲而回归于父亲的。总体而言，在中国这个父系氏族的社会宣扬着男主外、女主内的文化，大部分孩子克服困难能力的习得是以父亲为榜样的（张青青，2007）。而经济基础决定上层建筑，丰厚的经济收入可以增强个体克服困境的信心。

（六）心理韧性对一般自我效能感的回归分析

研究结果显示：心理韧性各因素能联合预测一般自我效能感 25.8% 的变异量。唯物辩证法认为事物的内部矛盾（即内因）是事物自身运动的源泉和动力，是事物发展的根本原因，外部矛盾（即外因）是事物变化、发展的第二位原因，外因通过内因而起作用。唯物辩证法的这一真理在解释和说明许多问题上都具有深刻的意义，在心理学研究领域亦是如此。许多来自外部的刺激和信息都只能通过主体性的加工才能对个体产生作用。成功地应对困境，其关键在于个体的认知、情感及行为，而决定个体认知、情感及行为的关键是人格，自我意识作为人格的核心在个体应对困难的过程中起着重要的作用，它在个体个性和社会性发展上多方面的重要作用客观地决定了自我概念研究在发展心理学研究中的重要地位，也决定了积极自我意识的养成在对个体的发展具有特殊价值。当个体面临困境时，决定这些经历对个体发展会造成怎样的影响关键在于个体的主体性作用。即使外界在个体遇到困难时给予了一定的帮助和支持，但如果这种帮助和支持没有内化为个体自身发展的动力，学业韧性出现的可能性将大为降低。对于个体来讲，在困境中展现出韧性的关键取决于学生的主体性作用。所谓主体性作用是指个体对自己处境、能力的觉知，对身边他人心理及关系的适当判断。它担负着个体对自身环境的分析与判断，并依据自身社会能力采取相应的行动。而学业自我是个体发挥主体性作用应对学业困境的一个重要心理成分。

罗杰斯认为：自我概念是个人现象场中与个人自身有关的内容，是个人自我知觉的组织系统和看待自身的方式。对于一个人的个性与行为具有重要意义的是他的自我概念，而不是其真实自我。自我概念不仅控制并综合着个人对于环境知觉的意义，而且高度决定着人对于环境的行为反应。上述文字说明了自我概念的作用，而自我效能（self-efficacy）指一个人在特定情景中从事某种行为并取得预期结果的能力，它在很大程度上指个体对自我有关能力的感觉。自我效能也是指人们对自己实现特定领域行为目标所需能力的信心或信念，简单来说就是个体对自己能够取得成功的信念，即"我能行"。自我效能感与自我概念存在着紧密的联系，是建立在积极自我认识的基础上对自己能力的积极评估，是对美好未来的预期。我国学者席居哲等人（2008）基于生态系统理论提出，心理韧性及其发展研究应该着力突出身处逆境中的个体特征，将个体自身的主体性作用提升至保护性因素的中心与重心来看待。不少研究证实，个体的主体性作用，例如自我效能感、能力自我觉知等置于个体压力/逆境有效应对的核心。那么，同样起着主体性作用的"自我效能感"对压力/逆境的有效应对起着怎样的作用呢？Connell（2007）基于非裔青少年学业韧性的研究提出了学业韧性的作用机制，"自我"在这一作用机制中起着至关重要的作用，这也是本研究重要的理论依据之一。将目光聚焦"一般自我效能感"，关注"一般自我效能感"在个体面对困境时所扮演的重要角色。

第四节　边远山区弱势少年儿童社会智力发展情况

社会智力是人类的智力活动能力之一。早在 1926 年美国心理学家桑代克（Thorndike）就提出社会智力的观点，把社会智力作为个体智力的重要组成部分。他把人类智力活动分为三类：一是具体智力，亦称"机械智力"，即了解事物、应用机械技术和科学能力；二是抽象智力，即了解和应用文字或数学符号的能力；三是社会智力，即理解他人和与人相处的能力以及与人合作，在社会情境中明智行动的能力。1920 年，桑代克给出了社会智力的第一个定义，他将社会智力定义为理解他人，与他人良好协作的能力。1933 年，弗农将一些新的观点引入，他定义的社会智力包括与一般人相处的能力，有关社会事务的知识，与他人相处融洽，对团体中其他成员所发出信息的敏感性，对他人状态和特质的洞察。1991 年，Zaccoar 等人就将社会理解力与社会情境适应性行为看作社会智力的重要内容。从 Thonrdike 到 Zaeear，每个研究者都有自己的研究视角、研究的重点和自己的研究方法。因此，出现这种社会智力定义众说纷纭的现象是有其必然性的。随着社会智力研究的不断深入，研究者发现社会智力与环境适应存在着紧密的联系。研究表明，学习困难儿童的社会智力发展水平显著低于一般儿童（刘在花，2008），存在着学习环境的适应问题。社会智力水平较低的学生同伴接纳情况存在一定的问题（刘淑凤，2013），出现不同程度的人际关系紧张。社会智力与情绪智力存在着一定程度的概念重叠（许远理，2004），所以社会智力的发展对个体的情商发展存在着一定程度的影响。社会智力与个体的攻击性有着显著的负相关（李帅，2012）。由此，我们不难发现社会性作为人类的本质属性，社会智力对于个体适应社会环境有着重要的影响作用。

已有的研究鲜有针对边远山区少年儿童社会智力发展状况的相关研究，但边远山区少年儿童所面临的困境是不言而喻的。因此，研究边远山区少年儿童社会智力的特点，探索影响其社会智力发展的因素，进而为行政部门、教育部门发展边远山区少年儿童的社会智力提供参考建议，加深社会各界对这一群体的重视，使其能较好地适应城市环境，保障其健康成长。

一、研究对象与方法

（一）研究对象

本研究的研究对象为四川省阿坝州、甘孜州两个边远山区自治州或自治县的 4 所小学的 317 名学生，从小学四年级到五年级，被调查对象均为藏族少年儿童。少年儿童男生 184 人，占总人数的 58%，女生 133 人，占总人数的 42%；3~4 年级学生 129 人，占总人数的 40.7%，5~6 年级学生 188 人，占总人数的 59.3%；独生子女 184 人，占总人数的 58%，非独生子女 133 人，占总人数的 42%；居住在城镇的少年儿童 49 人，占总人数的 15.5%，居住在边远山区的少年儿童 268 人，占总人数的 84.5%；跟随父母进城务工的边远山区少年儿童 157 人，占总人数的 49.5%，未跟随父母进城务工的边远山区少年儿童占总人数的 50.5%；来自双亲家庭的 230 人，占总人数的 72.6%，来自单亲家庭 56 人，占总人数的 17.7%，来自重组家庭 31 人，占总人数的 9.8%；父母外出务工的具体情况来讲，父母都外出务工的人数为 80 人，占总人数的 25.2%，父亲外出务工的人数为 112 人，占总人数的 35.3%，母亲外出务工的人数为 35 人，占总人数的 11%，都没有外出务工的人数为 90 人，占总人数的 28.5%；家庭年收入 1000 元以下的人数为 44 人，占总人数的 13.9%，家庭年收入 2000 元~5000 元的人数为 227 人，占总人数的 71.6%，家庭年收入 5000 元~10000 元的人数为 27 人，占总人数的 8.5%，家庭年收入为 10000 元以上的为 19 人，占总人数的 6%；家庭收入来源以农业为主的人数为 44 人，占总人数的 13.9%，家庭收入的主要来源以经商为主的人数为 41 人，占总收入的 12.9%，家庭收入主要来源以外出打工为主的人数为 183 占总人数的 57.7%，家庭收入主要来源以其他来源为主的人数为 49 人，占总人数的 15.5%。

（二）研究工具

本研究采用刘在花（2006）编制的小学生社会智力量表，针对生活在的边远山区少年儿童社会智力进行测量。小学生社会智力量表包括社会洞察力、社会焦虑、移情、人际交往能力、人际问题解决能力。量表由 36 个项目组成，《小学生社会智力量表》各维度的内部一致性系数在 0.4667~0.7441 之间，总量表为 0.8671；各维度的分半信度在 0.4362~0.7629 之间，总量表为 0.8847。从测量学指标的检验可以看出，该量表结构清晰，各个维度均是对小学生社会智力的有效测量。小学生社会智力的结构包括社会洞察力、社会焦虑、移情、人际交往能力、人际问题解决能力五个维度。这五个维度可以划归认知、情感、行为三个层面，而这基本符合人类心理及行为的规律。（1）社会洞察力，指个体对自我和社会情景正确认识的能力，有 4 个条目；（2）社会焦虑，指个体在人际情境中缺乏自信心、高度焦虑，反映了个体调节和控制自己情绪的能力，有 3 个条目；（3）移情，指个体感知、理解他人情绪和需要、设身处地为他人着想的能力，有 10 个条目；（4）人际交往能力，指个体建立、维持和增进人际关系的能力，有 10 个条目；（5）人际问题解决能力，指个体按照他人要求，有效地完成人际任务的能力，有 9 个条目。

（三）研究过程及数据处理

以随机抽样的方式发放纸制问卷，要求被调查者在明确指导语后逐一填写问卷得到原始数据。删除不合格及带有极端值的问卷，将所搜集数据采用 SPSS20.0 统计软件包进行平均数差异性检验、方差分析、相关分析等整理分析。

二、调查结果与分析

为考察边远山区少年儿童社会智力发展的基本状况，我们对参加本次调查的 317 名被试者的社会智力各因素的平均数和标准差进行了统计。问卷采用 5 点计分，最高分为 5 分，最低分为 1 分，中等临界值为 2.5 分。具体结果见表 5-20。

表 5-20　边远山区少年儿童社会智力各因子及总分描述性统计结果

变量	人际问题解决因子	人际交往能力因子	移情能力因子	社会焦虑因子	社会洞察力因子	社会智力总分
M	3.93	3.76	3.89	2.91	3.47	18.56
SD	0.774	0.783	0.849	1.077	0.891	3.159

从表 5-20 中可以看出，边远山区少年儿童社会智力的总平均分为 3.71，高于中等临界值，这也就说明我国边远山区少年儿童社会智力处于中等偏上的水平。从边远山区少年儿童心理韧性的各因素来看，发展不均衡，其中社会洞察力均分最高（$M=4.07$），社会焦虑因子分数最低（$M=2.91$）。各因素均值大小依次为：社会洞察力>人际问题解决>移情>人际交往能力>社会焦虑。从表 5-20 中我们可以直观地看到边远山区少年儿童社会智力总分及各维度分数的具体状况。

进一步进行常模比较，见表 5-21。不难发现，边远山区少年儿童在社会焦虑、社会洞察力、社会智力总分等方面存在显著差异，且边远山区少年儿童得分都显著低于小学生常模。

表 5-21　边远山区少年儿童社会智力各维度的常模比较（$n=317$）

	边远山区少年儿童		小学生常模		Z 值及显著性
	M	SD	M	SD	
社会焦虑	2.91	1.077	3.52	0.992	0.000
移情	3.89	0.849	3.86	0.559	0.521
社会洞察力	3.47	0.891	3.90	0.804	0.000
人际交往能力	3.76	0.783	3.81	0.679	0.219
人际问题解决能力	3.93	0.774	3.92	0.717	0.741
社会智力总分	18.56	3.159	19.01	2.980	0.006

注：*表示在 0.05 水平上差异显著，**代表在 0.01 水平上差异显著，***表示在 0.001 水平上差异显著，以下同。

　　为了和 5 点量尺相对应，使分数的含义更加明了，本研究采用每个维度的总分除以这个维度的题目数得到的题目均分，再进行进一步统计分析。独立样本 T 检验发现人际问题解决因子、移情能力因子的性别差异显著。不同年级边远山区少年儿童生活事件的人际因子、丧失因子、健康因子及总应激量不存在显著差异（$P < 0.05$），具体结果见表 5-22。

表 5-22　边远山区少年儿童社会智力性别差异检验结果

	变量	人际问题解决	人际交往能力	移情能力	社会焦虑	社会洞察力	社会智力总分
男	M	3.86	3.71	3.81	2.95	3.99	18.32
	SD	0.753	0.742	0.818	1.038	0.872	3.03
女	M	4.03	3.82	3.99	2.86	4.17	18.86
	SD	0.791	0.831	0.878	1.125	0.908	3.300
T		-2.13	-1.34	-2.03	0.83	0.52	0.24
P		0.034*	0.181	0.043*	0.407	0.056	0.099

　　边远山区少年儿童小学生社会智力量表各因素和总问卷的均值和标准差见表 5-23。以是否为独生子女为自变量，小学生社会智力量表各因素和总问卷的均值为因变量，通过独立样本 T 检验发现，人际交往能力、移情能力因子在是否为独生子女变量上存在显著差异。

表 5-23　边远山区少年儿童社会智力是否为独生子女差异检验结果

	变量	人际问题解决因子	人际交往能力因子	移情能力因子	社会焦虑因子	社会洞察力因子	社会智力总分
独生子女	M	3.95	3.76	3.79	2.96	4.06	18.82
	SD	0.753	0.742	0.818	1.038	0.872	3.029
非独生子女	M	3.92	3.67	3.99	2.96	4.08	18.33
	SD	0.791	0.831	0.878	1.125	0.908	3.300
T		0.31	2.40	2.28	0.893	-0.269	1.509
P		0.756	0.017*	0.023*	0.373	0.788	0.132

不同家庭类型边远山区少年儿童社会智力量表各因素和总问卷的均值和标准差见表 5-24。通过单因素方差分析发现，青少年心理韧性量表的人际问题解决因子、社会焦虑因子、社会洞察力因子及社会智力总分上存在显著差异。经进一步的事后检验发现，边远山区少年儿童社会智力量表的人际问题解决因子的得分从大到小依次的顺序是：重组家庭＞完整家庭＞单亲家庭，其中完整家庭少年儿童的人际问题解决因子的得分显著大于单亲家庭（$P=0.001$）。完整家庭少年儿童人际交往能力的得分显著小于单亲家庭（$P=0.017$）。重组家庭社会焦虑因子的得分显著大于完整家庭（$P=0.026$）。完整家庭社会洞察力因子得分显著大于单亲家庭（$P=0.003$），重组家庭少年儿童社会洞察力得分显著大于单亲家庭（$P=0.003$）。完整家庭少年儿童的社会智力总分显著大于单亲家庭（$P=0.028$），重组家庭少年儿童的社会智力总分显著大于单亲家庭（$P=0.006$）。边远山区少年儿童在小学生社会智力量表所得的总分从大到小依次的顺序均为：重组家庭＞完整家庭＞单亲家庭。

表 5-24　边远山区少年儿童社会智力家庭结构差异检验结果

	变量	人际问题解决	人际交往能力	移情能力	社会焦虑	社会洞察力	社会智力总分
完整家庭	M	3.99	3.78	3.89	2.87	4.12	18.65
	SD	0.789	0.828	0.878	1.081	0.863	3.187
单亲家庭	M	3.63	3.62	3.82	2.88	3.75	17.69
	SD	0.718	0.727	0.824	1.097	1.047	3.262
重组家庭	M	4.05	3.89	3.99	3.32	4.32	19.58
	SD	0.594	0.641	0.064	0.929	0.596	2.200
F		6.33	1.54	0.44	2.53	5.97	4.20
P		0.002*	0.216	0.646	0.081	0.003*	0.016*
事后检验		完整家庭＞单亲家庭；重组家庭＞单亲家庭				完整家庭＞单亲家庭；重组家庭＞单亲家庭	完整家庭＞单亲家庭；重组家庭＞单亲家庭

　　以父母外出打工情况作为自变量，本研究将父母亲外出打工的情况区分为都外出打工、父亲外出打工、母亲外出打工、都没外出打工。以此为自变量进行方差分析结果见表 5-25：人际问题解决、人际交往能力、移情能力因子和社会焦虑因子、社会洞察力因子及社会智力总分均存在不同类型父母外出打工的差异。具体显示：母亲外出的边远山区少年儿童人际问题解决因子的得分显著大于都外出打工（P=0.007），都没外出打工的边远山区少年儿童的人际问题解决能力显著大于都外出打工（P=0.013），母亲外出打工的边远山区少年儿童的人际问题解决能力显著大于父亲外出打工。母亲外出打工的边远山区少年儿童的人际交往能力得分显著大于都外出打工（P=0.006），都没外出打工的边远山区少年儿童的人际交往能力显著大于都外出打工（P=0.004），父亲外出打工的边远山区少年儿童的人际交往能力显著大于都没外出打工（P=0.034），都没外出打工的边远山区少年儿童的积极认知得分显著大于父亲外出打工（P=0.031）。母亲外出打工的边远山区少年儿童移情因子的得分显著大于都外出（P=0.000），父母都没外出打工的边远山区少年儿童的移情因子得分显著大于都外出（P：0.000），父母都没外出边远山区少年儿童移情因子得分显著大于父亲外出打工（P=0.004）。母亲外出打工边远山区少年儿童社会焦虑因子的得分显著大于父母都外出打工（P=0.019），母亲外出打工的边远山区少年儿童社会焦虑得分显著大于父亲外出打工（P=0.050），母亲外出打工的边远山区少年儿童社会焦虑因子的得分显著大于父母都没外出打工（P=0.036）。都没外出打工的边远山区少年儿童的社会洞察力得分显著大于都外出打工（P=0.001），母亲外出打工的边远山区少年儿童社会洞察力得分显著高于父母都没外出（P=0.001），母亲外出打工的边远山区少年儿童社会洞察力得分显著大于父亲外出打工（P=0.020）。母亲外出打工的边远山区少年儿童社会智力总分显著大于父母都外出打工（P=0.010），父母都外出打工的边远山区的少年儿童社会智力总分显著大于父母都没外出打工的（P=0.001）。

　　本研究将边远山区少年儿童家庭年收入水平分成了四类，水平一 1000 元以下、水平二 2000 元~5000 元、水平三 5000 元~10000 元、水

表 5-25　边远山区少年儿童社会智力父母外出情况差异检验结果

	变量	人际问题解决因子	人际交往能力因子	移情能力因子	社会焦虑因子	社会洞察力因子	社会智力总分
都外出打工	M	3.77	3.59	3.58	3.01	3.82	17.77
	SD	0.865	0.912	0.952	1.010	0.946	3.500
父亲外出打工	M	3.89	3.69	3.89	2.94	4.02	18.41
	SD	0.720	0.776	0.817	1.085	0.909	3.136
母亲外出打工	M	4.16	3.99	4.21	2.53	4.39	19.29
	SD	0.691	0.573	0.777	1.086	0.705	2.420
都没外出打工	M	4.04	3.91	4.04	2.95	4.24	19.19
	SD	0.751	0.689	0.725	1.107	0.816	2.942
F		3.50	4.45	7.74	1.96	5.84	4.32
P		0.16	0.004**	0.000***	0.119	0.001***	0.005**
事后检验			母亲外出>都外出；都没外出>都外出；母亲外出>父亲外出；都没外出>父亲外出	母亲外出>都外出；都没外出>都外出；都没外出<父亲外出		母亲外出打工>都外出打工；都没外出打工>都外出打工；母亲外出打工>父亲外出打工	母亲外出打工>都外出打工；都外出打工>都没外出打工

平四 10000 元以上，不同家庭收入水平的边远山区少年儿童在青少年心理韧性量表各因素和总问卷的均值和标准差见表 5-26。通过单因素方差分析发现，边远山区少年儿童在青少年心理韧性量表中除了社会焦虑因子之外的每一个维度上均存在显著差异。经进一步的事后检验发现，边远山区少年儿童在小学生社会智力量表的人际问题解决因子的得分从大到小依次的顺序是：水平二＞水平四＞水平三＞水平一，其中水平二人际问题解决因子的得分显著大于水平一（P=0.001），水平三在人际问题解决因子上的得分显著大于水平一（P=0.043），水平四

在人际问题解决因子上的得分显著大于水平一（$P=0.024$）；人际交往能力因子的得分从大到小的顺序是：水平二＞水平三＞水平四＞水平一，水平三人际交往能力因子的得分显著高于水平一（$P=0.003$），水平二人际交往能力因子的得分显著高于水平一（$P=0.024$）；边远山区少年儿童移情能力得分从大到小顺序依次是：水平四＞水平二＞水平三＞水平一，水平二移情因子的得分显著高于水平一（$P=0.001$），水平四移情因子的得分显著高于水平一（$P=0.008$）；边远山区少年儿童社会洞察力得分从大到小的顺序：水平四＞水平二＞水平三＞水平一，水平三社会洞察力因子的得分显著高于水平二（$P=0.031$），水平四人际协助因子的得分显著高于水平一（$P=0.000$），水平二人际协助因子的得分显著高于水平一（$P=0.001$）。边远山区少年儿童在青少年心理韧性总得分从大到小依次的顺序为：水平四＞水平二＞水平三＞水平一，水平四社会智力总分得分显著高于水平一（$P=0.000$），水平三社会智力得分显著高于水平一（$P=0.016$），水平二社会智力总得分显著高于水平一（$P=0.003$）。

表 5-26　边远山区少年儿童社会智力家庭年收入水平差异检验结果

	变量	人际问题解决因子	人际交往能力因子	移情能力因子	社会焦虑因子	社会洞察力因子	社会智力总分
1000 元以下	M	3.59	3.42	3.54	2.68	3.59	16.84
	SD	0.714	0.859	1.000	1.081	1.123	3.519
2000 元~5000 元	M	3.99	3.83	4.05	2.94	4.25	18.97
	SD	0.744	0.745	0.781	1.035	0.792	2.815
5000 元~10000 元	M	3.93	3.80	3.77	2.98	3.85	18.43
	SD	0.814	0.773	0.868	1.147	0.836	3.173
10 000 元以上	M	3.98	3.72	3.96	2.97	4.16	18.87
	SD	0.932	0.867	0.962	1.301	1.061	4.244
F		3.95	3.89	4.13	0.91	6.55	6.37
P		0.009**	0.009**	0.007**	0.436	0.000***	0.000***
事后检验		2>1；3>1；4>1	3>1；2>1	2>1；4>1		2>1；4>1	4>1；3>1；2>1

三、对调查结果的讨论

（一）边远山区少年儿童社会智力发展性别差异

比较边远山区少年儿童与小学生社会智力常模，得出边远山区少年儿童社会智力总分及社会焦虑、社会洞察力均显著低于小学生常模的结论。其原因在于，边远山区少年儿童作为外来人口，由于文化背景、生活方式、价值观念的巨大差异使其与其他儿童相比，在家庭环境、人际网络、教育发展等资源方面处于劣势，在这种不对等的情况下，边远山区少年儿童面临着更多的压力和挑战，存在更多的社会适应问题和心理健康问题。

本研究结果表明：边远山区少年儿童社会智力的人际问题解决因子及移情能力因子发展存在性别差异，这一结论与刘在花的研究结果一致。移情，指个体感知、理解他人情绪和需要、设身处地为他人着想的能力；人际问题解决能力，指个体按照他人的要求，有效地完成人际任务的能力。当看到有人处在高兴、痛苦或者焦虑之中时，我们通常会产生不同的想法和感情，而移情是个体由真实或想象中他人的情绪情感状态引起的并与之相同或相似的自我情绪情感体验，是一种替代性的情绪情感反应能力。移情有利于维持积极的社会关系，是人们内心世界相互沟通的桥梁，因此它在人际交往中也是必不可少的。很多研究表明，移情不仅能增强助人、分享等亲社会行为，还能降低攻击等反社会行为。根据已有研究结果显示，在感知、理解他人情绪能力上女性比男性有更多的优势（苏金莲，2010）。先前的研究（Eisenberg & Lennon，1983；Feshbach & Roe，1968；Feshbach，1982）表明，从总体上来说，女生的移情多于男生。造成这种差异的可能原因是相比于男生，社会化实践倾向于鼓励女生更多地表达情绪情感（Eisenberg & Lennon，1983），以上结论与本研究结果一致。

（二）边远山区少年儿童社会智力发展是否为独生子女差异

我国 1979 年开始实行独生子女政策，至今已过去近 40 年。我国的独生子女近一亿。这一非自然的生育事实给我国社会生活的各方面带来了广泛而深远的影响，因而也得到了学术界的持久关注。本研究发现，独生子女与非独生子女在两个维度（移情、人际交往能力）上具有显著性差异，非独生子女的人际交往能力和移情能力显著高于独生子女。与独生子女的人格、个性特征相关的负面报道比比皆是，比如娇气、任性、劳动观念差、自理能力弱等（鲍思顿、范彤妮、杜芳兰，1989）。与非独生子女的人格、个性特征的差异导致独生子女的社会化、社会适应要晚一些（风笑天，2005）。相对独生子女而言，非独生子女有着更多的与同龄人相处的经验，使得他们具备比独生子女更好的人际交往的能力。非独生子女与自己的兄弟姐妹们分享着来自父母长辈的爱。在这样的家庭中，有时孩子会用自己优秀的表现博得更多的关注，在这样的过程中，他们学会了"察言观色"，学会观察别人的情感，因此移情能力不断提高。

（三）边远山区少年儿童社会智力发展家庭结构的差异

研究表明，边远山区少年儿童的社会智力总分、人际问题解决因子及社会洞察力因子在得分上存在着家庭结构的差异。具体表现为，完整家庭边远山区少年儿童的社会智力总分、人际问题解决因子及社会洞察力因子的得分显著高于单亲家庭，重组家庭边远山区少年儿童的社会智力总分、人际问题解决因子及社会洞察力因子的得分显著高于单亲家庭。以上结果表明，在家庭中父亲或母亲的缺失对孩子社会智力的发展存在严重的影响。精神分析的客体关系理论表明，孩子与母亲的关系影响着他们成人之后人际关系发展的状况。孩子与重要抚养者的关系是未来他们人际关系的雏形。而父母的缺失无疑给孩子的人际关系发展造成重创。

（四）边远山区少年儿童智力发展在父母不同打工情况上的差异

研究表明，父母不同的打工情况除了在社会焦虑和人际问题解决方面对边远山区少年儿童的智力发展具有差异性影响，在其他三个因子（移情、社会洞察力、人际交往能力、人际问题解决能力）和社会智力总体水平上也具有显著性差异，且父母均外出打工的少年儿童的社会智力及各个方面得分最低。父亲进城打工次之。这可能是因为父母亲扮演的社会角色不同，父亲需要履行更多的社会适应，孩子需要以父亲为榜样，进而从社会认识、价值判断、人际交往等方面受到父亲的影响，对其社会智力的发展产生促进作用，而父亲的离开无疑是对孩子社会自立发展的阻碍。

（五）边远山区少年儿童社会智力发展在不同收入状况下的差异

本研究表明，不同的收入状况除了社会焦虑外，在其他四个维度（移情、社会洞察力、人际交往能力、人际问题解决能力）和社会智力总体水平上具有显著性差异，并且中等收入水平（2000 元~5000 元）的少年儿童社会智力发展水平最高。收入过低的家庭，由于生存环境较差、人际交往层次较低、社会地位不高，加之文化冲突等原因易使边远山区少年儿童产生自卑心理或问题行为，对其社会智力的发展产生不良的影响；而收入过高的家庭，由于生活环境过于优越，父母容易忙于工作而疏于对子女的教养，过多的纵容使其易形成自大、骄傲的性格，不利于社会适应和人际交往，进而影响其社会智力的发展。

第五节　边远山区弱势少年儿童应对社会困境心理机制研究

在前面章节的论述中，我们不难看出由于文化的差异、资源的相对匮乏，边远山区少年儿童自身各方面能力发展的不均衡导致边远山区少年儿童长期生活在内忧外患的社会环境当中。但这样一群特殊的孩子在成长的过程中习得了一些普通少年儿童不具备的特质，例如，在经历困境的过程中提升了自身的抗压能力，形成了边远山区少年儿童特有的应对困境的心理机制。

本研究将生活事件作为边远山区少年儿童所经历的生活环境中的困境衡量工具，分析边远山区少年儿童应对困境与压力的心理机制。心理韧性是与生活的困境与压力关系十分密切的概念，研究者们普遍认为心理韧性是由个体所拥有的许多应对困境的能力构成，在压力与困境尚未出现时，它以一种隐性的状态存在。心理韧性人人都有，人与人之间的心理韧性只有高低之分，研究者假设困境是提升个体心理韧性的重要因素，反之个体的心理韧性直接影响着个体的困境应对。

自从 20 世纪七八十年代以来，美国发展心理学界和教育界就很重视社会智力研究，特别是比较重视社会智力在儿童社会和心理调节中的作用（例如，Zigler，1973；Waters & Sroufe，1983）。Corsaro（1985）。研究表明，学前儿童有较好的社会智力才能与同伴和谐地交往。得到同伴接纳，获得更多来自同伴的社会支持是学前儿童最主要的发展任务。在这一发展时期，儿童导向的同伴活动要求儿童进行分享、遵守秩序、合作、考虑他人的观点、抑制攻击。对学前儿童来讲，获得上述社会技能、得到同伴接纳是至关重要的。如果他们在发展的早期阶段不能与同伴发展良好的关系，就很可能会影响其今后社会智力的发展，进而导致适应不良。研究假设边远山区少年儿童的社会智力发展状况会对心理韧性的发展造成一定程度的影响。

一般自我效能感与心理韧性、社会智力的相关分析及心理韧性与社会智力的相关分析结果分别见表 5-27 和表 5-28。一般自我效能感除了与情绪控制、人际协助相关不显著，与心理韧性的目标专注因子、积极认知因子、家庭支持因子及心理韧性总分呈显著的正相关。

表 5-27　边远山区少年儿童心理韧性各因子及总分与
一般自我效能感相关（r）

变量	目标专注	情绪控制	积极认知	家庭支持	人际协助	心理韧性	人际问题解决	人际交往能力	移情	社会焦虑	社会洞察力	社会智力总分
一般自我效能感	0.469	-0.004	0.361	0.224	-0.031	0.348	0.607	0.584	0.501	-0.087	0.489	0.536

表 5-28　边远山区少年儿童心理韧性与社会智力相关（r）

变量	目标专注	情绪控制	积极认知	家庭支持	人际协助	心理韧性
人际问题解决	0.489	-0.008	0.412	0.229	-0.011	0.377
人际交往能力	0.577	0.003	0.485	0.185	-0.004	0.432
移情能力	0.560	0.015	0.483	0.219	0.061	0.454
社会焦虑因子	-0.021	0.194	-0.096	0.128	0.185	0.089
社会洞察能力	0.518	0.042	0.477	0.168	0.030	0.423
社会智力总分	0.533	0.081	0.453	0.249	0.084	0.471

由相关分析结果可知，一般自我效能感与心理韧性及社会智力存在显著的正相关。为进一步探索其因果关系，本研究以一般自我效能感与社会智力为自变量，心理韧性为因变量，通过 stepwise 方法进行回归分析，回归分析结果见表 5-29。

表 5-29　边远山区少年儿童一般自我效能感及社会智力对心理韧性的
回归分析

依次纳入的变量	R	$R2$	B	非标准化 β	标准化 β	T 值
常量			7.570			10.022
社会智力	0.471	0.222	0.352	0.352	0.400	7.420
一般自我效能感	0.485	0.235	0.048	0.048	0.134	2.484

以心理韧性的各因子为自变量，一般自我效能感为因变量。运用多元线性逐步回归法进行分析，社会智力、一般自我效能感均进入回归方程 $Y=7.570+0.471X1+0.485X2$，多元相关系数为 0.373，联合解释变异量为 0.235，即心理韧性各因素能联合预测一般自我效能感 23.5% 的变异量。

本研究中运用 AMOS17.0 for windows 统计软件，对边远山区少年儿童应对环境中困境的心理机制进行了结构模型检验，以考察该模型的正确性。根据探索性因素分析结果，设置 1 个潜变量（NK=1），即学业韧性，该潜变量对应的观测变量分别为 5 个（NX=5），即学业韧性的 5 个因子。据此构成样本的协方差矩阵，作为模型检验的基础。在拟合指数方面，通常考虑的检验指标有以下几种：（1）X^2 检验。一般用卡方值与自由度之比（X^2/df）作为替代性检验指数，其理论期望值为 1，公认的良好模型与数据的拟合标准为 X^2/df <5；（2）拟合指数。常用的有 GFI、AGFI、NFI、NNFI、CFI、IFI 和 SRMR。拟合度较好的模型应具备较低的 X^2 值和 SRMR 值，如 X^2/df <5，SRMR<0.080；GFI、AGFI、NNFI、CFI 的变化范围在 0~1 之间，越接近 1 越好，说明理论模型能说明原始数据间的关系，模型的拟合度愈好。经验证性因素分析（CFA），得到该模型的各项拟合指数见表 5-30。

表 5-30　边远山区少年儿童应对社会困境心理机制模型拟合程度分析结果

模型	X^2	df	X^2/df	GFI	AGFI	RMR	NFI	NNFI	CFI	IFI	RMSEA
ARQ	334.666	88	3.803	0.908	0.840	0.069	0.900	0.853	0.924	0.925	0.08

从表 5-30 中可以看出模型的各项拟合指数，其中 X^2/df 为 3.803，其余各项指标 GFI、AGFI、NFI、NNFI、CFI、IFI 的值均在 0.85 以上，RMSEA 的值为 0.08。这说明模型的设置合理。即边远山区少年儿童应对生活事件的压力的主要来源是个体的心理韧性，而个体的心理韧性受到来自社会智力与一般自我效能感的影响。这便是边远山区少年儿童应对生活压力的心理机制。

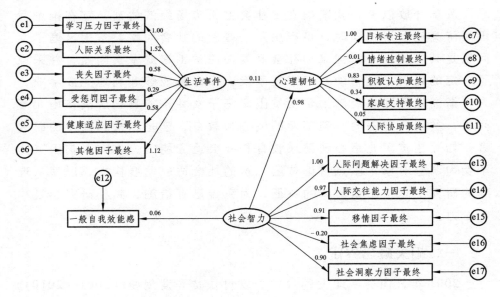

图 5-1

运用 AMOS17.0 对一般自我效能感、心理韧性及社会智力三者之间的关系进行深入分析，结果显示：除社会智力直接影响心理韧性之外，一般自我效能感还通过影响社会智力，进而影响着心理韧性。而边远山区少年儿童通过心理韧性克服着他们所经历的生活事件，在这一过程中边远山区少年儿童不断地在挫折中锻炼，自身应对挫折的能力，即心理韧性也在不断地提高。

第六章　贫困家庭子女社会适应发展特点研究

第一节　贫困家庭子女社会适应发展现状研究综述

改革开放以来，我国确立了社会主义市场经济体制，它在推进我国经济高速发展的同时，也产生了一些新的社会问题，贫困家庭子女问题是其中的一个。国家和社会高度关注贫困家庭子女问题，并采取了一定的经济措施帮助贫困家庭子女，保证其能够顺利地完成学业。人们渐渐地发现在经济上帮助贫困家庭子女并不能真正解决贫困儿童问题，贫困儿童需要心理层面的关心和教育，于是越来越多的研究者开始关注贫困儿童心理健康教育和社会适应能力。本文以贫困家庭子女为调查对象，重点讨论贫困儿童的社会适应发展特征，以期从现有的研究中总结出该群体的特征，为完善已有措施、弥补研究不足尽一份力。

一、相关概念界定

2001 年，国务院印发的《中国农村扶贫开发纲要（2001—2010）》中，把贫困分为解决温饱问题的贫困和初步解决温饱问题的贫困，这是国家和政府层面对贫困的界定。学术界认为，贫困可以分为绝对贫困和相对贫困，绝对贫困是指基本生活不能保证，温饱问题无法解决的家庭。相对贫困是指基本生活可以保证，温饱问题基本得到解决，但是生活水平低于社会公认水平的家庭。由于不同地区贫困指标不同，中国目前为止温饱问题没有解决的家庭少之又少，所以本文对贫困家庭的界定是指温饱问题基本解决，但生活水平低于社会公认水平的家

庭。1989 年联合国大会通过的《联合国儿童权利公约》和我国 2007
年实施的《未成年人保护法》中规定儿童是指 18 周岁以下的任何人。
综上所述，贫困家庭子女是指贫困家庭中 18 周岁以下的未成年子女。
贫困家庭子女是社会弱势群体，长期处于不利的社会地位中，不同程
度地存在一些心理社会问题，如社交问题、情绪情感问题、社会适应
问题等，需要得到社会的关注和关心，当然他们也存在一些优于其他
儿童群体的心理社会品质。

"社会适应"本属于社会学的范畴，后来引入心理学领域指"个体
用正常的方式与社会发生相互作用的能力，它被看作是衡量个体社会
活动质量的标准（Encyclopedia）"（任玉兰，2010）。贫困家庭子女的
社会适应因其生活环境的特殊性而表现出自身的特点，不同学者对贫
困儿童社会适应发展特征的研究结论不一，甚至会出现相反的观点，
这亟需研究者进行进一步的分析和探讨。

贫困儿童的父母文化水平低，整日为生活奔波，无暇教育或照顾
子女，因而贫困儿童存在家庭教育不足或缺失的问题。同时，贫困儿
童在学校要面对贫困带来的压力、同学的眼光（认为由于缺乏与同龄
人相同的衣着、零用钱以及丰富的课外活动经费，使学校成为贫困儿
童受排挤的主要场所）以及自己给自己制造的压力，学校处境不利
（Roker，1998）。因此，在很长一段时间，贫困儿童的心理社会问题是
心理学领域研究的重点课题。随着时间的推移，研究者们发现并不是
所有的贫困儿童都存在心理社会问题，有些贫困儿童不仅没有心理社
会问题，而且社会适应非常良好。为了使读者清晰、完整、全面地了
解贫困儿童社会适应发展的基本状况，本文将从儿童自理能力、心理
韧性、社会认知和儿童人格四个部分来对儿童的社会适应发展特征进
行综述。

二、贫困家庭子女社会适应研究现状

（一）贫困家庭子女自理能力的研究现状

《现代汉语词典》中"自理"的基本解释为"自我照料管理""自
行解决""经费自理生活自理"，其核心意思是"独立完成或独自处理"。
"能力"的基本解释为"完成一项目标或任务所体现出来的素质"，其

核心意思是"本事、本领"。因此，我们可以把"自理能力"解释为"个体独立处理自己事务的本事或本领"，它是一个连续变量，有程度上的差异。国内多数学者认为，自理能力可以分为生活自理能力、社交自理能力、挫折自理能力和学习自理能力。生活自理能力，指在生活中能自己处理日常生活琐事，比如说吃饭、穿衣、洗漱、打扫卫生，等等。社交自理能力，指在人际交往中能处理好人事关系。挫折自理能力，指在心态上能独自承受各种压力。学习自理能力，指在学习上能独立思考，独立完成学习任务。

目前学界关于儿童自理能力的研究主要集中在学前阶段，学龄阶段的研究较少，学龄阶段贫困儿童自理能力的研究就少之又少。为了清晰全面地了解贫困儿童生活自理能力发展的基本状况，本文以现有的资料作为对贫困儿童的自理能力研究的文献基础，结合学龄阶段贫困儿童自理能力的研究资料对贫困儿童的自理能力进行阐述。现有资料表明，小学生生活自理能力较弱，社会适应能力差，如上海市宝山区曾对 500 名小学生进行调查，结果显示有 9.7% 的低年级学生不会整理书包，57% 的中年级学生不会洗碗，68% 的高年级学生不会做饭（黄祥祥，2004）。农村贫困儿童生活自理能力要远远低于城市儿童。造成这种状况主要有三种原因：（1）儿童自身原因。儿童劳动观念淡薄，每天参加劳动的时间仅有 0.2 小时（王益，1999）；（2）家长溺爱。现在的孩子多为独生子女，多个成人照顾一个孩子，家长过于溺爱自己的子女，不让子女做自己力所能及的事情；（3）学校教育。现在的学校以应试教育为导向，老师认为孩子只要学习好即可，其他方面的能力可以忽略不计；（4）贫困儿童未接受高质量的学前教育（罗仁福，2010）。

基于贫困儿童生活自理能力较低的现状，不同研究者提出了不同纠正方法。魏利凌认为家庭是培养学生自理能力的首要场所（魏利凌，2010），家长应该让孩子做一些力所能及的家务劳动。黄祥祥认为家长应该多肯定，少指责，小学儿童做事，不要用大人的标准去验收（黄祥祥，2004），让儿童做自己力所能及的事，给儿童充分的实践和锻炼的机会。宋志刚等人认为可以通过在课堂中教给儿童生活自理的技巧，提高学生的生活自理能力（宋志刚，2014）。罗福仁认为应该提高农村学前教育的质量，进而提高贫困儿童的生活自理能力。

儿童自理能力一直是各个国家和地区非常重视的教育问题。我国关于儿童自理能力的研究以描述性研究为主，实验研究较少，原因分析、教育建议和经验总结居多，科学实证研究较少。此外，搜索到的几篇与贫困儿童自理能力有关的文章，显示贫困儿童的生活自理能力要远远低于普通家庭儿童自理能力的发展水平，与中国传统文化和普通民众的观念里"穷人孩子早当家"恰恰相反。由此可见，进行深入调查、分析和研究，进一步说明哪一种观点能够更加客观、全面地反映贫困儿童生活自理能力显得更有意义。

（二）贫困儿童心理韧性相关研究综述

韧性的英文单词是"resilience"，最早是物理学术语，指物体受到外界挤压时回弹的现象。后来人们发现有些儿童在遇到压力和困境时，仍然发展良好，与物体受到外界挤压的情况相似，于是"韧性"一词被引入心理学领域，指"个人面对生活逆境、创伤、悲剧、威胁或其他生活重大压力时的良好适应，它意味着面对生活压力和挫折的'反弹能力'"（许礼平等，2014）。

查阅大量文献资料后，发现很多研究者把低收入家庭儿童、孤儿、低保家庭儿童和艾滋病儿童都归入贫困儿童，由于以贫困儿童整体及这四类儿童作为研究对象研究其心理韧性发展水平的文章有限，所以本文在综述这四类儿童心理韧性发展水平的基础上，结合流动儿童、留守儿童的相关研究结果进行贫困儿童心理韧性发展水平的综述，期望对贫困儿童心理韧性的发展水平进行全面、客观的阐述。与非贫困儿童相比，贫困儿童面临着经济困难、物资缺乏及其带来的一系列问题和压力。有研究表明，贫困儿童的自我评价低，自卑心理严重；Jeanne Brooks（1998）认为贫困家庭中的儿童存在认知发展迟缓、学习障碍及社会情感等问题，早期贫困的儿童比晚期经历贫困的儿童在学校的竞争力低。这似乎说明贫困儿童处于"高压—适应不良"的直线模型中。

也有研究表明，家庭经济贫困并不必然导致儿童的适应不良。如Winner等人在1955年对200名处境不利儿童进行长达18年的跟踪研究，就发现其中有72名儿童在压力环境中人际关系和社会适应非常良好。王娟的研究结果显示，城镇低保儿童尽管面临着经济剥夺和被同伴排斥等问题，但总体上来说抗逆力发展良好（王娟，2011）。彭华民认为虽然低收入社区流动儿童在应对风险中也具备一定程度的抗逆力，但是仍然有很大的提升空间（彭华民，2012）。

研究者们对影响贫困儿童心理韧性发展的相关因素也进行了研究，具体结果如下：（1）社会支持与贫困儿童心理韧性成显著的正相关。周永红等人认为，社会支持在一定程度上可以预测留守儿童心理韧性的发展水平，儿童在社会支持上得分越高，其心理韧性发展水平也就越高。社会支持包括家庭支持、同伴支持和教师支持，家庭支持是其中最重要的社会支持。Carol（2000）通过对农村低收入家庭儿童心理韧性进行研究，发现家庭的支持对儿童心理韧性有预测作用。方佳燕则进一步指出留守儿童长期与父母分离，在他们遇到生活事件时，得不到父母的关爱和指导，便采用消极的方式应对生活事件，消极地应对方式阻碍了儿童以一种客观和积极的态度去认识和面对生活事件，久而久之形成消极的社会认知，进而阻碍儿童心理弹性的形成。（2）贫困儿童的心理韧性与自我效能感呈正相关。班杜拉认为自我效能的高低会影响贫困儿童适应生活及克服障碍的能力（班杜拉，1982）。胡会中对重庆市北碚区初中农村留守儿童进行问卷调查，发现：留守儿童的自我效能感与留守儿童的心理韧性以及心理韧性的各个方面呈显著的正相关。谢玲平等人用相关量表对湖南省 641 名留守初中生的心理韧性、自我效能感和社会适应状况进行调查，认为心理韧性、自我效能感和社会适应存在显著的正相关，心理韧性越好，儿童的社会适应能力越好，心理韧性可以很好地预测儿童的社会适应能力。另外，也有一些研究表明提高儿童的自我效能感可以提高儿童的心理韧性。（3）贫困儿童心理韧性与社会智力呈正相关。积极的社会认知导致高水平的心理韧性，消极的社会认知会降低儿童心理韧性的发展水平。Linley 和 Joseph 认为，个体在认知上拒绝接受压力和逆境，导致心理疾病的产生；个体接受压力和逆境，导致心理弹性；个体能够看到逆境中积极的一面，个体会在逆境中成长（席居哲，2006）。这是目前为止查到的唯一的从理论的高度来论述社会认知和心理韧性关系的观点。此外，席居哲的研究发现，心理弹性儿童在压力/逆境认知、社会能力的自我知觉、心理揣测和人际关系等四个方面的社会认知发展水平要高于非弹性儿童。

总之，贫困会给儿童的健康成长带来一系列问题，但是生活在贫困家庭的儿童并不会必然出现适应不良等问题，与非贫困家庭儿童相比，贫困家庭儿童社会适应更好，这些儿童表现出高水平的心理韧性。找到影响贫困儿童心理韧性发展水平的因素，并提出培养贫困儿童的针对性措施，对贫困儿童健康成长、成长成才有极大的促进作用。

（三）贫困儿童社会智力相关研究综述

"社会智力"一词的英文是"social intelligence"，最早由美国心理学家桑代克提出，指"个体在人际关系中，采取明智行为的能力"。该概念一经提出便得到了许多心理学家的认可，此后，许多心理学家投入了大量的时间和精力去研究社会智力。社会智力于 20 世纪 90 年代传入中国。社会智力到目前为止还没有一个统一的定义，根据其侧重点不同，大致可以将其定义分为四类：（1）社会智力是个体采取恰当、有效的社会行为的能力。如，斯滕伯格认为，"社会智力是人们进行恰当社会交往所必备的能力"。福特认为社会智力是"采用恰当方法和策略实现具体社会情境中相关社会目标，取得积极发展结果的能力"。该类定义把社会智力放在人与人之间交往的情景中，强调社交技巧，偏重社交技能。（2）社会智力是个体理解社会信息的能力。如，Guild（1967）认为社会智力是"个体对自我以及他人思想、动机、情绪、情感等的认识"；坎特和科尔斯兆莫认为社会智力由一系列有关社会生活的陈述性知识和程序性知识组成，社会智力在这里指"理解自己、理解他人与理解社会情境的能力，包括印象管理、社会判断和推理的规则"。该类定义关注社会智力在感知、理解他人情绪和社会规则中的作用，忽视了社会智力解决人际问题的功能，显然也是片面的。（3）社会智力是个体理解他人情绪、情感、行为意图，判断社会情景，并采取恰当行为的能力。该种定义把社会认知和行为有机地统一起来。如，毕艳华（2007）认为社会智力是指"个人经过学习获得的，在一定社会情境中有效与他人进行相互交往的活动方式，是一种包含接收、解释和控制社会信息等技能在内的多维的结构体"。（4）社会智力是指个体洞察自己及他人的心理活动，并有效管理自己情绪，做出恰当社会行为。这种定义在第三种定义的基础上增加了管理自己情绪情感的成分，使社会认知的定义更加科学、合理、全面。如，廖明珍（2008）认为"社会智力是个体在理解他人与社会情境的基础上，通过调控自己和他人的情绪，运用自己的人格魅力和社会技能作用于他人进行成功人际交往的一种社会能力"。社会智力是指"个体在人际情境中正确理解社会信息，恰当管理情绪，采取有效的社会行为的能力"。

我国对社会智力的研究始于 20 世纪的 90 年代，起步晚，经历了从对西方研究成果的引入（如对社会智力的理论收集与整理、测量工具的收集、与其它智力类型的辨析以及编制适合测量中小学生社会智力的问卷上）到本土化研究的过程。目前主要以学前儿童、中小学生、大学生、高校干部为主要研究对象。关于贫困儿童社会智能的研究几乎没有，已有的研究主要集中于贫困大学生社会洞察力、社会焦虑、移情、人际交往能力和人际问题解决能力等社会智能的子领域。

一般来说，贫困儿童父母文化水平低，缺乏教育子女的正确方法和技巧，导致贫困儿童人际交往能力和人际问题解决能力发展水平较低。如，Flanag 的研究显示，与非贫困儿童相比，贫困儿童的压力应对能力较低（Flanag，1988）；包陶迅研究发现，贫困儿童的人际适应能力要低于富裕家庭的儿童。即使贫困儿童进入大学，其准确表达情感感受的能力和在社会情境中随机应变的能力不及非贫困大学生，这与国外的研究结果相似。

经过长期的研究，心理学家们发现影响儿童社会智力发展的因素，主要有以下几点：（1）家庭教育。如，美国心理学家西蒙兹认为父母的教养方式对儿童的社会化行为有着深刻的影响，被父母接受的孩子一般能表现出父母需要的社会行为，被父母拒绝的孩子情绪不稳定、冷漠、倔强且有较强的逆反心理（吴怡娜，2009）。（2）年龄。年龄是影响社会智能的主要因素之一，年龄越大，社会智能的发展水平越高。刘在花、许燕用问卷调查法对小学生社会智能发展的特点进行研究，发现小学生社会智能存在显著的年级差异，高年级儿童的得分要高于低年级儿童。（3）儿童性格。Argyle（1988）等人关于社会技能的实验研究表明，那些不容易合群、社会关系狭窄、关系质量欠佳的人，社会技能较弱（黄月胜，2007）。（4）社会交往机会。郭威等人的研究结果显示，参加社会活动的次数会影响社会智力的得分，参加社会活动的次数越多，社会职能的得分越高（郭威，2010）。王慧等人认为，由于交往的机会较多，城市大学生的社会智力高于农村学生，学生干部的社会智力高于非学生干部（王慧，2008）。

良好的社会智力不仅有利于个体的身心健康，也能够使个体在社会生活中处于优势地位。如，Karl Albrecht 在其著作 *Social Intelligence—Beyond IQ* 中提及不良的社交行为会使人感觉无价值、无能、愤怒、挫败和罪恶，使他人远离自己，而良好的社交行为会使个体有价值、有能力、被爱、被尊重和被欣赏，能吸引他人靠近自己。贫困儿童不仅面临经济压力，同时也会面临不良的家庭教育环境和生存环境，不利于其社会智力的发展，贫困儿童不仅需要得到经济上的帮助，更需要得到心理和社交能力的指导，如何通过学校教育弥补贫困儿童家庭教育的不足是一个值得研究的课题。

（四）贫困儿童人格相关研究综述

人格一词的英文是"personality"，最初出现在希腊语中，指希腊剧中演员的面具，后来逐渐代指剧中人物角色和人物性格。心理学引用该词是指一个人思想、情感和行为特有的统合模式。国内学者对该词的中文翻译有两种：一种翻译为人格，一种翻译为个性，本文将其翻译为人格。因为它既能描述个体特有的性格特点及行为特征，又能够描述个体和周围人所共有的性格特征和行为模式。

贫困儿童长期面临着贫困本身及其带来的一系列问题的压力，其心理健康及人格必然受到影响。翻阅大量的文献资料，发现关于贫困儿童人格的论述寥寥无几，仅有一些穿插在其他文章中的零星资料，这些资料显示贫困儿童的人格基本是消极的。由于长期受到贫困的困扰，贫困儿童社会焦虑发展水平较高。如，张兰君的研究结果显示，贫困生的特征焦虑高于非贫困生。毕玉等人则进一步指出，贫困家庭的父母教养方式受经济压力的影响，呈现负性特点，父母的教养方式与儿童的焦虑水平呈负相关，父母的教养方式越偏向负性，子女的焦虑水平越高（毕玉，2008）。Gondoli 和 Silverberg 也指出，经济压力和降低父母的积极教养方式，使青少年更多地体验到父母的消极情绪和消极行为，使他们缺乏安全感，从而表现出低自尊、抑郁和行为问题。

贫困儿童的人格发展除受经济因素影响外，还受到以下因素的影响：（1）年龄。年龄是影响贫困儿童人格发展的重要因素之一。奥地利心理学家和精神病理学家阿德勒认为"儿童的人格在童年期形成，要解决儿童人格问题也应该从童年期入手"。（2）性别。对不同人口群体的研究显示，性别是影响儿童人格的重要因素之一。如，王艳祯对不同家庭结构中儿童人格的研究显示，男儿童比女儿童要倔强、固执、孤僻、情绪不稳定（王艳祯，2010）。刘兆云等人对留守儿童的研究结果显示，男孩比女孩内向、容易紧张、掩饰度高。李承宗对流动儿童的研究结果显示，男生在精神质维度上的得分高于女生，即男生比女生孤僻、自私、缺乏同情心。男女儿童在人格发展上存在差异一方面与男女儿童本身的遗传机制有关，另一方面与社会文化对男女儿童要求不同有关。（3）家庭教育。家庭氛围会影响儿童人格的发展。美国心理学家鲍姆林特通过研究发现，在权威型家庭中成长的孩子具有更多的社会责任感；在宽容型家庭中成长的孩子缺乏责任感；在专制型家庭中成长的孩子缺乏独立性。（4）学校教育。学校是家庭教育之外影响儿童人格形成和发展的重要场所。学校是进行儿童教育的专门阵地，教师是具有教育教学知识的专业性人才，应该充分发挥较好学校和教师在培养儿童人格中的积极作用。（5）社会因素。群体认同对儿童人格发展有重大影响，被群体认同的儿童容易形成积极向上的人格特征，反之，则容易形成消极逃避的人格特征。如，郑富友和俞国良对流动儿童的人格研究显示，"多数流动儿童希望与城市儿童交往，但是城市儿童拒绝与这些孩子交往，流动儿童只能选择逃避"（郑富友，俞国良，2009），这容易形成儿童自卑、逃避的性格。哈特（1990）的研究指出"没有与同伴平等交往的机会，幼儿将不能学习有效的同伴交往技能"。还有研究表明，"儿童的孤独感与其同伴的接纳水平相关非常显著，儿童的社交地位不同，孤独感也有差异，儿童的社交地位越不利，其孤独感就越强"。

　　健全的人格对人一生的成长和成才都非常重要。贫困家庭有对儿童人格发展不利的一面，也有其有利的一面，我们要充分发掘贫困家庭儿童人格成长的有利因素，规避贫困家庭儿童人格成长的不利因素，为贫困家庭儿童的健康成长创造一个有利的外部环境。同时，贫困家庭父母一般文化水平低，缺乏正确的教育子女的方法，在子女遇到困难和挫折时，很难给予恰当的指导，所以要充分发挥学校和教师的作用，为儿童健康成长提供必要的指导。帮助贫困儿童养成健全的人格，是一个全面系统的工程，需要广大心理学理论工作者和实践工作者不断努力，进一步深入系统的研究。

综上所述，贫困家庭子女的社会适应呈现出多样化、复杂化的特点。在自理能力方面，目前的研究较少，已有的研究显示我国贫困儿童生活自理能力较低，甚至低于非贫困家庭子女的生活自理能力，这与大众眼中"穷人孩子早当家"的观点正好相反，研究结果是否具有代表性，目前为止还不能确定，需要做进一步、系统的研究。心理韧性是个体在面对压力时能够适应良好的能力，贫困儿童心理韧性发展的总体水平较高，但仍有较大的提升空间。在社会智力的相关研究中显示，贫困家庭子女人际交往和人际问题解决能力的发展水平较低。贫困儿童人格发展的研究资料较少，已有的研究资料显示贫困儿童人格消极，存在焦虑、低自尊等一系列情绪障碍，贫困儿童是社会中的弱势群体，应该获得更多的关心和关注，所以心理学研究工作者应该深入和系统的对贫困儿童进行研究，以帮助贫困儿童培养健全的人格。

三、对贫困家庭少年儿童社会适应研究现状的评述和展望

（一）现有研究成果评价

贫困家庭子女是社会中的弱势群体，其身心健康关系到他们能否健康成长；家庭是否幸福，也在一定程度上关系到社会的稳定度，如美国的一项研究表明，提高贫困儿童的受教育程度可以降低犯罪的发生率。了解贫困儿童心理发展的现状，掌握贫困儿童心理发展规律，有利于我们采取针对性的措施对贫困儿童进行教育。尽管目前为止，心理学界对贫困儿童社会适应发展特征的研究还处于起步阶段，但还是取得了一定的成效，主要成果包括以下几个方面：

（1）针对目前贫困儿童自理能力有待提高的现状，学者们系统分析其原因，提出了一系列详尽可操作的方法以及各个群体应该在其中发挥的重要作用。这些丰富多彩的实践方式有利于开阔家长的思路，也有助于孩子从思想和行为上发生转变，具有借鉴意义。

（2）在对贫困心理韧性的研究中，学者们发现贫困儿童的心理韧性发展水平较高，但存在较大的个体差异，并通过一系列相关研究证明社会支持、自我效能感和社会智力是影响贫困儿童的心理韧性的重要因素。研究者们还提出可以用团体辅导的方法通过改变被试者的认知、情绪、意志和行为来帮助贫困儿童提高心理韧性。团体辅导需要专业人士进行组织，虽然符合我国心理韧性团体辅导方面的专家很少，不能惠及大部分贫困儿童的实际情况，但是也为如何提高贫困儿童的心理韧性提供了研究范式。

（3）目前为止，关于贫困家庭子女社会智力的研究较少，已有的研究显示贫困家庭子女的人际交往和人际问题解决能力要低于非贫困家庭子女，并对造成这种情况的原因进行了分析，在此基础上提出提高贫困儿童社会智力的一些策略和措施，这些策略和措施可操作性强，对于提高贫困儿童社会智力有重要的理论和实践意义。

（4）有关贫困儿童人格的研究资料较少，已有的研究显示在贫困儿童的人格中消极成分居多，这与贫困儿童的生活环境有关，研究者们认为可以从家庭、社会和学校三方面入手，通过对贫困儿童的认知、情绪、意志和行为习惯等方面的改变来帮助贫困儿童塑造积极健全的人格。这些研究成果拓宽了贫困儿童人格的研究思路，对以后研究有重大的借鉴意义。

（二）现有研究不足评价

（1）已有文献得出的贫困儿童自理能力不足的结论，所调查被试者多选取偏远地区的农村学生，其生活背景和家庭教育对其生活自理能力的培养有一定的影响，换句话说就是偏远地区农村儿童生活自理能力的发展要点和其他地区儿童生活自理能力的发展要点不同，如果用城镇儿童生活自理能力量表去测量偏远地区农村的儿童，可能会得出贫困儿童生活自理能力低的结论。再者，我国的贫困儿童不仅包括偏远地区的农村贫困儿童，也包括非偏远地区的农村和城镇贫困儿童，后两类儿童的生活环境有其自身的特点，把前者的研究结果直接应运在后者这身上也有失偏颇。贫困儿童的父母终日忙于生计，为生活奔波，无暇照顾自己的子女，其子女获得的宠爱和照顾要少于非贫困家庭的子女，因此，与非贫困家庭的子女相比，贫困家庭的子女更需要学会照顾自己，自理能力会发展的更好一些，但是目前为止并没有研究资料能证明这点，这不仅是本文的研究不足，也是研究该群体特征时普遍存在的一个缺陷。

（2）心理韧性的引入为了解进城子女的社会适应发展特征提供了新的视角，我国对心理韧性的研究还处于起步阶段，无论是心理韧性的概念还是研究方法多套用西方的研究范式，自己本土化的东西很少。此外，贫困儿童心理韧性的研究多采用问卷调查的方式进行，主要了解不同群体心理韧性发展水平的总体特征，其研究结果是描述性的、静态的，有利于人们了解不同群体贫困儿童心理韧性发展的总体情况及大体原因，不利于人们了解每种因素的作用机制，也不利于对个体心理韧性的指导。要解决这一不足，使相关研究更具针对性和指导性，就必须采用更多的跟踪研究，这同时也是推进研究进城贫困儿童社会适应发展特征，探寻内在因果关系，找出应对策略的需要。

（3）社会智力是心理学研究领域一个比较年长的话题，其研究成果非常丰富，但是关于贫困儿童社会智力的研究成果却寥寥无几，成果有限，在各大网站上只能搜到寥寥数篇文章，这一方面说明该研究领域的新颖性，另一方面也说明该研究领域的不足。

（4）与贫困儿童社会智力相似，贫困儿童人格研究的资料相当少，只能找到穿插在其他文章中的一些零星资料。已有的研究资料显示，多数贫困儿童人格发展是消极的，这与我们在生活中见到的一些乐观开朗、积极向上的贫困家庭的孩子不相符合，进行深一步的研究得出更符合贫困家庭子女真实人格特征的结论，是每个研究者面前的任务。

（三）未来研究方向及展望

（1）贫困家庭子女在很长一段时间内还会继续面临贫困及其产生的一系列问题、压力，其身心的健康发展必然受到这些压力的影响。很多研究都表明，贫困主要通过影响贫困儿童家庭的教养方式来影响儿童的人格，家庭教养方式如何影响儿童的人格，通过何种方式提高贫困家庭父母的教养水平则是一个空白领域。首先，为了帮助贫困儿童塑造健康的人格，促进其身心健康发展，需要对这两个领域做出进一步的研究；其次，与同伴关系的质量也是影响儿童心理健康的一个重要因素。哪些因素会影响贫困儿童的同伴关系，这些因素如何作用，如何帮助贫困儿童建立良好的同伴关系，这些课题都有待进一步研究。

（2）有研究表明，贫困容易导致儿童不良的社会适应，贫困家庭或地区的儿童犯罪行为的发生率要高于非贫困家庭的儿童。政府可以从某方面入手来解决这一不良的社会现象，比如，提高贫困地区儿童的教育质量或增加对贫困儿童的教育指导。有研究显示，优质的学校教育能够提高贫困儿童的社会适应能力。为了达到帮助改善已有教育制度和提高贫困家庭子女社会适应能力的目的，未来的相关研究应重视这一研究成果，并逐步使之更加系统化、全面化。如除了探讨学校性质、教学条件等方面对贫困家庭子女社会适应能力的影响外，还可以从教师的相关心理特质、生源差异所造成的影响、同学间的相互影响关系等方面加以研究，力求尽可能为进城务工人员子女提供更加有利的学习生活环境。

第二节　贫困家庭子女心理韧性与生活事件关系研究

一、问题的提出

生活事件就是生活中所面临的各种问题，是造成心理应激并进而可能影响躯体健康的主要刺激物。研究表明，"生活事件是导致青少年焦虑心境或者疾病发生的外在关键因素之一"。甚至，有人认为生活事件对儿童的负面影响是巨大的、不可逆的，在不利环境下成长起来的儿童必然社会适应不良。

Werner 和 Smith 的研究颠覆了生活事件对儿童的影响是不可逆的观点，他们对 200 名儿童进行了长达 18 年的跟踪研究，发现即使在家庭暴力、父母婚姻不幸、经济贫困等不利环境中，仍然有 72 名儿童社会适应良好。这 72 名儿童被称为弹性儿童，他们所具有的品质称为心理韧性。心理韧性是指"个体面对生活逆境、创伤、悲剧、威胁或其他生活重大压力时的良好适应，它意味着面对生活压力和挫折的反弹能力"（许礼平，2014）。

　　心理弹性的研究是"在对高危儿童、处境不利儿童和处于应激状态儿童深入研究的基础上建立起来的"。压力事件或生活事件是个体心理弹性产生的前提条件，个体心理弹性又有助于个体成功面对或解决压力事件或生活事件，二者之间的关系是密不可分的。Rak 和 Paterson 指出"个体在经历一些生活事件后，其心理弹性就会生成，压力水平的不断提升为心理弹性的发展提供了契机"。Friborg 认为"压力能激发个体的心理弹性，心理弹性又能缓解压力对个体的影响"。

　　国内学者也对生活事件和心理弹性之间的关系进行了研究，研究结果显示心理韧性和生活事件之间存在显著的负相关，即心理韧性发展水平越高，生活事件给儿童造成的压力越小；生活事件给儿童造成的压力越大，儿童的心理韧性水平越低，这与国外研究既有相似之处，又有不同之处。如，楚艳平等人对留守儿童的研究发现，心理韧性发展水平与生活事件呈显著的负相关。方佳燕对留守儿童的研究也得出了相同的结论，并进一步指出留守儿童长期与父母分离，在他们遇到生活事件时，得不到父母的关爱和指导，便采用消极的方式应对生活事件，消极的应对方式阻碍儿童以一种客观和积极的态度去认识和面对生活事件，久而久之形成消极的社会认知，进而影响心理弹性的形成。王瑶对高中生的研究显示，"心理弹性与生活事件在总体上呈显著的负相关外，心理弹性与生活事件中的人际关系、受惩罚及其他三个维度也呈显著的负相关"。虽然生活事件对儿童的心理健康具有负面影响，但是通过心理弹性的保护因素，可以提高儿童的心理健康和心理的灵活性，减少应激性生活事件对儿童的影响，从而提高儿童的心理健康水平（王瑶，2012）。

　　在中国知网，键入"心理韧性"和"生活事件"这两个关键词，可以搜索到 27 篇讨论二者关系的文章，这 27 篇文章中的研究对象包括留守儿童、初中生、大学生、高中生和职校学生，在论述的过程中偶尔会涉及贫困儿童心理韧性和生活事件的相关关系，但是很少有文章是直接以贫困儿童作为研究对象进行论述的，可见这一领域的研究还有待深化。贫困儿童长期处于经济社会的不利地位，面临着经济贫困所带来的物质压力和精神压力，他们对生活事件造成的压力有自己独特的视角和感受，对于如何克服困难与不幸有自己独特的经验，他们的生活处境和心理健康更值得我们关注。本研究旨在了解贫困儿童生活事件的基本情况、心理韧性的发展水平及二者之间的关系，为改善贫困儿童生存环境和生活质量提供参考。

二、研究方法

（一）研究对象

本研究中的贫困家庭指低收入家庭，即月平均收入低于 1000 元的家庭。我们采用随机抽样的方法从成都市城乡结合部抽取了 274 名贫困家庭的儿童进行问卷调查，回收了 242 份有效问卷，问卷回收率为 88.3%；其中男生 120 人，占总人数的 49.5%，女生 122 人，占总人数的 50.4%，城镇 21 人，占总人数的 8.7%，乡村 221 人，占总人数的 91.3%，独生子女 58 人，占总人数 24%，非独生子女 184 人，占总人数的 76%；边远山区 54 人，占总人数的 19.7%，非边远山区的人，占总人数 80.3%；82.4% 的被调查者年龄集中在 9~12 岁之间。

（二）研究工具

贫困家庭子女社会人口学特征，包括性别、年龄、是否为独生子女、居住地、年级、家庭情况、父母外出打工情况、是否与进城务工父母共同生活、家庭主要收入来源、年收入、生活自理能力、是否为边远山区等共计 12 项，据此了解被调查者的基本情况。

青少年心理韧性量表，该量表由胡月琴和甘怡群在 2008 年编制，包括目标专注、人际协助、家庭支持、情绪控制和积极认知五个维度，共 27 个项目，采用 5 点计分法，从 1（完全不符合）到 5（完全符合），得分越高表明个体的心理弹性越好，该表的总体得分在 27~135 之间。学生根据自己的实际情况选择与自己相符的题目。

青少年生活事件量表，该量表测量学生在过去 12 个月负性生活事件发生的基本情况。它包括五个纬度（健康适应因子、人际关系因子、学习压力因子、受惩罚因子和丧失因子），27 个项目，采用 5 计分法，从 1（没有）到 5（极重），得分越到说明生活事件对个体的负性影响越大。本量表编制于 1987 年，在国内使用已经有三十多年的历史，信效度较高。

（三）研究过程及数据处理

本研究以随机抽样的方式发放纸制问卷，被调查者在明确指导语后逐一填写问卷，删除回收问卷中不合格和带有极端值的问卷，将所搜集数据采用 SPSS22.0 统计软件包进行独立样本 t 检验、单因素方差分析和统计回归分析，经过分析整理形成本文。

三、研究结果与分析

（一）贫困儿童心理韧性的基本状况

为了考察贫困儿童心理韧性的整体水平，对心理韧性进行描述统计，具体结果见表 6-1。

表 6-1　贫困儿童心理韧性的整体发展水平

	平均值	标准差	最大值	最小值	理论区间	理论中值
心理韧性	76.2521	15.3048	124.00	29.00	27~135	71

由表 6-1 可知，贫困儿童心理韧性的平均值为 76.2521，理论中值为 71，平均值略高于理论中值，说明贫困儿童心理韧性的整体水平略高，处于中等偏上水平。但是此分数远远低于心理韧性的理想水平 135，说明贫困儿童心理韧性的水平还有很大的提升空间。表 1 还显示，贫困儿童心理韧性的最大值为 124、最小值为 29，说明贫困儿童心理韧性发展水平存在着显著的个体差异。

为了解贫困儿童心理韧性人口统计学差异，以性别、民族、是否为独生子女为自变量，以心理韧性及其各个维度为因变量，进行独立样本 t 检验，具体结果见表 6-2。

从表 6-2 可以看出，除人际协助以外，男女贫困儿童的心理韧性及其各个维度的得分不存在显著差异；不同民族的贫困儿童和家庭子女人数不同的贫困儿童在心理韧性及其各个维度上的得分也不存在显著差异，说明民族和家庭子女人数不是影响儿童心理韧性发展水平的主要因素，但是汉族贫困儿童在心理韧性及其各个维度上的得分要略高于少数民族贫困儿童，非独生子在目标专注和情绪控制上的得分要高于独生子女。

表 6-2 贫困儿童心理人性的人口学统计差异表

	性别			民族			是否为独生子女		
	男	女		边远地区	汉族		独生子女	非独生子女	
	(n=120)	(n=122)	T	(n=54)	(n=188)	p	(n=58)	(n=184)	t
	M±SD	M±SD		M±SD	M±SD		M±SD	M±SD	
目标专注	16.13 ±4.90	15.60 ±4.64	0.831	15.65 ±6.038	15.96 ±4.46	-0.332	15.78 ±5.02	15.91 ±4.71	-0.183
情绪控制	16.20 ±4.40	16.53 ±3.85	0.611	15.85 ±5.04	16.10 ±3.80	-0.345	15.93 ±4.67	16.51 ±3.94	-0.933
积极认知	11.95 ±3.99	11.82 ±3.62	0.266	11.71 ±4.42	12.12 ±3.44	-1.376	12.29 ±4.00	11.76 ±3.73	0.939
家庭支持	16.26 ±4.50	16.36 ±3.91	-0.189	15.69 ±4.92	16.07 ±3.94	-5.280	16.55 ±4.06	16.23 ±4.26	0.501
人际协助	15.23 ±4.62	16.39 ±4.13	-2.509*	15.09 ±5.14	15.95 ±4.60	-1.053	16.60 ±4.81	15.56 ±4.26	1.575
总分	75.78 ±16.34	76.72 ±14.26	-0.480	73.44 ±18.57	76.20 ±12.38	-0.967	77.16 ±15.78	75.97 ±15.18	0.515

注：*表示在 0.05 水平上差异显著，**代表在 0.01 水平上差异显著，***表示在 0.001 水平上差异显著，以下同。

（二）贫困儿童生活事件的基本状况

为了了解贫困儿童生活事件的总体情况，对贫困儿童的生活事件进行了描述统计，具体结果见表 6-3。

表 6-3 贫困儿童生活事件统计表

	平均值	标准差	最大值	最小值	理论区间	理论中值
生活事件	44.59	13.50035	114	28	27~135	81

由表 6-3 可知，贫困儿童生活事件的平均值为 44.59，理论中值 81，平均值低于理论中值，说明生活事件对贫困儿童心理造成的负面影响较小。另外，表 6-3 也显示生活事件的最大值为 114、最小值为 28，说明生活事件造成的压力存在显著的个体差异，同一个生活事件对不同孩子造成的影响不同。

为了了解具体的生活事件对贫困儿童的影响，我们将每件事给学生造成的苦恼程度分为五个等级：没有、轻度、中度、重度和极重，分别评为 1~5 分，计算出所有人各生活事件的平均数。最后，各生活事件苦恼的平均数除以压力最大生活事件的平均数，乘以 100，计算出各生活事件的压力指数，具体结果见表 6-4。

表 6-4　中小学生生活事件压力指数表

序号	生活事件	压力指数	序号	生活事件	压力指数
1	被人误会或错怪	97	15	当众丢面子	79
2	受人歧视冷遇	77	16	家庭经济困难	92
3	考试失败或不理想	100	17	家庭内部有矛盾	82
4	与同学或好友发生纠纷	87	18	预期的评选（如三好学生）落空	85
5	生活习惯（饮食、休息等）明显变化	81	19	受批评或处分	88
6	不喜欢上学	61	20	转学或休学	65
7	恋爱不顺利或失恋	58	21	被罚款	65
8	长期远离家人不能团聚	68	22	升学压力	82
9	学习负担重	85	23	与人打架	83
10	与老师关系紧张	65	24	遭父母打骂	91
11	本人患急重病	66	25	家庭给你施加学习压力	85
12	亲友患急重病	73	26	意外惊吓，事故	70
13	亲友死亡	72	27	如有其他事件请说明	68
14	被盗或丢失东西	85			

由表 6-4 可知，对中小学生而言，考试失败或成绩不理想是造成压力最大的生活事件，其压力指数为 100；其次是为被人误会或错怪、家庭经济困难，遭父母打骂，受到批评或处分。

为了了解生活事件的人口统计学差异，我们以性别、民族、是否为独生子女为自变量，生活事件及其各个维度为因变量，进行独立样本 T 检验，具体结果见表 6-5。

由表 6-5 可知，不同民族、不同家庭子女数的贫困儿童在生活事件及其各个维度上的得分不存在显著差异，说明不同民族和是否为非独生子并不是影响贫困家庭子女生活事件的主要因素；不同性别的贫困儿童在丧失因子上的得分存在显著差异，女孩在这个维度上的得分要高于男孩，除此以外，男女贫困儿童在心理人性及其维度上的得分也不存在显著差异。

表 6-5 贫困家庭子女生活事件量表的描述性统计结果表

	性别			民族			是否为独生子女		
	男	女	t	边远地区	汉族	t	独生子女	非独生子女	t
	(n=120)	(n=122)		(n=54)	(n=188)		(n=58)	(n=184)	
	M±SD	M±SD		M±SD	M±SD		M±SD	M±SD	
人际关系	8.15 ±2.71	8.78 ±3.12	-1.691	9.29 ±3.44	8.71 ±2.75	1.069	9.07 ±2.97	8.28 ±2.91	1.748
学习压力	8.71 ±3.15	9.00 ±3.25	-0.687	9.22 ±3.64	9.20 ±2.66	0.035	9.63 ±3.90	8.61 ±2.92	1.845
受惩罚	10.8 ±3.80	11.50 ±4.29	-1.341	11.31 ±4.86	11.57 ±3.90	-0.355	12.09 ±5.35	10.87 ±3.53	1.625
丧失	4.22 ±1.82	4.98 ±2.40	-2.766**	4.92 ±2.80	4.72 ±2.07	0.504	5.10 ±2.60	4.45 ±1.99	1.755
健康适应	5.52 ±1.89	5.77 ±2.10	-0.592	5.88 ±2.57	5.69 ±1.80	0.547	5.89 ±2.43	5.57 ±1.85	0.938
其他	5.70 ±1.98	5.98 ±2.20	-1.054	5.92 ±2.47	5.82 ±2.07	0.264	6.06 ±2.54	5.77 ±1.93	0.819
生活事件	43.12 ±12.64	46.03 ±14.20	-1.682	46.57 ±16.81	45.73 ±11.79	0.325	47.86 ±16.35	43.56 ±12.34	1.845

（三）贫困少年儿童心理韧性与生活事件的关系

为了探讨贫困儿童心理韧性及其各个维度与生活事件及其各个维度的关系，将心理韧性与生活事件及各个维度进行相关分析，具体结果见表 6-6。

表 6-6　心理韧性与生活事件及其各个维度相关性研究表

	人际关系	学习压力	受惩罚	丧失	健康适应	其他	生活事件总分
目标专注	0.257**	-0.179**	-0.205**	-0.218**	-0.241**	-0.204**	-0.263**
情绪控制	0.202**	0.141*	0.154*	0.168**	0.151**	0.139*	0.195**
积极认知	-0.101	-0.048	-0.001	-0.053	-0.094	-0.040	-0.050
家庭支持	0.031	-0.015	-0.000	0.068	0.128*	0.037	0.039
人际协助	0.208**	0.190**	0.189**	0.171**	0.182**	0.154**	0.226**
心理韧性总分	0.018	0.021	0.032	0.032	0.030	0.038	0.034

由表 6-6 可知，目标专注与学习压力、受惩罚、丧失、健康适应、其他因素以及生活事件总分之间有非常显著的负相关，情绪控制和人际协助与各类生活事件及总分之间均存在非常显著的正相关关系，积极认知和心理韧性总分与生活事件及其各个维度不存在显著的相关关系，而家庭支持和健康适应间存在显著的正相关。

为了进一步了解心理韧性与生活事件的相关关系，探讨不同心理韧性水平的贫困儿童在不同压力事件大小上的表现差异，按心理韧性总得分分别取高分端和低分端各 27% 的被试者（$n=242$）组成高心理韧性组和低心理韧性组，分别对这两组被试者的压力事件进行 T 检验，具体结果见表 6-7。

由表 6-7 可知，生活事件及其各个维度对心理韧性不同的贫困儿童造成的影响不存在显著差异，但是生活事件对心理韧性水平高的儿童造成的负面影响要略低于心理韧性水平低的儿童。

表 6-7 不同心理韧性贫困儿童生活事件的比较分析

	人际关系因子	学习压力因子	受惩罚因子	丧失因子	健康适应因子	其他	压力总分
高心理韧性组	8.17 ±3.538	8.49 ±4.15	10.92 ±4.55	4.43 ±2.39	5.58 ±2.23	5.85 ±2.31	43.446 ±16.70
低心理韧性组	8.46 ±2.550	8.66 ±2.29	10.98 ±3.01	4.40 ±1.32	5.62 ±1.61	5.68 ±1.32	43.8 ±8.65
t	5.40	0.288	0.91	-0.91	0.090	-0.512	0.152
p	0.590	0.774	0.928	0.928	0.928	0.610	0.880

四、对调查结果的讨论

（一）贫困儿童心理韧性的基本情况

研究结果表明，整体而言，贫困儿童心理韧性的发展水平处于中等偏上水平，这一结论颠覆了人们以往的看法。当代家长虽然非常重视应试教育和智力教育，但是已经认识到社会智力和情绪智力的重要性，重视培养儿童应对压力和克服困境的能力和品质，在日常生活中会教给孩子应对挫折和困难的方法，提高了学生应对生活压力和困境的能力。但是贫困儿童心理韧性的发展水平存在显著的个体差异，约有 30%的儿童心理韧性发展水平低于理论中值（71），其中 1.2%的儿童心理韧性得分低于 40，这部分儿童的抗压能力需要引起教育者的重视。教育工作者平时不仅要关注这部分学生的学习成绩，也要关注学生的情绪状态，遇到情绪消极的学生要及时询问原因并进行心理疏导，随时与家长保持沟通和联系，利用一切可以利用的资源提高学生应对困境的心理能力。

不同民族的贫困儿童、独生与非独生子女的贫困儿童其心理韧性的发展水平不存在显著差异，这与本研究的被试者都是来自四川省城乡接合部的学校有极大的关系，这些儿童长期共同生活，接受同样的学校教育，受到的环境影响基本相同，导致他们心理韧性的发展水平相似。但是不同性别的儿童在人际协助上的得分存在显著差异，女孩在人际协助上的得分要高于男孩，说明与男孩相比，女孩在心情低落或遇到困难时更能够积极主动地寻求帮助，找人倾诉或者帮忙解决困难。这与我国的传统教育观念不同，在我国的传统观念中，女孩是敏感而脆弱的，需要人呵护，心情郁闷或者遇到困难应该找人倾诉或者寻求帮助；男孩则被认为是家庭的支柱，要学会控制自己的情绪，独立处理自己所遇到的困境，如果男孩向别人倾诉自己的不良情绪或者遇到问题就求助，则被认为是软弱或者没有男子气概的象征。为了不被认为软弱或者没有男子气概，男孩在遇到问题时经常会选择闷在心理。心理学研究表明：长期把不良情绪放在心理容易导致心理疾病。为了男贫困儿童的心理健康，教师应该创造环境帮助男孩合理的宣泄情绪，同时也要教给男生合理表达自己不良情绪的技巧。

（二）对贫困儿童生活事件压力基本状况的讨论

总体而言，生活事件给贫困儿童心理造成的负面影响较小，但是存在巨大的个体差异。同样的生活事件对不同个体产生不同的影响，这提示教育者要关注生活事件造成压力的个体差异，尤其是关注生活事件对心理承受能力较弱的个体产生的影响。本研究还发现，不同的生活事件产生的影响是不同的。如，《青少年生活事件量表》中列举了27件负性生活事件，本研究采用统计学研究的方法把这些生活事件对青少年消极影响的程度进行排序，发现排在首位的是考试失败或不理想，其次为被人误会或错怪、家庭经济困难、遭父母打骂、受到批评或处分。有研究表明，生活事件与青少年的问题行为和犯罪问题之间存在着显著的相关关系。Vaux 和 Ruggiero 的研究则进一步指出生活事件能够显著的预测个体的问题行为。在现实生活中，经常会出现一些学生因为一些困难或挫折，一蹶不振，甚至自暴自弃。教育者应该利用不同生活事件影响大小不同的规律，结合儿童自身的特点，尽量控制和预防生活事件对儿童心理的不利影响，在影响较大的生活事件发生后，对心理承受能力较低的儿童进行疏导，把生活事件对儿童的伤害降低到最低程度。

在对不同群体贫困儿童的调查中发现，不同民族和家庭子女数的贫困儿童生活事件不存在显著差异，即民族和是否为独生子女不是影响贫困儿童生活事件的主要因素。但是，不同性别的贫困儿童在丧失因子上的得分存在显著差异，女生在该维度上的得分要显著高于男生，说明亲友生病、病故或东西被盗对女生心理造成的负面影响要高于男生。这提醒教师，在丧失因素发生后，要更加关注女生的心理，帮助女生学会面对现实，提高女生的心理承受能力。

（三）对贫困儿童心理韧性与生活事件关系的讨论

本研究发现贫困儿童心理韧性总分与其生活事件及其各个维度并不存在显著的相关关系，这以往的研究结果并不一致。研究还显示，目标专注与学习压力、受惩罚、丧失、健康适应、其他因素以及生活事件总分之间有非常显著的负相关关系，即个体做事时越专注，注意力越集中，生活负性事件对个体心理的负面影响越小。人生之事，十有八九不如意。个体在生活中遇到的生活事件是无法预知的和不可控的，而个体做事的注意力却可以通过一定的方法得到提高，所以提高个体目标专注力是减少生活事件对个体伤害的重要途径之一。

本研究还表明，情绪控制与各类生活事件及总分之间均存在非常显著的正相关关系，也就是说，儿童经历生活事件有助于其学会控制情绪，而儿童学会控制情绪却可以降低生活事件对其心理的负面影响。贫困家庭的子女面对的困难和挫折要多于普通家庭的孩子，其情绪控制能力也优于普通家庭的儿童。但是也有些家庭子女人数少，父母总是尽一切可能来爱惜自己的孩子，"捧在手里怕冻着，含在嘴里怕化了"，以至于很多孩子都养成骄纵、任性的性格，在生活中遇到不如意的事情，就大吵大闹、情绪失控。其实，让这些孩子学会独立面对和处理生活事件，有助于其情绪情感的健康成长。

第三节　贫困家庭子女社会智力发展特点研究

社会智力一直是心理学领域的热点话题，自从心理学诞生的那一刻起，人们就开始探讨不同群体的智力，但发现所提出的智力只能解决儿童的学业和认知问题，并不能解决人们在社会生活中遇到的其他问题，该种智力被人们称为传统智力。桑代克在研究中发现与人交往和沟通的能力在很大程度上决定了一个人能否成功，于是在 19 世纪 20

年代提出社会智力，社会智力的提出弥补传统智力的不足，很快受到心理学界的认可和追捧，经过不断的发展，目前为止，在心理学界公认的社会智力的定义是指个体在人际情境中正确理解社会信息，恰当管理个人情绪，采取有效的社会行为的能力。

贫困儿童一直被认为是社会中的弱势群体，各个国家和地区一直非常关心贫困儿童问题，对贫困儿童的心理社会问题做过大量的研究。但是查阅大量与贫困儿童心理社会问题有关的文献，发现研究贫困儿童社会智力的文献较少。贫困儿童的社会智力是否正常？贫困儿童与非贫困儿童相比，社会智力是否存在差异？贫困儿童的社会智力是否存在其独特的发展规律？这是本研究关心的问题，也是本研究要解决的问题。

一、研究方法

（一）研究对象

我们采用随机整群抽样的方法从成都市、宜宾市、巴中市城乡接合部的四所小学中抽取了 865 名 1~6 年级的学生进行问卷调查，筛选出 191 名家庭月收入在 1196 元以下的贫困家庭子女作为本研究的研究对象，研究对象的基本情况如表 6~8 所示，并随机选出年龄、年级、和性别方面与之相匹配的非贫困家庭儿童 191 名（男 90，女 101）作为对照组，经检验，这两组儿童不存在显著的年龄、性别和年级差异。

表 6-8 贫困儿童基本情况表

性别		独生子女		地区		边远山区		年级			
男	女	独生	非独生	城镇	农村	少数名族	汉族	1、2年级	3、4年级	5、6年级	初中
90	101	36	155	13	178	5	186	11	59	117	4

（二）研究工具

贫困家庭子女社会人口学特征，包括性别、年龄、是否为独生子女、居住地、年级、家庭情况、父母外出打工情况、是否与进城务工父母共同生活、家庭主要收入来源、年收入、生活自理能力、是否为边远山区等共计 12 项，以了解被调查者的基本情况。

小学生社会智力量表，该表由刘在花（2004）研究编制，为五点量表（1~5），得分越高表明儿童的社会智力在项目上的发展水平越好。该量表包括：社会洞察力、社会焦虑、移情、人际交往能力和人际问题解决能力 5 个维度，共 36 个项目。经研究证实，该量表的信度、效度较高。

（三）研究过程及数据处理

以随机抽样的方式发放纸制问卷，要求被调查者在明确指导语后逐一填写问卷得到原始数据。删除不合格及带有极端值的问卷，将所搜集数据采用 SPSS22.0 统计软件包进行多元方差分析。

二、调查研究结果与分析

（一）家庭贫困儿童与家庭非贫困儿童社会智力发展的比较

我们以学生类型（家庭贫困儿童与家庭非贫困）为自变量，社会智力总体水平及社会智力的各个维度为因变量，进行多元方差分析，结果显示 $F= 1.676$，$P= 0.049$，说明两类儿童的社会智力发展总体水平存在显著差异。单因素方差分析表明，在社会焦虑、移情和人际问题解决能力几个维度上，非家庭经济困难儿童的得分略高于家庭经济困难儿童；在社会洞察力、人际交往能力和社会智力总体水平上的得分，非家庭经济困难儿童的得分显著高于贫困儿童（具体结果见表 6-9）。

表 6-9　贫困儿童社会智力整体水平统计表

		社会洞察力	社会焦虑	移情	人际交往能力	人际问题解决能力	社会智力
家庭困难儿童	M(均值)	13.6737	8.4263	33.2789	32.8421	30.1263	118.3474
	SD(标准差)	4.35329	3.02937	9.54472	9.28595	8.89652	30.94654
非家庭经济困难儿童	M(均值)	14.6885	8.7625	35.5060	35.6816	32.3976	127.0361
	SD(标准差)	3.67156	3.08646	8.09121	8.1.32222	7.39375	24.92680
	F	3.425	0.876	3.961	5.495	4.127	5.246
	P	0.017	0.453	0.008	0.001	0.006	0.001

注：*表示在 0.05 水平上差异显著，**代表在 0.01 水平上差异显著，***表示在 0.001 水平上差异显著，以下同。

（二）不同性别贫困儿童社会智力发展的特点

我们将贫困儿童分为男女两组，以贫困儿童的性别为自变量，社会智力及社会智力的各个维度为因变量进行差异检验，结果显示，$F=0.386$，$P=0.858$，说明男女贫困儿童的社会智力不存在显著差异。单因素方差分析表明，不同性别的贫困儿童在社会智力及其各个维度上不存在显著差异。虽然不同性别不是影响贫困儿童社会智力的主要因素，但仔细分析会发现，女贫困儿童在社会焦虑、人际交往能力、人际问题解决能力及社会智力总体上的得分要高于男贫困儿童（具体结果见表 6-10）。

表 6-10　不同性别贫困儿童社会智力的比较结果

		社会洞察力	社会焦虑	移情	人际交往能力	人际问题解决能力	社会智力
男生	M（均值）	13.905	8.317	33.857	33.063	30.302	119.444
	SD（标准差）	0.404	0.272	0.880	0.851	0.801	2.798
女生	M（均值）	13.561	8.402	33.591	33.106	31.030	119.689
	SD（标准差）	0.366	0.262	0.814	0.754	0.662	2.453
	F	0.400	0.050	0.049	0.001	0.496	0.004
	P	0.528	0.824	0.824	0.870	0.482	0.947

（三）不同年级贫困儿童社会智力的发展特点

将贫困儿童分为低年级（1~2）中年级（3~4）和高年级（5~6）三组，以年级（中年级与高年级）为自变量，社会智力 5 个维度为因变量进行差异检验，结果显示，$F=2.532$，$P=0.001$，说明不同年级的贫困儿童社会智力存在显著差异。单因素方差分析表明，除社会焦虑以外，高年级贫困儿童在社会智力及其各个维度上的得分要显著高于低年级贫困儿童（具体结果表 6-11）。

表 6-11　不同年级贫困儿童社会智力的比较结果

		社会洞察力	社会焦虑	移情	人际交往能力	人际问题解决能力	社会智力
中年级（3~4年级）	M	12.761	8.113	30.746	31.254	28.268	111.141
	SD	0.507	0.359	1.107	1.043	0.938	3.391
高年级（5~6年级）	M	14.331	8.506	35.337	34.517	32.343	125.035
	SD	0.326	0.231	0.711	0.670	0.602	2.179
	F	4.649	1.130	5.957	7.008	9.927	8.131
	P	0.003	0.337	0.001	0.000	0.000	0.000

（四）不同地区贫困儿童社会智力发展的特点

我们将贫困儿童分为城镇贫困儿童和乡村贫困儿童，差异检验以地区差异为自变量，社会智力及其各个维度为因变量进行。结果显示，$F=0.969$，$P=0.438$，这说明不同地区贫困儿童的社会智力差异不明显，单因素方差分析表明，城镇与农村贫困儿童在社会智力及其各个维度上的得分不存在显著差异，但仔细分析会发现，除社会焦虑以外，城镇贫困儿童在社会智力及其各个维度上的得分要略高于农村贫困儿童（具体结果见表 6-12）。

表 6-12　不同地区贫困社会社会智力的比较结果

		社会洞察力	社会焦虑	移情	人际交往能力	人际问题解决能力	社会智力
城镇	M	14.192	7.731	36.077	33.308	32.962	124.269
	SD	0.857	0.593	1.878	1.787	1.624	5.836
农村	M	13.677	8.431	33.457	33.060	30.418	119.043
	SD	0.287	0.199	0.629	0.598	0.544	1.954
	F	0.326	1.253	1.749	0.017	2.205	0.721
	P	0.569	0.264	0.187	0.896	0.139	0.397

三、对调查结果的讨论

（一）家庭贫困儿童与家庭非贫困儿童社会智力发展的比较

本研究的研究结果表明，非家庭经济困难儿童在社会焦虑、移情和人际问题解决能力几个维度上的得分略高于家庭经济困难儿童，而在社会洞察力、人际交往能力和社会智力总体水平上的得分显著高于贫困儿童。这颠覆了以往的研究结果。如，Jeanne Brooks（1998）认为贫困家庭中的儿童存在认知发展迟缓、学习障碍及社会情感等问题；包奕迅等人认为贫困儿童的人际适应能力要远远低于富裕家庭儿童。之所以出现这样不同的结果，一方面是取样的差别，另一方面是由于研究背景的不同。

首先，本研究的贫困儿童与非贫困儿童都是四川省城乡接合部中小学校的孩子。这些孩子长期生活在城镇中，当代社会网络和媒体非常发达，学生在人际交往的过程中会模仿网络和媒体中的人物；其次，这些被调查的对象从幼儿园到小学都在城镇学校，学校教育、学校要求和学校大群体对他们的影响基本相同；最后，贫困家庭的儿童能够更加深刻地体会事态炎凉和人情冷暖，认识到人际关系在个人发展中的重要作用，会刻意地提高自己各方面的能力和自身素质。这三方面的因素缩短了贫困家庭和富裕家庭孩子社会智力之间的差距。但是贫困儿童毕竟面临贫困的压力，而且他们的家庭教育环境也较差，所以贫困儿童在社会洞察力、人际交往能力和社会智力总体水平上的得分还是要显著低于非贫困儿童。

教育者在教育的过程中，既要意识到近些年来贫困儿童社会智力上取得的进步，也要认识到贫困儿童在社会智力发展上的不足，充分发挥学校教育的作用，缩小贫困儿童与富裕儿童在社会智力之间的差距，这不仅关系到贫困儿童的成长与成才，也关系到社会的稳定。

（二）不同性别贫困儿童社会智力发展的特点

本研究还发现，不同性别的贫困小学生社会智力不存在显著差异，但在社会焦虑、人际交往能力和人际问题解决能力这三个维度上，男性儿童的得分仍要略低于女性儿童。这与以往其他学者对不同群体儿童的研究结果不一致。如，刘在花对小学生社会智力的研究结果显示，小学生的社会智力存在显著的性别差异。我们认为，之所以会出现上述截然相反的研究结果，可能是样本取样差异造成的。

导致贫困男女儿童社会智力差异不显著的其他原因还可能有以下两个：随着社会竞争压力的不断加剧，贫困家庭越来越重视子女的教育问题，对男女儿童的要求基本一致，认为男女儿童应该接受平等的教育。贫困儿童从小就在学校里生活，教师会公平地对待每一位儿童，贫困儿童外界的教育因素也基本一致，所以他们社会智力的性别差异不明显；另外，不同性别的贫困儿童社会智力差异不明显还与其生物因素有关。相关研究表明，男女儿童的智力基本一致，不存在谁优谁劣、谁高谁低的问题，他们各有不同的智力优势和劣势。如，英国心理学家麦克米肯对苏格兰 8.7 万名男女儿童作 IQ 测验，结果显示，男孩 IQ 的平均值为 100.51，女孩为 99.7，智力水平基本相同。如果他们生活在相同的环境中，社会对其的要求一致，他们通过自身的努力不断成长，则社会智力发展会不存在显著差距。

（三）不同年级贫困儿童社会智力的发展特点

不同年级贫困儿童的社会智力存在显著差异，高年级贫困儿童在社会智力及其各个维度上的得分要显著高于低年级贫困儿童。以往的研究也得出过类似的结论。如，刘在花（2004）的研究发现，高年级学生社会智力的发展水平要显著高于低年级儿童。这主要是由于随着年龄的增长、认知能力的提高和自我意识的发展，小学生对自己、他人以及社会情景的认识会更客观、更全面，对情绪的表达、理解、调控和控制力会逐步增强，更能熟练地驾驭人际关系，恰当地处理人际冲突，有效地完成他人交待的任务，使工作能力得到提高。

（四）不同地区贫困儿童社会智力发展的特点

城镇贫困儿童与农村贫困儿童在社会智力及其各个维度上的得分不存在显著差异，除社会焦虑外，城镇贫困儿童在社会智力及其各个维度上的得分要略高于农村贫困儿童。本研究的被调查者都是来自四川省城乡接合部的学校，无论是城镇贫困儿童还是农村贫困儿童，他们都在城镇学校读书，在城镇中生活，接受的外界信息和教育是一致的，这导致他们除焦虑外，在社会智力及其各个维度上的得分基本相近。农村贫困儿童虽然生活在城镇中，但他们的家依然在农村，他们在进入城镇以前的生活环境和他们的家庭教育，使他们的竞争意识和生活危机意识低于城镇贫困儿童，这使得他们在社会焦虑这一维度上的得分要略低于城镇贫困儿童。城镇儿童在社会焦虑上的得分高，说明城镇儿童比农村儿童更容易处于焦虑和紧张的状态，这一点提示教育工作者在工作中，要关注城镇儿童，对他们的不良情绪要及时进行疏导。

　　综上所述，我们会发现虽然贫困儿童社会智力的总体水平要显著低于非贫困儿童，但是其在社会焦虑、移情和人际问题解决能力等几个社会智力维度上与非贫困儿童并不存在显著差异，这是近些年来社会进步的结果。贫困儿童社会智力的发展会受到年级、地区等因素的影响，与性别关系不大，这为教师要根据贫困儿童社会发展的特点因材施教提供了依据。

第四节　贫困家庭子女人格发展特征实证研究

一、研究对象与方法

（一）研究对象

　　在本研究中采用随机整群抽样的方法从成都市城乡接合部两所小学 1-6 年级学生中抽取了 486 名儿童进行问卷调查，筛选出月收入在 1000 元以下 75 名贫困家庭子女的问卷作进行分析，被试者的基本情况见表 6-13。

表 6-13　贫困家庭子女人格特征调查被试构成

性　别		地　区		年　级			民　族	
男	女	城镇	农村	1~2	3~4	5~6	边远山区	汉族
33	42	6	69	1	25	49	1	75

（二）研究工具

　　进城务工人员子女的社会人口学特征，包括性别、年龄、是否为独生子女、居住地、年级、家庭情况、父母外出打工情况、是否与进城务工父母共同生活、家庭主要收入来源、年收入、生活自理能力、是否为边远山区等共计 12 项，以了解被调查者的基本情况。

采用儿童人格量表，该量表由 David Lachar 编制，包括自控能力、社会适应、精神质和认知发展四个维度，共 64 个项目，采用 5 点计分法，从 1（完全不符合）到 5（完全符合），总分在 64 到 320 之间，该量表采用反向计分法，得分越高，表明儿童人格越消极。经研究证实该量表的信效度较高。

（三）研究过程及数据处理

以随机抽样的方式发放纸制问卷，要求被调查者在明确指导语后逐一填写问卷得到原始数据。删除不合格及带有极端值的问卷，将所搜集数据采用 SPSS20.0 统计软件包进行多元方差分析、单因素分析。

二、调查结果与分析

（一）贫困家庭子女人格发展的基本状况

为了考察贫困儿童人格发展的整体水平，对儿童人格进行描述统计，具体结果见表 6-14。

表 6-14 贫困儿童人格发展水平表

	极小值	极大值	均值	标准差	理论区间	理论中值
儿童人格	104	205	154.05	31.031	64-320	158

由表 6-14 可知，贫困儿童人格发展水平总分的平均值为 154.05，低于理论中值 158。这说明贫困儿童人格发展的平均水平较高，处于中等偏上水平。不过，从贫困儿童人格发展水平得分的分布情况来看，情况堪忧，本次统计的标准差为 31.031，数据的离散程度较大，说明贫困儿童人格发展存在显著个体差异，约有 51%的学生人格得分高于平均得分。

（二）不同性别贫困家庭子女人格发展的特点

我们以学生的性别为自变量，儿童人格及其各个维度为因变量进行差异检验，结果显示 $F= 1.063$，0.484，$P=0.381$，说明不同性别的贫困儿童人格发展的差异不显著。单因素方差分析表明，不同性别的贫困儿童在人格各个维度：自控能力、社会适应、精神质、认知发展以及人格的总体得分上不存在显著差异，说明性别不是影响贫困儿童人格发展的主要因素。虽然贫困儿童人格发展的性别显著差异不显著，但是除社会适应以外，男生在人格及其各个维度上的得分要略高于女生（具体结果见表6-15）。

表 6-15 不同性别贫困儿童人格的比较结果

		自控能力	社会适应	精神质	认知发展	儿童人格
男生	M	28.688	51.375	47.594	30.844	158.500
	SD	1.413	1.662	2.236	0.915	4.511
女生	M	25.786	51.881	46.690	29.976	154.333
	SD	1.234	1.451	1.952	0.799	3.938
	F	1.032	0.643	0.029	0.002	0.008
	P	0.313	0.425	0.866	0.963	0.930

（三）不同年级贫困家庭子女童人格的发展特点

将贫困儿童分为中年级（3、4年级）和高年级（5、6年级）两组组，以年级为自变量，儿童人格及其各个维度为因变量进行差异检验，结果显示 $F= 1.208$，$P= 0.299$，说明中高年级贫困儿童人格的发展水平不存在显著差异。单因素方差分析表明，中年级与高年级贫困儿童在人格及其各个维度上的得分不存在显著差异。虽然中年级与高年级贫困儿童在人格及其各个维度上的得分不存在显著差异，但仔细分析不难发现除社会适应以外，高年级贫困儿童在人格及其各个维度上的得分要高于低年级贫困儿童，说明贫困儿童的人格发展水平有不断提高的趋势（具体结果见表6-16）。

表 6-16　不同年级的儿童人格比较结果

		自控能力	社会适应	精神质	认知发展	儿童人格
中年级	M	26.250	52.667	43.75	29.167	152.458
（3~4年级）	SD	1.664	1.924	2.570	1.047	5.233
高年级	M	27.490	51.286	48.469	30.816	158.061
（5~6年级）	SD	1.165	1.346	1.799	0.733	3.662
	F	0.629	0.136	1.578	2.260	1.192
	P	0.536	0.873	0.213	0.112	0.310

（四）不同地区贫困家庭子女人格发展的特点

我们将贫困儿童分为城镇和农村两组，以地区差异为自变量，儿童人格及其各个维度为因变量进行差异检验，结果显示 $F=0.948$，$P=0.442$，说明贫困儿童人格发展的地区主效应不显著。单因素方差分析表明，城镇与农村贫困儿童在人格及其各个维度上的得分不存在显著差异，除社会适应和精神质外，农村儿童人格及其各个维度的得分略高于城镇儿童。

表 6-17　不同地区贫困儿童人格的比较结果

		自控能力	社会适应	精神质	认知发展	儿童人格
城镇	M	22.833	52.667	47.667	30.000	153.167
	SD	3.277	3.838	5.167	2.120	10.447
农村	M	27.412	51.574	47.029	30.382	156.397
	SD	0.973	1.140	1.535	0.630	3.103
	F	1.309	0.152	0.051	0.000	0.005
	P	0.256	0.698	0.822	0.983	0.942

三、对调查结果的讨论

（一）对贫困家庭子女人格基本情况的讨论

通过调查研究发现，贫困儿童人格发展的平均水平较高，处于中等偏上水平，说明贫困儿童虽然受到各类问题的困扰，但其总体上仍能保持积极和乐观，这颠覆了以往人们认为贫困儿童人格比较消极的认识。虽然贫困儿童人格在总体上比较乐观，但仍然存在较大的危机，在本次调查中，约有49%的学生人格得分低于平均值，其中有7%的学生人格得分远远低于理论中值，表现出消极的人格特征，这部分学生对生活悲观失望、遇事消极退缩，甚至有"怕苦、怕累、不怕死"的不良心态。因而，教师在教育的过程中，应该关注这部分学生的生活起居，了解这类学生的思想动态，对这部分学生遇到的挫折和困难进行开导疏通，并给予积极指导，让学生在学校里感到轻松快乐；同时，要积极与家长沟通，了解学生在家里的基本情况，与家长协商解决学生遇到的困难和问题，还可以给家长正确的教育思想和方法。总之，要尽一切可能为这类学生创造一个宽松、融洽、和谐的氛围，帮助这类学生转变思想，进而塑造积极的人格。

（二）对不同性别贫困家庭子女人格差异的讨论

不同性别的儿童在自控能力、社会适应、精神质、认知发展以及人格的总体得分上不存在显著差异，说明男女儿童的情绪管理和表达、认知事物的能力和适应社会的能力基本相近，这是近些年来国家大力宣传和提倡男女平等观念的结果。但是男生在社会适应这一维度上的得分要略低于女生，这在一定程度上反映了男生的情绪表达能力、交往能力和融入群体的能力要低于女生。这与男生从小接受的教育有关，为了把男生培养成一个能够保护家庭的男人，男生从小就要求学会承担责任、学会克制自己的感情，虽然这在一定程度上培养了男生坚强、刚毅的性格，但也在一定程度上限制了男生表达能力的发展。女生的情况正好与此相反，在我国的传统观念中，女生的情感可以热情丰富、受到伤害时应该学会恰当的宣泄和表达，这在一定程度上促进女生交流和表达能力的发展。

（三）对不同年级贫困家庭子女人格发展特点的讨论

中年级与高年级贫困儿童在人格及其各个维度上的得分不存在显著差异，说明随着年龄的增长，儿童人格发展的特征趋于稳定，改变的可能性越来越小。这与其他研究者的研究结果相似。如，晓帆认为，4、5岁左右的幼儿个性塑造的可能性比较大，一些个性还很容易纠正和培养，一旦过了六七岁，幼儿的个性基本上形成了一个固定的发展模式，将很难改变。这提示教育工作者培养儿童人格要从小事做起，从娃娃抓起。仔细分析数据，会发现高年级贫困儿童在人格及其各个维度上的得分要略高于低年级贫困儿童，表明虽然随着年龄的增长，儿童人格特征趋于稳定，但仍在原来的基础上逐步完善。

（四）对不同地区贫困家庭子女人格特点的讨论

城镇与农村贫困儿童在人格及其各个维度上的得分不存在显著差异，但农村儿童在社会适应和精神质这两个维度上的得分要略低于城镇贫困儿童。本研究中的调查对象来四川省城乡接合部，长期的共同生活逐步缩小了两类儿童在人格上的差距，但是农村儿童恰当处理人际关系、融入社会群体的能力与恰当控制和合理表达自己情绪的能力要略低于城镇贫困儿童。这是因为与城镇贫困儿童的父母相比，农村贫困儿童父母的文化水平低，更不善于表达自己的思想和情绪，不清楚应该在哪些方面对自己的子女宽松，哪些方面对自己的子女严格。孩子无法选择自己的出生环境，无力改变自己的家庭环境，这就要求学校教育来弥补这一点，教师应该给予农村贫困儿童更多关注，培养他们合理表达、控制自己情绪，提高他们能力和人际交往的技能。

第七章 弱势少年儿童群体社会适应能力发展的促进对策

  对于"弱势群体"这个概念，2002年朱镕基同志在第九届全国人民代表大会第五次会议所作的《政府工作报告》中正式使用了它。该报告指出："对弱势群体要给予特殊的就业援助。"在这里，"弱势群体"主要包括四种人：一是下岗职工，二是"体制"外的人员，三是进城农民工，四是较早退休的"体制内"人员。自此，"弱势群体"为社会各界广泛关注。目前，弱势群体的人数已占全国人口的相当比例，成为严重影响我国社会稳定和经济发展的重要因素之一。我国学者马维娜认为："所谓社会弱势群体，也叫社会脆弱群体、社会弱者群体。它主要是一个用来分析现代社会经济利益和社会权力分配不公平、社会结构不协调、不合理的概念。"郑杭生曾明确提出："社会脆弱群体是指凭借自身力量难以维持一般社会生活标准的生活有困难者群体。"邓伟志认为："弱势群体是指创造财富、聚敛财富能力较弱，就业竞争能力、基本生活能力较差的人群。"基于以上对于弱势群体的定义，本研究分别从经济学、社会学、生理学等不同角度对弱势少年儿童进行了定义。本研究认为弱势少年儿童指社会生活中处于弱势地位的少年儿童，一般指在少年儿童群体中由于社会家庭和个人的原因难以维护基本权利或生存和发展遭遇障碍，需要借助外力支持和帮助的少年儿童，包含农村留守儿童、贫困家庭少年儿童、进城务工人员子女、边远山区少年儿童等。

  目前，我国弱势少年儿童的救助体系已基本建立，相关的法律法规和经济支持机制正日趋完善，然而相对于基本的生存保障和对弱势少年儿童生理健康的关注，这一群体的社会适应情况及心理健康状况所受到的重视与关注程度明显不足。由于弱势少年儿童长期处于不利的成长和教育环境中，且其所处的年龄阶段正是个体身心发展的重要阶段，个体正经历心理各方面逐步走向稳定的过程，过多的挫折与逆境会使他们的心理健康面临着巨大的威胁，严重影响弱势少年儿童的社会化及社会适应。少年儿童是国家的未来，他们的茁壮成长承载着国之兴旺，为改善生活成熟度，提高弱势少年儿童社会适应能力，社会各界已投身到"拯救弱势少年儿童，关注其成长发展"的历史洪流中。本研究立足于弱势少年儿童的发展，以肩负培养与教育少年儿童重任的社会教育视角，针对弱势少年儿童适应能力发展提出相应的教育对策。

第一节　弱势少年儿童社会适应能力发展的教育对策

学校教育对少年儿童的成长起着至关重要的作用，如果说家庭是支撑少年儿童社会化成长的基石，那么学校就是少年儿童社会化过程中重要的舞台。学校在为少年儿童成长提供良好的知识教育的同时，也要关注他们的身心健康发展和良好品质的塑造，更要在课程教学中加强生存教育、安全教育、心理教育和法制教育，强化少年儿童自尊、自立，帮助他们做到知法、守法。引导他们形成正确的人生观、价值观，从而练就他们克服成长道路上困难的坚韧意志，培养他们自尊自信、积极进取的人格特质。引导他们平安健康地走过人生发展的关键时期，促进他们快乐成长、和谐发展。

一、区分不同类型弱势少年儿童社会适应能力存在的问题

认识问题是解决问题的先决条件。正视弱势少年儿童在社会适应能力方面存在的问题是教育机构需要解决问题的第一步。目前社会和政府往往只关注弱势少年儿童的入学问题，将平等的受教育权作为关注的重点，而没有意识到他们进入学校后的健康发展问题比入学问题更为重要，各学校也往往只重视响应政府的号召，挖掘自身潜力以保证弱势少年儿童入学，很少顾及流动少年儿童在本校是否适应新的学习，是否能健康的发展。如今，弱势少年儿童的入学问题基本得以解

决，教育机构应当将工作重心转移到关注弱势少年儿童受教育的质量上来，加强他们的社会适应和心理健康教育。本研究认为弱势少年儿童指社会生活中处于弱势地位的少年儿童，本研究将弱势少年儿童分为农村留守少年儿童、贫困家庭少年儿童、进城务工人员子女、边远山区少年儿童等。不同类型的弱势少年儿童在社会适应的过程中所遇到的问题各不相同。对于教育机构及教育者而言，区分其在社会适应中存在的问题非常重要。农村留守少年儿童由于父母长期不在身边，无法陪伴其成长致使这些孩子产生分离的焦虑、恐惧、悲伤等情绪。与非留守儿童相比，留守儿童更加谨慎、忧虑不安，烦恼自扰，急躁易怒，抑郁压抑，紧张焦虑，对人对事缺乏信心，自控能力低，纪律涣散，总体自尊略低。已有研究显示，农村留守儿童所具有的人格特质使得他们的学业发展相对落后、情绪不稳定且自控力不强、人际关系失调。而与父母交往的减少或缺失是造成以上后果的主要原因，它会影响个体的亲子关系，进而影响儿童的能力发展和人格发展，使少年儿童容易产生行为偏差与心理健康问题；贫困是人类社会的顽疾，贫困家庭少年儿童会因为贫困而产生社会适应的问题。大量研究显示少年儿童社会适应能力的发展与家庭经济收入因素密切相关，贫困与父母受教育水平、父母职业的稳定性、家庭氛围紧张程度存在不同程度的相关关系，从而间接地影响着学生的社会适应水平。贫困的个体由于特殊处境容易形成消极的自我认识，产生自卑心态，无法形成积极的心理品质。同时，贫乏的资源会使个体在面临困境时较少地体验到来自外界的支持，使个体对困境和压力的评估有"高评估"的倾向，不能做到知难而上，自我效能感较低，导致贫困家庭的少年儿童在社会适应的过程中出现问题。而对于进城务工人员的子女而言，适应是一个更加现实且严峻的问题，新环境的适应会使进城务工人员的子女所面临的社会适应的问题呈几何倍数增长。相对不太稳定的生活使这部分弱势少年儿童总是在不断地适应新的环境。少年儿童阶段是个体进入社会后开始与同伴交往、建立同伴关系的重要时期，但颠沛流离的生活使其同伴关系不稳定，出现人际适应的问题。对于边远山区少年儿童而言，社会适应的难度更大、问题更多。随着社会的发展，越来越多的边远山区人口向非边远山区区域迁徙，而文化的特殊性、生活习惯的特殊性使他们在社会适应上将面临比一般少年儿童更多的问题。文化适应是边远山区少年儿童在社会适应过程中最难应对的一个问题。文化的冲突会给边远山区少年儿童带来人际关系、自我认识、学习落后等一系列问题。学校作为少年儿童社会适应的第一站，承担引导和帮助少年儿童完成社会适应的重任。弱势少年儿童是教育教学工作的重心，为此学校应当了解不同弱势少年儿童在社会适应中表现出的特点，理解边远山区少年儿童不同的社会适应问题产生的原因，进而理解他们的不同需要，才是顺利完成教育教学工作的关键。目前，在政府的支持与帮助下，大部分学校已经有针对性的开展了帮助弱势少年儿童适应社会的活动，但往往因为做不到有的放矢的区分不同类型弱势少年儿童的需要，导致效果不佳。因此，要正视弱势少年儿童在社会适应中出现的问题，区分不同类型的少年儿童社会适应存在的问题，提升学校解决问题的效力。

二、营造和谐的校园关系

校园关系是弱势少年儿童主要的社会关系构成，是社会关系的重要组成部分，是指以弱势少年儿童为核心而建立的校园关系网，包括弱势少年儿童与学校的关系、弱势少年儿童与同伴的关系、弱势少年儿童与教师的关系。弱势少年儿童的校园关系会因为社会关系网络的疏离而造成边缘化体验，导致他们的社会适应出现问题。师生关系是教育过程中最基本、最重要的人际关系。师生之间有效的沟通，平等的对话，是构建和谐师生关系最关键的因素，是学生获取知识的前提，也是教育教学获得成功的保证。良好的师生关系，表现为教育活动中教与学两方面的协调一致，教师的理想、信念、人生观、价值观、职业道德会影响学生的人格发展。教师在教育过程中与学生关系的重要性可以用"罗森塔尔效应"来证明。"罗森塔尔效应"是一种期望效应，即个体基于对某种情境的知觉而形成的期望或预言，会使该情境产生适应这一期望或预言的效应。对于教师而言，你对学生的期望会在学生的身上变为现实。因此师生关系不应当受到来自学生方面的信息影响，教师应该对不同的学生施以无条件的积极关注，以良好的师生关系体现对每个学生个性发展的尊重。弱势少年儿童在进入学校之前大部分时间是在家中与家人一起度过的，学校是学生离开家庭开始个体社会化的第一站，它承载着引导个体完成良好社会化的重任。每个学生一天有近一半的时间是在学校中生活学习，学校能够从文化、群体的角度影响着学生的心理与行为发展。校园文化是现代社会的一个有机组成部分。它是一种客观存在，对学生人格的影响存在着某种必然。校园应是人类文化精髓的集散地，它是汇聚、传递、改制、丰富、创新文化的文化体。校园环境虽由物理环境和心理环境构成，但其核心、主导是文化心理环境，其内聚力较大，对于由正式渠道或非正式渠道传入校园的同质文化吸引力强、内化程度高，对于异质文化反应敏捷、排斥力大、抵抗性强。校园文化影响着学生的价值观，主宰着他们的行为倾向。同时校园可以作为一个群体存在，学生始终在这一群体中寻求爱与归属，既接受校园给予他们的反馈，又把自己对校园的态度反馈给校园。积极的校园态度可以使学生全身心地投入到学习生活中，不断提升自己的适应程度，而消极的校园态度使学生排斥、厌恶，在消极的情绪体验中出现适应问题。

三、形成学校、家庭、社会和社区教育的合力

在教育教学工作中，我们越来越认识到，教育是一项多样性工程，学校教育必须和家庭教育、社会教育相协调，形成和谐体系，从而在教育过程中承担重要的作用。新时代所提倡的现代教育不仅仅是学校教育，而是社会化的大教育。学校教育和家庭教育的结合已实践多年，颇有成效。"合作"是一种社会互动的形式，是指两个或两个以上的人或群体为达到共同的目的自觉或不自觉地在行动上相互配合的一种互助方式。我国教育研究者马忠虎同志认为，家校合作就是指对学生最具影响的两个社会机构——家庭和学校形成合力对学生进行教育，使学校在教育学生时能得到更多的来自家庭方面的支持，而家长在教育子女时也能得到更多的来自学校方面的指导。马忠虎的这一观点，强调了家庭和学校在教育中的平等地位和作用，改变了以往教育界认为家庭教育是从属于学校教育的看法，平衡了家庭和学校之间的关系，深入到了家校合作的本质。从家校合作的理论中可以看出，家庭和学校两个机构中，处于主导地位的是学校。学校是从事教育的专门机构，

拥有大量的教育专职人员，这些专职人员懂得教育学、心理学的知识，懂得儿童的身心特点和发展规律，能按教育规律科学地对学生施以教育。正是学校的这种特殊性，赋予它"主导"家长参与学校教育活动的使命。学校要了解家长的基本需求，而了解的最有效的途径是加强与家长的交流与沟通。这种交流，包括情感交流和信息交流两个方面。学校应强调家长、教师、学生之间的情感交流与沟通的重要性。因为只有在这种情感交流的基础上，家校合作关系才能得以形成。学校应吸引并组织家长参与其孩子的教育活动，创造条件提供给家长参与的机会。

但单靠学校教育和家庭教育的力量不足以教育好学生。当前，随着社区的建设与发展，社区教育已成为社区的一项重要职能，社区教育将成为学校教育的延伸、补充与发展。于是，学校教育应当与社区教育紧密联系、互相配合，充分挖掘并发挥社区的作用，将其作为全面培养学生的重要途径。新时期的学校教育会处于各种因素制约和影响的环境中，学校教育中的"德育"部分将会受到社区环境的影响，学校无法单方面固步自封地进行德育，德育的真正实现取决于社区的支持、配合与否。因此，学校必须加强与社区教育之间的沟通和协调，充分发挥社区的育人功能，努力营造和谐育人的氛围，促进学生健康成长。从文化学的视角观察，社区教育与学校教育融合实质上是一种文化的构建过程。社区教育是学校教育的延伸，是实施素质教育的重要组成部分。学校应打破围墙，充分利用社区的各种资源，使学生能够直接感受和学习来自社会的最真实的经验和认识。加强社区教育与学校教育的结合，充分利用社区资源，发挥社区的教育功能，净化社区环境，共同营造良好育人的氛围，这是学校教育改革的需要，是学生健康成长的需要，也是保证社会安定团结的需要。

学校与社区间的合作主要体现在文化环境合作中。社区文化是社区居民在特定区域内长期活动过程中形成的群体意识、价值观念、行为模式、生活方式等文化现象的总和。社区文化不止是为了娱乐而娱乐，它着眼于教育，重点在于培养居民高尚的道德情操、良好的思想品质、优秀的社会公德和积极的进取精神。一方面，不同社区根据自己的实际情况，在继承自己的传统文化特色的基础上，积极开展群众性的文化活动，为社区居民尤其是少年儿童成长营造良好的文化氛围，使他们在高雅、健康、活泼的文化气氛中娱乐、健身、益智、茁壮成长。另一方面，开发整合社区教育资源，形成正规教育与非正规教育一体化的教育系统。社区拥有多种资源和设施，是青少年教育能够开发利用的条件。除社区外，一些公共设施也是少年儿童社会教育的重要载体，如：图书馆、博物馆、艺术馆等。

四、以学生发展的不稳定性为契机，促进学生的成长

少年儿童所处的年龄阶段正是各方面的发展较为迅速、许多心理品质形成的阶段。这一年龄阶段的个体正经历着生命的瞬息万变，心理品质形成的关键期使少年儿童的发展在这一阶段存在许多契机，教育者可以通过了解不同心理品质形成的关键期，正确引导提高学生社会适应的能力。

例如，自尊作为个体发展的一个重要因素影响着个体生活的许多方面。自尊影响着个体对自己的认识，塑造着个体的行为模式，使每个个体以自己的行为倾向与生活方式生活。随着少年儿童年龄的变化，在自尊各维度上的得分也在不断变化，特别是在小学五六年级、初中一年级的儿童变化更加明显。五六年级的少年儿童不仅在外表、体育运动、纪律等维度上表现出高自尊的特点，同时在能力、成就感、公德与助人等维度上也表现出高自尊的特点；而初中一年级的少年儿童则表现为，在自尊各维度上的得分均显著下降。我们因此认为，小学五六年级是少年儿童自尊比较稳定的一个阶段，从初中一年级开始下降，少儿自尊发生转折，自尊的下降是进入青春期的个体内心矛盾冲突产生的原因之一。自尊发展的特点可以对教育者的工作产生导向性的作用，根据少年儿童自尊发展的规律，我们可以在自尊发展的转折即将到来时，关注少年儿童自尊的变化，积极引导少年儿童避免自尊下降过多而引起个体内心更大的冲突。帮助少年儿童自信的探索世界，从提升个体品质方面帮助少年儿童减轻学习压力，提升学习适应。

对于少年儿童而言，"情绪"是生命通向世界的桥梁，儿童依靠情绪的桥梁走向外在物质世界和内在深处的世界。情绪智力影响个人在社会生活和工作中的适应，是预测个人成功与否的关键因素，在它发

展的关键时期对它予以重视非常必要。儿童的大脑是随着年龄的增长而逐步发展的，大脑各区的成熟路线是从枕叶—颞叶—顶叶—额叶，儿童 7 岁时额叶才基本成熟。3~6 岁正是儿童口头表达能力的顺序性、完整性、逻辑性和连贯性飞速完善的阶段，因此表达评价自己和他人情绪的能力也飞速发展，由于生理成熟与认知能力的增强，使得儿童能更加适当地调节控制自己和他人的情绪。所以，6、7 岁的少年儿童情绪智力成熟的前提才逐步形成，对于教育者而言，这一时期也是培养少年儿童情绪智力的契机，是培养的成果卓见成效的时期。

学校是少年儿童适应社会所处的第一个环境，它既是一个真实社会的缩影，也是个体提升社会适应能力的课堂。教育者担负着教育及引导的重任，应该争取利用有限的资源帮助弱势少年儿童提升社会适应能力。

第二节 弱势少年儿童社会适应能力发展的社会对策

改革开放以来，中国社会出现了急剧的社会变迁，而城市化和社会分层是中国社会变迁的主要内容。瞬息万变的环境使"适应"成为人类毕生的研究课题，个体在发展的过程中应不断调动自身的有利因素，并寻求环境中的积极因素，努力优化着自身的适应结果。弱势少年儿童的社会适应受到了社会各界的广泛关注，这一群体的社会适应并非单纯依靠其自身的力量而是需要依靠来自社会各界的支持与帮助。有效地帮助弱势少年儿童适应社会的前提是了解弱势少年儿童所面临的真实社会处境。

本研究分别从生活条件及心理处境揭示了弱势少年儿童的真实社会处境，从而对弱势少年儿童这一群体进行更为全面的了解。首先，对于弱势少年儿童而言，城市生活成本高而他们的父母工资普遍难以满足其一家在城市生活的需求，且父母工作的流动性较强，频繁更换工作地点导致这一群体的教育连续性无法得到合理保障，甚至部分弱势少年儿童父母有限的打工收入无法保障他们的孩子在城市受教育和生活的基本费用，无奈之下部分弱势少年儿童只好辍学。其次，城市内的公办学校是分散在各个城区的，通常各个城区公办学校的教育资源相对紧缺，地方财政支持有限，满足当地儿童的需求后再难有多余的资源满足留守儿童的需要，造成公办学校无法全部接受弱势少年儿童入学。而且，现在大量的公办学校通过学前测试等方式设置了较高的入学门槛，让优秀的教师资源和教学资源优先满足城市儿童的需要，而把相对较差的教师和教学资源留给弱势少年儿童，这有违教育的公平性。弱势少年儿童的生活条件和普通儿童相比，有着很大的差异。大多数弱势少年儿童相对城市儿童来说，家庭经济更困难，生活条件较差。已有研究发现，60%的广州流动儿童家庭月收入只有1300元~1800元（欧阳岚，2008）；在住房条件和家庭物质条件上，弱势少年儿童家庭与城市少年儿童家庭之间存在很大的差距。90.47%的弱势少年儿童家庭没有自己的住房，而且79.24%的弱势少年儿童没有属于自己的房间，需要与大人同住（邹泓，2004）。弱势少年儿童的父母受教育水平普遍不高，他们的文化程度一般都以初中、小学为主，所处的职业地位相对较低，主要在城市承担体力劳动或是个体经营者。（侯娟、邹泓，2009）。这不仅导致他们在子女教育上的投入较少，而且由于他们本身学识缺乏，使得他们对孩子的教养方式也很单一，基本上以专制型的教养方式为主（赖越颖，2008）。一方面，弱势少年儿童的家长对自己的低学历通常不满意，对自己曾经不努力学习或缺乏学习机会感到遗憾，因此对自己的孩子报以很大的希望；另一方面，他们自己在如何指导孩子学习上又知之甚少。这种对孩子强烈要求又方法单一的矛盾冲突，会对弱势少年儿童的心理和学习造成不良影响。同时也有研究表明：75.5%的流动儿童报告说自己因为外地人的身份受到过歧视。

　　弱势少年儿童真实的社会处境导致他们所面临的心理环境与普通少年儿童相比，也存在着很大的差异。弱势少年儿童面临着比普通少年儿童更多的现实困境，他们中部分儿童自我概念比较负面、自尊水平较低、自我效能感较低，总体而言弱势少年儿童群体中多数比较自卑。加之部分弱势少年儿童因各种原因存在人际关系紧张的问题，使他们无法体验到充足的人际支持，在群体中缺乏归属感。部分弱势少年儿童总是因父母的工作等客观原因颠沛流离，不断地适应着新的环境，因而缺乏安全感。按照马斯洛的需要层次理论分析，弱势少年儿童从缺失性需要到发展性需要都存在着不同程度的缺失，这使得他们主要的幸福感较低甚至出现心理问题。

弱势少年儿童面临严峻的社会处境及心理危机，但反观社会各界对于这一群体的帮扶缺乏实际的政策与行动。社会政策的制定与实施在弱势少年儿童的社会适应中起到至关重要的作用，现有的政策多是以实现社会公平为目的，可弱势少年儿童的社会适应决不是仅仅依靠社会政策的实施就能充分实现。帮助弱势少年儿童形成良好的社会适应是一项巨大的系统工程，需要政治、经济、文化等各方面的支持。

第一，立法是国家对特殊群体实行保护的最高形式。从法律层面建立健全保护少年儿童弱势群体的法律机制是解决弱势少年儿童困境的重要途径。以发达国家在保障残疾人权益方面的立法为例，他们针对不同残疾类型和残疾人问题创设相关的专门法。为解决弱势少年儿童所面临的具体问题，我国可以借鉴这些措施，从一些比较具体的层面入手，完善相关的法律政策，争取在一定时期内构建全面的少年儿童法律体系，包括少年儿童犯罪预防政策、少年儿童刑事政策、少年儿童司法特别保护政策等。从中体现出对于弱势少年儿童特殊的法律保护，保护少年儿童的合法权益不受侵害。

第二，根据不同类型弱势少年儿童的实际需要制定专项政策。国家应全面评估现有的针对少年儿童的专项政策。迄今为止，我国并无明确的以"少年儿童政策"为名称的专项政策，相关内容更多地夹杂在一些相关法律、行政法规、部门规章、工作文件，以及许多行政实践中。在弱势少年儿童相关政策确立的过程中，强势关注弱势少年儿童群体发展的权益。维护和保障少年儿童弱势群体的权益，进一步推动我国弱势少年儿童政策的发展和完善，首先必须确立一种意识，即关注弱势少年儿童群体发展的权益，我们理应深知：弱势少年儿童群体是一个具有自身独特性的群体，也是一个对国家和民族的未来将会产生深远影响的群体。强势关注弱势少年儿童群体发展的权益，制定和实行专门的青少年发展政策，就是关注国家与民族的未来。同时要鼎力支持青少年弱势群体发展的需要，应当立足弱势儿童群体多样性的现实情况，根据不同类别的弱势儿童的实际需要，如是否存在相应权利保护规定的缺失、是否存在具体权利落实难的困境等来设计和完善相应的制度。就残疾儿童而言，他们更需要的是身体上的康复、获得平等的教育机会和资源以及生活当中免受歧视等相关权利。这和失依儿童、贫困儿童更多的是对基本生活保障和进一步接受教育的迫切需求应有所区别，和其所需要达到的补助待遇也存在着差异。现实社会当中，弱势儿童群体亦存在着多种类型交叉的情况，如残疾儿童、失依儿童、贫困儿童可能是同一主体，当然这种情况也并不少见，因此在对弱势儿童的权利进行保护时，一定要根据不同类型弱势儿童的具体需求来进行，这样才有可能使每一个弱势儿童的基本权利都得到切实的保障。

第三，政策及法规的颁布无疑是弱势少年儿童社会适应强有力的保障，但想要从根本上解决弱势少年儿童所面临的生活压力及心理压力，还需政府专项经费的支持。弱势少年儿童许多现实的生活压力是由经济压力连带产生的，解决贫困问题是解决弱势少年儿童适应问题的根本。政府既可以通过设立专项经费，利用财政拨款有针对性地解决弱势少年儿童入学、住房、医疗等相关问题，同时也可以通过成立相关机构进行公益募捐的方式开展帮扶。总之，帮扶弱势少年儿童群体首先解决贫困问题。可以以区为单位设立专项经费，为弱势儿童群体提供信息服务，让每个弱势儿童都可以阅读课外读物。区政府可以与区公共图书馆合作，增加儿童读物，开展弱势儿童阅读日等活动，合理利用资源。

第四，文化宣传。文化包括物质文化、制度文化和心理文化三个方面。物质文化是指人类创造的种种物质文明，包括交通工具、服饰、日常用品等，是一种可见的显性文化；制度文化和心理文化分别指生活制度、家庭制度、社会制度以及思维方式、宗教信仰、审美情趣，它们属于不可见的隐性文化，包括文学、哲学、政治等方面内容。文化并非绝对排外的，近年来外来文化的侵袭导致人们对于事物的认识出现了偏差，"嫌贫爱富""等级划分"等现象日趋严重。为给予弱势少年儿童一个相对宽松的心理环境，我们应当在社会各界广泛宣传社会主义核心价值观，倡导富强、民主、文明、和谐，倡导自由、平等、公正、法治，倡导爱国、敬业、诚信、友善，积极培育和践行社会主义核心价值观。富强、民主、文明、和谐是国家层面的价值目标，自由、平等、公正、法治是社会层面的价值取向，爱国、敬业、诚信、友善是公民个人层面的价值准则。它可以在文化多样化的今天帮助大家去粗取精地形成自身的人生观、价值观，为弱势少年儿童的发展提供一个相对宽松的环境。例如，地方政府可以与高校合作。招募志愿者开设团体心理辅导活动，针对提升弱势儿童自我概念、培养良好生活习惯、人际交往等主题提升弱势儿童的心理素质。

从我国已有的针对弱势少年儿童社会适应能力发展的社会对策来看，主要存在以下几个问题：第一，发展趋势良好，但现行制度还比较零散，没有形成完整的体系，相互之间还存在重复甚至抵触现象；第二，针对性不强，部分制度仅将弱势儿童保护附带的规定安插在其他社会群体的特殊保护制度之中，没有形成针对弱势儿童群体的专门的保护制度；第三，补偿标准偏低、范围较窄，未能将弱势儿童群体的全部都包容在保护羽翼之下，保障的力度尚不足以满足弱势儿童生存和发展越来越高的要求；第四，缺乏相应的问责和监督机制，执行、监管和处罚力度不够。而这些问题也正是我国在宏观层面提升弱势少年儿童社会能力的工作发展方向。随着经济化进程的不断加快，弱势儿童这一特殊群体受到社会越来越多的关注。为保障弱势儿童群体的多方面需求，构建和谐社会，政策的实施需要来自地方各个部门的配合以实现我们共同的目标：为弱势儿童群体营造一个"尊重、平等、舒适、和谐"的生活环境。

参 考 文 献

[1] BAR-ON R, PARKERJ D A. The Bar-On EQ-I：technical mannel[M].
Toronto：Multi-health Systems，2000.

[2] DUANE BROWN. Career choice and development[M]. 4th ed. New
York：Jossey-Bass，2002.

[3] 阿德勒. 世界名著译丛：儿童人格教育[M]. 彭正梅，译. 长春：吉
林出版集团有限责任公司，2014.

[4] 费雷德，鲁森斯. 组织行为学[M]. 北京：人民邮电出版社，2003.

[5] 郭永玉，贺金波. 人格心理学[M] 北京：高等教育出版社，2011.

[6] 杨丽珠. 幼儿个性发展与教育[M]. 北京：世界图书出版公司，1993.

[7] 刘在花. 儿童社会智力[M]. 合肥：安徽人民出版社，2008.

[8] 申继亮. 处境不利儿童的心理发展与教育对策研究[M]. 北京：经
济科学出版社，2009.

[9] 杨元松. 中国留守儿童日记[M]. 南京：江苏文艺出版社，2012.

[10] BERRY J W. Immigration，acculturation，and adaptation[J].Applied
Psychology，1997（46）：5-68.

[11] COYNE J C，DOWNEY G. Social factors and psychopathology：
stress，social support，and copingprocesses[J]. Annual Review of
Psychology，1991，42：401-425.

[12] DANIEL GOLEMAN. What makes a leader? [J]. Harvard Business
Review，2009（11-12）：93-102.

[13] HERRMAN H，STEWART D E，DIAZ-GRANADOS N，et al. What
is resilience? [J]. Canadian Journal of Psychiatry，2011，56（5）：
258-265.

[14] KARABACAK，SERBEST S，Ntürk Zk，et al. Relationship between
student nurses' self-efficacy and psychomotorskills competence[J].

International Journal of Nursing Practice，2013（2）：124-130.

[15] LAUGHLIN M，KATIE A，MARK L，et al. Stressful life events，anxiety sensitivity，and internalizing symptoms in adolescents[J]. Journal of Abnormal Psychology，2009（3）：659-669.

[16] PINKERTON J，DOLAN P. Family support，social capital，resilience and adolescent coping[J]. Child and Family Social Work，2007（3）：219-228.

[17] RUFFMAN T，SLADE L，DEVITT K，et al. What mothers say and what they do：the relation between parenting，theory of mind，language and conflict/cooperation[J]. British Journal of Developmental Psychology，2006（1）：105-124.

[18] RABKIN J，STRUENING E. Life events，stress，and illness [J]. Science，1976，194：1013-1020.

[19] SCHWARZER R，BORN A，IWAWAKIS，et al. The assessment of optimistic self beliefs：comparison of the Chinese，Indonesian，Japanese，and Korean versions of the general self-efficacy scale[J]. Psychologia：An International Jourualof Psychology in the Orient，1997，40：1-13.

[20] SCHWARZER R，ARISTI B. Optimistic self beliefs：Assessmentof general perceived self-efficacy in thirteen cultures[J]. Word Psychology，1997（1-2）：177-190.

[21] SUSANNE WEIS，HEINZ-MARTIN SU. Reviving the search for social intelligence—a multitrait multimethod study of its structure and construct validity[J]. Personality and Individual Differences，2007（42）：3-14.

[22] 毕艳华. 师范大学生社会智力及其心理健康的相关研究[D]. 郑州大学硕士学位论文，2007.

[23] 常青，夏绪仁. 农村留守儿童人格特征研究[J]. 心理科学，2008（6）：1406-1408，1405.

[24] 陈红艳. 从心理韧性理论探讨儿童自主性自我的形成与发展[J]. 黑龙江教育学院学报，2011（2）：102-103.

[25] 陈玉焕. 社会智力的结构及培养研究[J]. 南都学坛（人文社会科学学报），2007（6）：123-124.

[26] 段成荣，吴丽丽. 我国农村留守儿童最新状况与分析[J]. 重庆工商大学学报，2009（1）：24-30.

[27] 陈小萍. 父亲缺失下农村留守儿童学绩、自尊及人格研究[D]. 兰州：西北师范大学，2007.

[28] 戴岳. 边远山区离村上学儿童的社会适应——基于对 Y 省边远山区聚居地区乡镇中心学校的田野调查[J]. 学术论坛，2013（6）：50-55.

[29] 党云皓. 农村留守儿童心理行为问题及相关因素的调查研究[D]. 郑州大学，2010.

[30] 邓多林. 初中生生活事件、心理弹性与生活满意度关系研究[D]. 长沙：湖南师范大学，2013.

[31] 丁卓华. 农村 3-6 年级小学生社会适应能力的调查研究[J]. 青年文学家，2011（11x）：12-17.

[32] 范兴华，方晓义，刘勤学，等. 流动儿童、留守儿童与一般儿童社会适应比较[J]. 北京师范大学学报：社会科学版，2009（5）：33-40.

[33] 付颖. 城市随迁留守少年儿童社会适应问题及解决对策[J]. 中小学心理健康教育，2015（6）：4.

[34] 高琨，邹泓. 处境不利儿童的友谊关系研究[J]. 心理发展与教育，2001（3）：52.

[35] 高向东，余运江，黄祖宏. 边远山区流动人口城市适应研究——基于民族因素与制度因素比较[J]. 中南民族大学学报（人文社会科学版），2012（2）：44-49.

[36] 郭海燕. 低年级学生生活自理能力的培养[J]. 现代教育科学（小学教师），2013（5）：41.

[37] 郭本禹. 职业自我效能理论及其应用[J]. 东北师范大学学报，2003（5）：130-137.

[38] 葛秀杰. 延边地区汉族留守儿童心理韧性调查研究[D]. 延边大学，2009.

[39] 勾柏频，李镇译．聋校中学生应用青少年生活事件量表的信效度研究[J]．中国卫生学，2013（5）：41-43．

[40] 格茸拉姆．贫困民族地区学生学校适应与师生关系的相关研究[D]．昆明：云南师范大学，2006．

[41] 管雯珺．大学生一般自我效能感、人际交往能力与社交焦虑、班级心理气氛之间的关系研究[D]．武汉：华中师范大学，2014．

[42] 顾海根，岑国祯，李伯黍．汉族与边远山区儿童道德发展比较研究[J]．心理科学，1987（5）：5-6．

[43] 何资桥．亲子分离特征对农村留守儿童人格发展影响分析[J]．中国健康心理学杂志，2009（17）：96-97

[44] 黄宇波．农村留守儿童的心理健康状况研究[D]．华中农业大学，2012．

[45] 黄爱玲．"留守孩"心理健康水平分析[J]．中国心理卫生杂志，2004（5）：351-352．

[46] 晃粉芳．大学生心理韧性与人格、社会支持的关系[D]．武汉：东北师范大学，2010．

[47] 黄月婵，欧阳紫榕，徐振兴，王磊．民族地区环境群体性事件的心理机制及应对策略[J]．东南传播，2013（4）：4-5．

[48] 黄月胜．贫困大学生社会技能发展特点及影响因素研究[D]．长沙：湖南师范大学，2007．

[49] 胡丹凤．生活事件、认知情绪调节方式对高中生心理弹性的影响[D]．临汾：山西师范大学，2012．

[50] 胡春雁．家庭环境创建与儿童健全人格关系研究[D]．武汉：华中师范大学，2006．

[51] 胡会丽．一般自我效能感训练对农村留守初中生心理弹性的影响的研究[D]．重庆：西南大学，2009．

[52] 胡韬，郭成．流动少年儿童社会适应与其影响因素的结构模型[J]．西南大学学报：社会科学版，2013（1）：83-87．

[53] 胡韬．流动少年领悟社会支持影响心理健康的机制：自尊的中介与调节作用[J]．中国特殊教育，2011（8）：86-90．

[54] 胡月琴，甘怡群．青少年心理韧性量表的编制和效度验证[J]．心

理科学，2008（8）：902-912.

[55] 纪梦楠．大学生社会支持研究现状[J]．精神医学杂志，2008（6）：477-479.

[56] 贾盼盼．父母缺席对留守儿童人格发展的影响及对策——基于埃里克森人格发展阶段理论[J]．吉林省教育学院学报，2014（6）：32-34.

[57] 江荣华．农村留守儿童心理问题现状及对策[J]．成都行政学院学报，2006（2）：71-72.

[58] 孔凡芳．幼儿同伴交往生活缺失的文化视角分析[D]．成都：四川师范大学，2006.

[59] 李海峰，陈天勇．老年社会功能与主观幸福感[J]．心理科学进展，2009（4）：759-765.

[60] 李红云．进城务工人员子女心理健康教育的现状与对策[J]．教学与管理，2011（20）：61-62.

[61] 李华英．流动初中生学校适应及其与社会支持、生活满意度的关系[D]．河南大学，2011.

[62] 李慧芬．高中生社会支持与一般自我效能感相关研究[D]．重庆：西南大学，2008.

[63] 李辉，胡金连，方晓义，蔺秀云．边远山区小学生学校适应性状况的分析——以云南为例 [J]．云南电大学报，2009（9）：20-25.

[64] 李培，何朝峰，覃冀仁．民族地区环境群体性事件的心理机制及应对策略[J]．安庆师范学院学报（社会科学版），2010（6）：1091-1094.

[65] 李强．社会支持与个体心理健康[J]．天津社会科学，1998（1）：67.

[66] 李明尧，李全彩．农村留守儿童心理韧性状况及其影响因素研究——以徐州市淮宁县研究为例[J]．北京邮电大学学报（社会科学版），2013（6）：82-88.

[67] 李婷．初中生生活事件、应对方式与心理韧性的关系[D]．济南：山东师范大学，2012.

[68] 李冉冉．3-7岁儿童情绪智力的探索[J]．信阳师范学院学报，2012

（4）：23-25.

[69] 李晓巍，邹私，金灿灿，等．流动儿童的问题行为与人格、家庭功能的关系[J]．心理发展与教育，2008（2）：54-59.

[70] 李俊清，陈旭清．边远山区地区社会组织发展现状及社会功能研究[J]．边疆发展中国论坛文集（发展理念卷），2010（4）：288-289.

[71] 梁活．对进城务工子女的人格特征初探[J]．中国教学参考，2009（21）：102-103.

[72] 廖明珍．中学生社会智力的问卷编制及调查研究[D]．南昌江西师范大学，2008.

[73] 凌锐．试论边远山区流动人口对城市民族关系的影响[J]．中南民族大学学报，2005（1）：29-33.

[74] 栾荣生，刘东磊，阳定宇，等．社会支持与社会功能及其影响因素的人群研究[J]．中国心理卫生杂志，1999（13）：41-46.

[75] 蔺秀云，方晓义，刘杨，等．流动儿童歧视知觉与心理健康水平的关系及其心理机制[J]．心理学报，2009（10）：967-979.

[76] 林培淼，袁爱玲．全国留守儿童究竟有多少："留守儿童"的概念研究[J]．现代教育论丛，2007（4）：27-28.

[77] 骆鹏程．留守儿童心理弹性与人格、社会支持的关系研究[D]．开封河南大学，2007.

[78] 李佳樾．甘肃农村留守儿童生存质量现状研究[D]．兰州大学，2013.

[79] 刘丹，石国兴，郑新红．论积极心理学视野下的心理韧性[J]．心理学探新，2010（4）：12-17.

[80] 刘茹斐，王兆良，李文兵，等．流动儿童自我效能感与领悟社会支持及孤独关系研究[J]．中国学校卫生，2010（2）：180-183.

[81] 刘慧．留守儿童心理韧性与适应性相关研究——以湖北长阳土家族自治县留守儿童为例[D]．中南民族大学，2012.

[82] 刘巧艳．进城务工人员子女人格塑造的实践与思考[J]．中共石家庄市委党校学报，2008（9）：29-30，36.

[83] 刘连启，刘贤臣，胡蕾，赵贵芳，等．青少年社会能力及其相关因素研究[J]．中国心理卫生杂志，1998（12）：50-53.

[84] 刘霞，范兴华，沈继亮．初中留守儿童社会支持与问题行为的关系[J]．心理发展与教育，2007（3）：98-102.

[85] 刘霞．流动儿童的歧视知觉：特点、影响因素与作用机制[D]．北京师范大学，2008.

[86] 刘霞，申继亮．流动儿童的歧视归因倾向及其对情感的影响[J]，中国心理卫生杂志2009，23（8）：599-602，608.

[87] 刘小娟，陈冲，杨思，朱熊兆．认知情绪调节在青少年生活事件和焦虑、绝望之间的调节作用[J]．中国健康心理学杂志，2010（5）：33-40.

[88] 刘亚波．农村留守儿童学习行为及其教育对策研究——以安化县N所初中学校为例[D]．长沙：湖南师范大学，2014.

[89] 刘正奎，高文斌，王婷，等．农村留守儿童焦虑的特点及影响因素[J]．中国临床心理学杂志，2007（2）：177-179.

[90] 刘在花，许燕．小学生社会智力结构的研究[J]．民族教育研究，2006，17（4）：41-46.

[91] 刘在花，许燕．小学生社会智力发展特点研究[J]．中国特殊教育，2005（1）：80-83.

[92] 刘在花，许燕．社会智力研究的理论述评[J]．上海教育科研，2005（4）：30.

[93] 刘在华，许燕．小学生社会智力的结构、特点、影响因素及干预研究[D]．北京师范大学2004.

[94] 刘在花．学习困难儿童社会智力发展特点的研究[J]．中国特殊教育，2008（6）：29-33.

[95] 刘在花．学习困难儿童社会智力干预实验研究[J]．中国教育学刊，2009（3）：41-44.

[96] 刘在花．社会智力研究的新进展[J]．中国特殊教育，2004（11）：28-31.

[97] 刘祖强，谭淼．农村留守儿童问题研究：现状与前瞻[J]．教育导刊，2006（6）：62-65.

[98] 刘佐幸．农村留守儿童社会适应现状与教育对策[D]．上海师范大学，2009.

[99] 马明兰. 边远山区流动人口子女城市教育融入问题研究——以兰州市七里河区为例[J]. 甘肃联合大学学报, 2009 (5): 60-64.

[100] 马媛媛. 我国小学儿童生活自理能力缺乏的原因及对策分析[J]. 淮北职业技术学院学报, 2012 (4): 104-105.

[101] 毛向军, 王中会. 流动儿童亲子依恋及对其心理韧性的影响[J]. 中国特殊教育, 2013 (3): 50-55.

[102] 申继亮, 刘霞, 赵景欣, 师保国. 城镇化进程中农民工子女心理发展研究[J]. 心理发展与教育, 2015 (1): 108-116.

[103] 毛俊青. 离异家庭中学生的复原力及其影响因素研究[D]. 重庆西南大学, 2007

[104] 麻建龙. 农村初中学生社会智力的调查研究[D]. 金华: 浙江师范大学, 2011.

[105] 倪晓昉. 基诺族小学生社会技能发展状况及其影响因素的模型建构[D]. 昆明: 云南师范大学, 2004.

[106] 潘珊. 试论留守儿童发展问题及财政扶持政策[J]. 行政事业资产与财务, 2012 (1): 80-83.

[107] 潘璐, 叶敬忠. 农村留守儿童研究综述[J]. 中国农业大学学报 (社会科学版), 2009 (2).

[108] 钱铭怡, 肖广兰. 青少年心理健康水平、自我效能、自尊与父母养育方式的相关研究[J]. 心理科学, 1998 (6): 553-555.

[109] 任玉兰. 创伤程度、灾后心理症候群对5·12地震灾区群众社会功能的影响研究[D]. 成都: 四川师范大学, 2010.

[110] 热孜万古丽·阿巴斯, 新疆边远山区流浪儿童问题研究——以西安市的新疆边远山区流浪儿童为案例[D]. 西安: 陕西师范大学, 2010.

[111] 陶斯文. 嵌入与融合: 民族地区城市化进程中流动人口融入与文化适应[J]. 特区经济, 2012 (5): 287-289.

[112] 汤夺先. 试论城市边远山区流动人口问题与城市民族关系[J]. 黑龙江民族丛刊 (双月刊), 2008 (1): 18-26.

[113] 田录梅. 留守儿童与非留守儿童学习、生活、心理成长状况的比较研究[J]. 中国特殊教育, 2005 (2): 8-10.

[114] 滕星，张俊豪. 跨文化教育背景下的中国边远山区儿童人格研究 [J]. 民族教育研究，1998（3）：35-386.

[115] 吐尔洪·阿吾提. 边远山区习惯法及其社会功能 [J]. 法制与经济，2010（3）：31-33.

[116] 刘延金，朱虹，陈练. 进城务工农民子女人格弱点及其促进对策研究 [J]. 乐山师范学院学报，2013（8）：91-99.

[117] 金政国，熊英环，方今女. 汉族和朝鲜族医学生心理健康状况及其与生活事件的关系 [J]. 中国学校卫生，2010（9）：1082-1084.

[118] 王东宇，林宏. 福建省284名中学"留守孩"的心理健康状况 [J]. 中国学校卫生，2003（5）：521-522.

[119] 王倩. 大学生心理弹性与就业压力的关系 [D]. 沈阳师范大学，2010.

[120] 王瑞敏，邹泓. 流动儿童的人格特点对主观幸福感的影响 [J]. 心理学探新，2008，28（3）：82-87.

[121] 王汝展，何燕，刘连启. 小学生社会能力及其相关因素分析 [J]. 中国心理卫生杂志，2002（16）：791-793.

[122] 王挺. 江苏省农村留守儿童人格发展状况及其影响因素研究 [D]. 南京中医药大学，2014.

[123] 王铁柱. 安徽省某农村地区留守儿童抑郁状况及其影响因素研究 [D]. 合肥：安徽医科大学，2012.

[124] 王晓静. 浅谈学生自理能力的培养 [J]. 价值工程，2011（20）：253.

[125] 王希海，郑凤霞. 生活事件研究：对留守儿童进行心理干预的切入口——以对黑龙江省绥化地区434名学生的生活事件研究为依据 [J]. 中小学管理，2009（10）：49-51.

[126] 汪向东，王希林，马弘. 心理卫生评定量表手册 [J]. 中国心理卫生杂志：增订版，1999：106-108.

[127] 王艳祯，滕洪昌，张进辅. 不同家庭结构下儿童人格特征研究 [D]. 重庆：西南大学，2010.

[128] 王中会，蔺秀云. 流动儿童心理韧性对其抑郁、孤独的影响 [J]. 中国特殊教育，2014（4）：54-59.

[129] 王中会，张盼，Gening Jin. 流动儿童社会认同与文化适应的相关研究[J]. 中国特殊教育，2014（12）：86-91.

[130] 王正山. 浅谈小学低年级儿童自理能力的培养[J]. 青少年研究——山东省团校学报，1994（4）：31-32.

[131] 位东涛. 活事件与神经质影响焦虑的神经机制[D]. 重庆：西南大学，2014.

[132] 韦红艳. 在品德课中培养进城务工人员子女积极心理品质的策略[J]. 广西教育，2013（1）：4.

[133] 魏银萍. 兰州市流动儿童社会适应问题与教育对策研究[D]. 兰州：西北师范大学，2012.

[134] 韦泽珺. 贵州边远山区地区与上海地区儿童青少年心理资本的对比[D]. 上海师范大学，2014.

[135] 孙凤华，高凌飚. 少年儿童自尊发展特点与自身因素的关系[J]. 教育科学研究 2007（8）：29-32.

[136] 孙凤华，沈慧娟. 少年儿童自尊发展特点与自身因素关系探微[J]. 通化师范学院学报，2006（5）：258-265.

[137] 谢智联. 大学生社会智力行为情景判断测验的编制及现状研究[D]. 南昌：江西师范大学，2012.

[138] 熊猛，叶一舵. 中国城市农民工子女心理健康研究述评[J]. 心理学进展，2011（12）：1798-1831.

[139] 徐晶晶. 进城务工人员随迁子女心理健康状况的比较研究[J]. 思想理论教育，2010（10）：62-68.

[140] 许传新. 流动人口子女公立学校适应性及影响因素研究[J]. 青年研究，2009（3）：18-26.

[141] 许礼平，等. 中等职业技术学校学生人格偏离现状及其与心理韧性的关系[J]. 中华行为医学与脑科学杂志，2014（4）：36.

[142] 薛应宏. 引导学生自我教育，培养学生自理能力[J]. 中国校外教育，2007（4）：44.

[143] 杨文娟. 流动人口子女人格特征探微[J]. 常州师范专科学校学报，2003（4）：110-112.

[144] 杨德尧. 初一学生生活自理能力的现状与对策[J]. 教学与管理，

1998（12）：35-37.

[145]　杨鹤琳，徐丽华，黄志勇，蒋正华. 流浪、流动与非流动儿童的人格特征及其差异[J]. 中国民康医学，2014（22）：1-4.

[146]　叶斌. 从社会智力到情感智力——对社会智力与情感智力理论的探讨[J]. 心理科学，2003（3）：452-456.

[147]　袁晓娇，方晓义，刘杨. 流动儿童社会认同的特点、因素及其作用[J]. 教育研究，2010（3）：37-45.

[148]　闫艳霞. 农村留守儿童人格特质与心理健康关系研究[D]. 石家庄：河北师范大学，2014.

[149]　杨渝川，郑淑杰，陈欣银，常磊，何云峰. 同伴团体对儿童青少年学业成就和社会功能关系的影响[J]. 心理学探新，2005（3）：19-21.

[150]　杨巧芳，罗宏伟，侯玉桃，等. 留守初中生孤独感特点及其与人格的关系[J]. 保健医学研究与实践，2013（1）：63-65.

[151]　聂衍刚. 青少年社会适应行为及影响因素的研究[D]. 广州：华南师范大学，2005.

[152]　张丽敏，田浩. 流动儿童心理韧性的团体辅导干预研究[J]. 中国特殊教育，2014（10）：14-19.

[153]　张崇燮. 初中生心理韧性与生活事件关系研究[J]. 陇东学院学报，2012（3）：96-98.

[154]　张莉曼，汤夺先. 城市少数名族流动人口子女教育研究述评[J]. 西南边疆民族研究，2012（1）：61-62.

[155]　张有平，柳倩月，张圣海. 我国西南地区边远山区大学生人格特征的研究[J]. 湖北民族学院学报（医学版），2003（20）：28-29.

[156]　张璐. 留守儿童生活事件、心理弹性及主观幸福感的现状及关系研究[D]. 临汾 山西师范大学，2014.

[157]　张建新，于肖楠. 自我韧性量表与 Connor Davidson 韧性量表的应用比较[J]. 心理科学. 2007（5）：1169-1171.

[158]　张毅. 社会智力研究述评[J]. 上海教育科研，2005（8）：16-20.

[159]　张翔，王娟，陈良辉，吴娇娇，游丽. 城市流动儿童孤独及社会焦虑与人格特征及父母教养方式关系[J]. 中国儿童保健杂志，

2014（6）：576-579.

[160] 张翔，郑雪，杜建政，杨升平. 流动儿童心理韧性及其影响因素：核心自我评价的中介效应[J]. 中国特殊教育，2014（4）：48-53.

[161] 张秀琴，周甦，张小聪. 流动儿童与本地儿童的人格特征及其差异[J]. 科技信息，2013（34）：7-11.

[162] 郑富友，俞国良. 流动儿童身份认同与人格特征研究[J]. 教育研究，2009（5）：102.

[163] 赵铭锡. 学生心理适应不良者人格特征分析[J]. 健康心理学杂志，2001（9）：346-348.

[164] 赵燕，张翔，杜建政，郑雪. 流动儿童社会支持与抑郁及孤独的关系：心理韧性的调节和中介效应[J]. 中国临床心理学杂志，2014（3）：512-521.

[165] 曾守锤，李其维. 儿童心理弹性发展的研究综述[J]. 心理科学，2003（6）：1091-1094.

[166] 周汉平. 农村留守儿童概念界定与相关对策思考[J]. 安庆师范学院学报（社会科学版），2012（9）：92-96.

[167] 周宗奎，等. 儿童的同伴交往与孤独感：一项 2 年纵向研究[J]. 心理学报，2006（5）：743-750.

[168] 朱虹，刘延金，陈练. 进城务工农民工子女人格特质调查分析[J]. 重庆工商大学学报（自然科学版），2013（7）：89-95.

[169] 朱桃英. 浅谈儿童健康情绪的培养[J]. 山东省团校学报，2002（4）：54-59.